1+X 证书制度试点药品购销证书配套教材
医药行业职业技能培训教材

U0746198

药品购销综合实践与训练

药品营销

（中级）

组织编写　第四批职业教育培训评价组织——上海医药(集团)有限公司1+X药品购销办公室
　　　　　中国医药教育协会职业技术教育委员会

主　审　王冬丽

主　编　吴　锦　李朝霞

副主编　林大专　于玲玲　丁　旭

编　者　（以姓氏笔画为序）

丁　旭（江苏护理职业学院）　　　　　　　于玲玲（黑龙江农业经济职业学院）

王　莹（商丘医学高等专科学校）　　　　　王　琴（雅安职业技术学院）

王学峰（山西药科职业学院）　　　　　　　王浩梁（浙江震元医药连锁有限公司）

毛芹超（广东茂名健康职业学院）　　　　　任晓燕（淮南联合大学）

刘相晨（漱玉平民大药房连锁股份有限公司）　孙　静（莱芜职业技术学院）

李　灵（益丰大药房连锁股份有限公司）　　李　喆（沧州医学高等专科学校）

李子浩（上海复效企业管理咨询有限公司）　李琼琼（上海驭风文化传播有限公司）

李朝霞（山西药科职业学院）　　　　　　　杨海玲（浙江药科职业大学）

吴　锦（浙江药科职业大学）　　　　　　　吴怀坚（上海医药集团药品销售有限公司）

张　平（湖南中医药高等专科学校）　　　　张潇丹（重庆化工职业大学）

陈惠芳（泉州医学高等专科学校）　　　　　林大专（长春医学高等专科学校）

柳　莹（辽宁医药职业学院）　　　　　　　宫莉萍（黑龙江农业经济职业学院）

曹　丹（江苏省徐州医药高等职业学校）

中国健康传媒集团

中国医药科技出版社

内 容 提 要

本教材为《药品购销综合实践与训练：中级》的"药品营销"分册，属于"1+X证书制度试点药品购销证书配套教材"，主要围绕药品经营与管理的关键环节展开，系统阐述了从市场调研到经济核算的全流程操作与管理策略。全书共分为6个项目，包括新品种市场调研、药品销售、商务谈判、电商服务、首营审核及经济核算，每个项目根据学习目标设置若干个任务，内容凸显实用性和可操作性。本教材同时配有数字化教学资源，使教材更加多样化、立体化。

本教材适用于1+X药品购销职业技能等级考核（中级）培训，也可作为职业院校医药类相关专业教学参考、医药行业职业技能培训教材及社会人员自学之用。

图书在版编目（CIP）数据

药品购销综合实践与训练. 中级. 药品营销 / 第四批职业教育培训评价组织——上海医药(集团)有限公司1+X药品购销办公室, 中国医药教育协会职业技术教育委员会组织编写; 吴锦, 李朝霞主编. —— 北京: 中国医药科技出版社, 2025. 2. ——（1+X证书制度试点药品购销证书配套教材）. —— ISBN 978-7-5214-5197-9

Ⅰ. F763

中国国家版本馆CIP数据核字第2025775EU7号

美术编辑 陈君杞
版式设计 友全图文

出版　**中国健康传媒集团** | 中国医药科技出版社
地址　北京市海淀区文慧园北路甲22号
邮编　100082
电话　发行：010-62227427　邮购：010-62236938
网址　www.cmstp.com
规格　787×1092mm $\frac{1}{16}$
印张　15 $\frac{1}{4}$
字数　369千字
版次　2025年3月第1版
印次　2025年3月第1次印刷
印刷　北京印刷集团有限责任公司
经销　全国各地新华书店
书号　ISBN 978-7-5214-5197-9
定价　**48.00元**（全书3册）

版权所有　盗版必究

举报电话：010-62228771
本社图书如存在印装质量问题请与本社联系调换

获取新书信息、投稿、为图书纠错，请扫码联系我们。

1+X证书制度试点药品购销证书配套教材
丛书编委会

主　任　季　敏　蒋忠元

副主任　王冬丽　沈　敏

委　员（以姓氏笔画为序）

丁　立	丁　静	王　莉	王志亮	王建成
龙跃洲	叶　真	丛淑芹	兰作平	曲壮凯
吕　洁	朱伟娜	朱照静	刘志娟	阳　欢
苏兰宜	李琼琼	李榆梅	杨树峰	杨晓波
吴　迪	张　晖	张一鸣	张轩平	张建宝
张炳烛	张健泓	陈　凯	虎松艳	罗少敏
罗国生	罗晓清	袁荣高	徐一新	韩忠培
程　敏	魏　骏		

专　家　吴阆云　徐建功　谢淑俊　潘　雪

出版说明

近年来，我国职业教育改革取得了巨大的进展与成就，尤其是《国家职业教育改革实施方案》《关于深化现代职业教育体系建设改革的意见》等指导性文件的出台，为职业教育的发展指明了道路与方向。

本丛书为"1+X证书制度试点药品购销证书配套教材"，由上海医药（集团）有限公司1+X药品购销办公室、中国医药教育协会职业技术教育委员会组织编写。上海医药（集团）有限公司被教育部授权为1+X证书制度试点第四批职业教育培训评价组织之一，承接药品购销职业技能等级证书试点项目的组织实施工作，旨在通过培训和考核，提升医药行业从业人员的专业技能和知识水平，以适应医药行业的发展需求。

本丛书的编写和出版旨在贯彻落实《关于在院校实施"学历证书＋若干职业技能等级证书"制度试点方案》等相关文件精神，更好地开展1+X药品购销职业技能等级证书制度试点工作。本丛书依据《1+X药品购销职业技能等级标准3.0》编写，分为初级、中级两个系列。初级包括药品服务（初级）、药品购销（初级）、药品储存与养护（初级）3个分册。中级包括药品服务（中级）、药品营销（中级）、药品储存与养护（中级）3个分册。各分册又依次分为若干项目、任务，并根据教学实际设置学习目标、任务情境、任务实施、相关知识、即学即练、技能训练等内容，条理清晰、内容丰富，能充分满足职业技能的学习需求。

本丛书适用于1+X药品购销职业技能等级考核（初级、中级）培训，可供职业院校医药类相关专业教学参考；也可作为医药行业职业技能培训教材，助力药品流通企业高效开展员工培训，提升员工职业素养；还可作为自学者医药职业技能系统化学习的路径参考。

在当今竞争激烈的医药市场中，药品经营与管理的科学化、规范化已成为企业生存与发展的关键。随着医药行业政策的不断调整和市场需求的快速变化，企业需要全面掌握从市场调研到经济核算的全流程管理技能，才能在复杂多变的市场环境中立于不败之地。

本教材依据《1+X药品购销职业技能等级标准3.0》的要求，围绕药品经营与管理的关键环节展开，系统地介绍了6个核心项目，包括新品种市场调研、药品销售、商务谈判、电商服务、首营审核及经济核算。每个项目均根据学习目标设置相应的任务，每个任务设置任务情境、任务实施（包括工作准备、操作过程、学习评价）、相关知识等，并配有即学即练内容，旨在为医药行业的从业者提供一套实用性强、操作性高的工作指南。

在编写本教材的过程中，编者们充分考虑了医药行业的特殊性与复杂性，结合了最新的行业政策法规和市场动态。书中不仅涵盖了传统的药品销售与管理知识，还融入了电子商务、网络营销等新兴领域的内容，以适应数字化时代医药企业的发展需求。

本教材适用于医药企业的管理人员、销售人员以及相关专业的学生。无论是初入行业的新人，还是经验丰富的从业者，都能从中获得有益的启发和指导。本教材的出版能够帮助读者提升专业技能，优化管理流程，推动医药行业的健康发展。

在本教材编写过程中，编者们参考了大量的行业文献并结合了实际工作经验。尽管努力确保内容的准确性和实用性，但由于医药行业的复杂性以及市场的不断变化，教材中难免存在不足之处。诚挚欢迎广大读者提出宝贵意见和建议，以便在后续的修订中不断完善。

最后，感谢中国医药教育协会职业技术教育委员会、1+X药品购销办公室、各院校领导对本教材编写工作的鼎力支持以及所有为本教材的出版提供支持和帮助的单位和个人。希望本教材能够成为医药行业从业者和学习者的良师益友，助力他们在医药领域取得更大的成就。

编　者
2024年10月

新品种市场调研

学习目标

1.能围绕确定主题进行市场调研方案的设计与撰写。

2.能按照调研问卷的结构和要求进行调研问卷的设计。

3.能用各种调研方法完成相应调研活动。

4.会撰写市场调研报告，并能够根据不同对象进行调研结果汇报工作。

5.能根据调研资料和数据进行客户的市场能力和信誉口碑的评估。

6.在新品种市场调研工作中养成诚实守信、严谨认真、精益求精的工作态度。

任务1-1 市场调研方案撰写

任务情境

某公司是一家以生产心血管系统药物为主的制药企业，成立于1982年，坐落于长江三角洲地区。该企业生产的××品牌地高辛片功能主治：高血压、瓣膜性心脏病、先天性心脏病等急性和慢性心功能不全，伴有快速心室率的心房颤动、心房扑动患者的心室率及室上性心动过速。

为更好地了解该产品的使用状况、分销渠道效率等方面的信息，更准确地了解市场需求和市场竞争动态，提高该产品知名度、美誉度，进一步拓展公司业务，公司决定投入一定的资金对心血管系统药物的市场前景进行调研。

任务要求：

1.确定调研项目的目的和主题。

2.界定该调研的时间、地点、范围，调研对象，调研方法，抽样技术。

3.编制调研计划与调研费用预算清单。

4.撰写市场调研方案书。

一、任务实施

（一）工作准备

1.调研时间分配表，见表1-1-1。

2.调研费用预算表，见表1-1-2。

3.调研计划表，见表1-1-3。

表1-1-1 调研时间分配表

调研环节	时间分配比例	时间起止计划
1		
2		
3		
4		
5		
……		

表1-1-2 调研费用预算表

序号	支出项目	金额	制定依据	备注
1				
2				
3				
4				
5				
6				
7				
8				
……				

表1-1-3 调研计划表

	工作与活动内容	参与人员	负责人	时间起止	备注
第一阶段 调研策划					
第二阶段 问卷阶段					
第三阶段 实施阶段					
第四阶段 分析阶段					
第五阶段 报告阶段					
……					

（二）操作过程

序号	步骤	操作方法与说明
1	明确调研目的和主题	根据项目目的，确定项目主题
2	确定具体调研内容	根据调研主题，确定具体调研内容，分析可能涉及的具体项目
3	确定调研方法	（1）通过图书馆资料查找、搜索引擎查找等手段，确认上述列出的调研内容对应的信息是否已经存在 （2）通过学习掌握一手数据收集的主要方法和特点 （3）对于本小组项目需要获取的一手数据资料，选择适用的数据收集方法
4	确定调研对象和调研范围	根据调研主题，确定调研对象及分布点 （1）若开展抽样调研，请设计抽样框，并描述抽样框 （2）通过学习掌握抽样调研方法，包括随机抽样和非随机抽样 （3）选用合适的抽样方法 （4）预估调研样本数量
5	确定调研时间、地点	（1）完成调研时间分配表，见表1-1-1 （2）拟定调研活动开展的地点
6	编制调研费用预算	完成调研费用预算表，见表1-1-2
7	编制调研计划表	完成调研计划表，见表1-1-3
8	完善调研方案	以小组为单位，认真讨论本小组市场调研方案的可行性，对调研方案进行改进，确保方案能够在后续任务中实施

（三）学习评价

市场调研方案撰写评价表

序号	评价内容	评价标准	分值（总分100）
1	明确调研目的和主题	能围绕调研目的，确定贴合项目的主题	5
2	确定调研内容	能列出至少三条调研目的的主要内容	15
3	确定调研方法	（1）能列出调研的方法（至少三条） （2）能简述选择此方法的原因	15
4	明确调研对象和调研范围	（1）能详细列出调研对象 （2）能简述选择调研对象的原因 （3）能够列出调研范围	15
5	确定调研时间与地点	（1）能以列表的形式写出整个调研涉及的所有环节的地点选择（列出调研的具体城市、街道、医疗机构地点） （2）能列出整个调研涉及的所有环节的预计时间分配（列出具体环节，并配上时间起止计划）	15
6	明确调研费用预算	（1）能列出所有环节中需要支出的项目金额 （2）能汇总所有环节涉及支出的总金额	20
7	明确调研进程安排	能列出项目中每个任务的工作活动内容、参与人员、负责人、时间起止等信息	10
8	工作态度	能做到诚实守信、严谨认真、精益求精	5

二、相关知识

市场调查　感冒药消费者
调查问卷

（一）市场调研类型

根据不同的调研目的、主题和内容，可以把市场调研分为探索性调研、描述性调研、因果性调研和预测性调研四种类型。不同的调研类型具有各自的目的与特点，满足不同的调研需要，如表1-1-4所示。

表1-1-4　市场调研的类型

类型	特点	目的	资料来源
探索性调研	初始阶段，情况不明，灵活，省时、省费用；非正式调研	探索问题的表现与问题的根源；明确进一步调研的重点	二手资料、观察、访问专家
描述性调研	对情况或事件进行描述，分析事物发展过程及可能的原因；正式调研	寻找事情发生的原因，历史与现状	一手与二手资料；定性研究
因果性调研	两个或多个变量之间量化因果关系；正式调研	分析一个变量会以怎样的方式影响另一个变量，以及影响程度	一手与二手资料；逻辑推理；统计分析
预测性调研	应用理论模型，根据一个或几个变量的变化预测另一个变量的变化；正式调研	预测如果一个变量改变到一定程度，另一个变量变化的程度	一手与二手资料；理论模型

（二）市场调研方法

市场调研是获取市场或营销数据的行为和过程，市场调研的方法根据获取数据的来源可以分为二手数据调研方法和一手数据调研方法。

1.二手数据调研　所谓二手数据，也称现成数据，它不是因为要解决目前调研问题而收集的，而是为了其他目的已被开发出来并可以被目前调研项目使用的数据或资料。对二手资料的收集，主要通过搜集各种历史和现实的动态统计资料，从中摘取与调研主题相关的资料，因为可以在办公室内进行，故而称其为文案调研。二手数据资料也可以通过购买的方式获得。

2.一手数据调研　所谓一手数据，也称原始数据，是调研人员为解决面临的问题而专门收集的数据。通常情况下，二手数据不能为决策提供足够信息时，就需要调研人员通过实地调研收集原始数据。原始数据获取的一般方法主要有询问调研法、观察调研法和实验调研法。

（三）撰写市场调研方案书

某医药产品市场
调研方案书

市场调研方案书是对整个市场调研活动的全盘安排，通过编制调研计划形成调研方案书，为调研者实施调研活动提供依据，确保整个调研活动有序开展。作为一个完整的市场调研方案，一般包括以下几个主要内容。

1.前言部分　简明扼要地介绍整个调研项目的背景原因。

2.调研的目的和意义　较前言部分稍微详细点，应指出项目背景、研究主题等，指明该项目的调研结果能给企业带来的决策价值、经济效益或社会效益等。

3.调研的内容和范围的界定　指明调研的主要内容，规定必需的信息资料，列出主要的调研问题，明确界定此次调研的对象以及范围。

4.调研将采用的方法　指明所采用的研究方法及其特征、抽样方案的步骤和主要内容、所取样本量大小要达到的精度指标、最终数据采集的方法和调研方式、调研问卷设计方面的考虑和问卷的形式、数据处理和分析方法等。

5.调研进度和有关经费的开支预算　切记，计划应该设计得具有一定的弹性和余地，以应对可能的意外事件的影响。

6.附件部分　列出调研项目的负责人及主要参与人名单，并可简要介绍团队成员的专长和分工情况。列出抽样方案的技术说明和细节说明、调研问卷设计中有关的技术参数、数据处理方法和所采用的软件，以及其他补充性内容等。

即学即练

任务1-2　市场调研组织与实施

🏛 任务情境

某公司是一家以生产心血管系统药物为主的制药企业，成立于1982年，坐落于长江三角洲地区。该企业生产的××品牌地高辛片功能主治：高血压、瓣膜性心脏病、先天性心脏病等急性和慢性心功能不全，伴有快速心室率的心房颤动、心房扑动患者的心室率及室上性心动过速。

为更好地了解该产品的使用状况、分销渠道效率等方面的信息，更准确地了解市场需求和市场竞争动态，提高该产品知名度、美誉度，进一步拓展公司业务，公司决定投入一定的资金对心血管系统药物的市场前景进行调研。

任务要求：

1.确定调研准备工作的内容。

2.设计调研问卷。

3.组建市场调研队伍、进行人员培训。

4.正确选用调研方法进行市场调研，并进行监控。

一、任务实施

（一）工作准备

1.市场调研成员分工表，见表1-2-1。

2.市场调研实施过程进度表，见表1-2-2。

表1-2-1　市场调研成员分工表

	姓名	职责	备注
项目负责人			
督导员			
调研员			
复核员			
……			

表1-2-2　市场调研实施过程进度表

调研时间	调研内容	调研对象	调研方法	调研地点	参与人	备注

（二）操作过程

序号	步骤	操作方法与说明
1	确定调研准备的工作内容	根据任务目的，明确调研内容，组建市场调研队伍，熟悉调研提纲，安排时间、地点和路线，准备调研工具，调研相关材料等
2	设计调研问卷	根据问卷要求，设计调研问卷
3	组建市场调研队伍，进行人员培训	（1）根据调研主题，确定市场调研人员，明确分工，完成市场调研成员分工表，见表1-2-1 （2）进行人员市场调研业务能力及职业道德培训，了解调研的总体情况，熟悉调研问卷的内容，并试填写，掌握调研实施技巧
4	实施调研	（1）通过图书馆资料查找、搜索引擎查找等手段，收集二手数据 （2）通过发放问卷、面谈、电话调研、网上调研等实地调研方法收集一手资料 （3）完成市场调研实施进度表，见表1-2-2
5	过程监控	（1）进度监控：督导员根据每天完成的问卷数及调研进度安排监督，检查调研是否符合进度要求，提出意见和建议，并向调研项目负责人汇报 （2）质量监控：问卷是否有质量问题，调研员是否按要求的方法和技术进行调研，保证调研的真实性和调研的质量

（三）学习评价

市场调研组织与实施评价表

序号	评价内容	评价标准	分值（总分100）
1	确定调研准备工作的内容	能围绕调研目的，确定调研准备工作的内容，要求全面具体	10
2	设计调研问卷	能根据问卷设计的要求，设计结构、格式规范，合理可行的调研问卷	30
3	组建市场调研队伍，进行人员培训	（1）能正确选择市场调研人员、进行合理分工、明确调研人员职责 （2）能对调研人员进行调研技巧、职业道德等培训	15
4	实施调研	（1）能选择正确的调研方法进行调研 （2）能通过文案调研收集客观性、准确性较高的二手资料 （3）能通过实地调研有效地收集一手资料 （4）能按程序有效完成调研任务	30

序号	评价内容	评价标准	分值 （总分100）
5	过程监控	（1）能对调研进度进行监控 （2）能对调研质量进行监控	10
6	工作态度	能做到实事求是、诚实守信、谦虚谨慎、礼貌待人、耐心细致，克服畏难心理，遇挫不气馁，精益求精	5

二、相关知识

（一）药品市场调研步骤

市场调研步骤如图1-2-1所示。

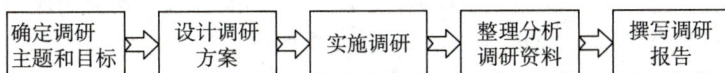

確定调研
主题和目标 → 设计调研
方案 → 实施调研 → 整理分析
调研资料 → 撰写调研
报告

图1-2-1　药品市场调研步骤图

（二）药品市场调研内容

药品市场调研就是根据预测、决策的需要，运用科学的手段和方法，有目的、有计划地收集、记录、整理、分析有关药品市场信息的活动。

1.**药品市场环境调研**　对医药企业所处的市场营销环境进行调研，主要包括政治法律环境、经济环境、社会文化环境、科技环境以及地理气候环境等。

2.**药品市场需求调研**　是药品市场调研的核心内容，主要包括对药品现实需求量和潜在需求量及其变化趋势、本行业或同类产品的销售量、本企业产品的销售量和市场占有率、消费需求结构、药品使用普及情况、消费者对特定药品的意见等的调研。

3.**药品消费者行为调研**　主要包括对消费者构成和数量分布情况、消费心理、购买动机、购买行为、社会经济文化等对购买行为的影响、消费者的品牌偏好及对本企业产品的满意度等的调研。

4.**竞争对手调研**　调研内容主要包括竞争企业的数量、生产经营规模和资金状况，竞争企业产品市场占有率，竞争企业的产品品种、质量、价格、服务方式，竞争企业的营销组合策略，竞争企业的优势、劣势等。

5.**市场销售组合因素调研**　市场销售组合因素调研主要是包括医药产品调研、价格调研、分销渠道调研和促销调研四项内容。

药品市场调研原则　　　　　　药品市场调研人员的素质要求

（三）药品市场调研问卷设计

1.**调研问卷的基本结构**　一份完整的药品市场调研问卷，通常包括标题、引言、正文、附录、结束语等内容。

（1）标题　概括说明调研的研究主题。

（2）引言　主要包括问候语、自我介绍、调研的目的、对被调研者的希望和要求、填写问卷的说明等。为了能引起被调研者的重视和兴趣，争取合作和支持，文字要简明、通俗，语气要谦虚、诚恳。

（3）正文　是调研问卷的主体部分，由一个个精心设计的问题与答案组成，是调研问卷最重要的部分。

（4）附录　一般包括调研者的情况、填写说明、编码。

（5）结束语　一般在问卷的最后，用简短的词语对被调研者的配合再次表示感谢。

2.问卷设计方法

（1）自由记述式　自由记述式是指设计问卷时，不设计供被调研者选择的答案，而是由被调研者自由表达意见，对其回答不作任何限制。

（2）填答式　填答式是把一个问题设计成不完整的语句，由被调研者完成句子的方法。调研者审查这些句子，确认其中存在的想法和观点。

（3）二元选择式　二元选择式又称是非题，它的答案只有两项（一般为两个相反的答案），要求被调研者选择其中一项来回答。

（4）多元选择式　多元选择题与两项选择题的结构基本相同，只是答案多于两种。被调研者依据总体的要求或限制条件可以选择一种答案，也可以选择多种答案。

3.设计调研问卷的程序

设计调研问卷的程序如图1-2-2所示。

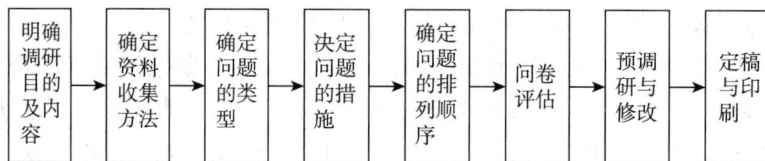

图1-2-2　设计调研问卷的程序

（四）药品市场调研方法

1.实地调研法　实地调研法是对第一手资料进行收集、筛选的调研活动。

（1）询问法　是医药市场调研中收集第一手资料最常用、最基本的一种实地调研方法。是用来获取第一手数据的常用方法。调研人员将拟定的调研事项以面谈、电话或书面形式向被调研者提出询问，以获得所需信息的方法。主要形式有面谈、电话访谈、邮寄访问等，其优缺点见表1-2-3。

1）面谈询问　是调研人员直接询问被调研对象，向被调研对象询问有关的问题，以获取信息资料。

2）邮寄询问　是将事先设计好的问卷或调研表，通过邮件的形式寄给被调研对象，由他们填好以后按规定的时间邮寄回来。

3）电话询问　是由调研人员根据抽样的要求以及预先拟定的内容，通过电话向被调研对象询问而获取信息资料的方法。

4）留置调研　是由调研人员将事先设计好的问卷或调研表当面交给被调研对象，并说明回答问题的要求，留给被调研对象自行填写，然后，由调研人员在规定的时间收回。

5）网上询问　是指通过互联网的交互式沟通渠道来向被调研者搜集有关信息资料的一种方法。一般有电子邮件调研和网页问卷调研两种，如问卷星。

表1-2-3　五种询问调研法优缺点比较

方法	优点	缺点
面谈询问	采集到的资料比较详细、可靠；回收率高	对调研员综合素质要求较高；费用较高、时间较长；调研范围相对较窄
邮寄询问	不受行业和区域的限制，调研面广；被调研者有充分的时间思考；采集到的信息较真实；成本低	回收时间长，回收率低；不容易探测用户的购买动机
电话询问	时间短、速度快、费用低；不受调研人员在场的心理压迫，使调研对象能畅所欲言	受通话时间的限制，调研问题少而简单，无法收集深层信息
留置调研	问卷回收率较高；被调研者可当面了解问卷要求，避免误解；被调研者有充分的时间思考，真实性较高。是介于邮寄调研和面谈之间的方法	调研范围有限；调研费用较高
网上询问	收集信息广泛、及时、便捷；采集的信息较真实；费用低	调研对象选择难以控制；持续时间难以控制；不配合回答现象较多

（2）观察法　调研人员直接或通过仪器在现场观察和介入调研对象的行为反应或感受的一种收集信息的方法。在医药市场信息收集中经常使用此法。

（3）实验法　是指在一定条件下，通过实验对比，对某些变量之间的因果关系及其变化过程加以观察分析的一种方法。如将某一品种的药品改变其包装或价格，或广告形式，或销售渠道以后对药品销售量的影响，先小范围实验，再决定是否推广。

（4）网络调查法　网络调查作为一种重要的现代调研技术和方法，得到越来越多的重视和运用，提高安全性是网络调查有待解决的一个重要问题。

2.文案调研法　文案调研法是通过寻找和查阅资料，利用企业内部和外部现有的各种信息情报，对调研内容进行分析研究的一种调研方法，是收集二手资料的方法。

（1）企业内部资料的收集　主要是收集企业经营活动的各种记录，包括业务资料、统计资料、财务资料以及企业积累的其他资料。

（2）企业外部资料的收集　对于企业外部资料，可从各级政府主管部门、专业信息咨询机构、各种媒体、各种会议等相关渠道进行资料收集。

即学即练

任务1-3　调研资料整理与分析

任务情境

某公司是一家以生产心血管系统药物为主的制药企业，成立于1982年，坐落于长江三角洲地区。该企业生产的××品牌地高辛片功能主治：高血压、瓣膜性心脏病、先天性心脏病等急性和慢性心功能不全，伴有快速心室率的心房颤动、心房扑动患者的心室率及室上性心动过速。

为更好地了解该产品的使用状况、分销渠道效率等方面的信息，更准确地了解市场需求和市场竞争动态，提高该产品知名度、美誉度，进一步拓展公司业务，公司决定投入一定的资金对心血管系统药物的市场前景进行调研。

任务要求：

1.回收与审核调研问卷。

2.编码调研数据。

3.录入调研数据。

4.统计分析调研数据。

一、任务实施

（一）工作准备

1.调研问卷审核记录表，见表1-3-1。

2.调研问卷缺失分析表，见表1-3-2。

3.SPSS数据录入工作表，见表1-3-3。

表1-3-1 调研问卷审核记录表

序号	调研员	完成问卷数	有效问卷数	有效率	主要问题	审核员

表1-3-2 调研问卷缺失分析表

问卷编号	数据缺失题项	缺失原因	处理方法	备注

表1-3-3   SPSS数据录入工作表

题项	名称	数据类型	数据标签	数据长度
1				
2				
3				
4				
5				
……				

（二）操作过程

序号	步骤	操作方法与说明
1	调研资料的回收	按照规定的时间对调研问卷进行回收，以便对问卷进行及时的审核。问卷的回收，应该规定期限，以免影响整个调研的过程。完成调研问卷审核记录表，见表1-3-1
2	调研资料的审核、整理	（1）审核调研问卷或调研的完备性、完整性和填答的准确性 （2）抽取一定比例的问卷进行复核 （3）问卷编辑是对问卷中存在的错误进行必要的纠正，便于后面的编码、录入和分析 （4）不正确的答案，通常可以给出一个估计值，或设为缺失值，或放弃整个问卷，必要时可以将问卷退给调研员返工 （5）资料的分组：对问卷或调研表数据进行分组整理。完成调研问卷缺失分析表，见表1-3-2
3	统计汇总	利用手工汇总或计算机汇总技术求出各个分组的各组单位数、总体单位数、各组指标、总体综合指标等。利用SPSS软件或Excel表格，或问卷星自带的统计功能进行汇总 （1）数据的编码 （2）数据的录入，完成SPSS数据录入工作表，见表1-3-3 （3）数据整理和软件分析
4	调研资料的分析	（1）文案调研资料的整理与分析 （2）实地调研资料的整理与分析，调研问卷的SPSS分析

（三）学习评价

调研资料整理与分析评价表

序号	评价内容	评价标准	分值（总分100）
1	调研资料的回收	（1）应按照规定的时间对调研问卷进行回收 （2）能够完成问卷回收的数量和质量的初步确认	20
2	调研资料的审核、整理	（1）掌握调研资料的审核步骤 （2）能够独立完成调研资料的审核 （3）能够掌握调研资料审核常见的错误类型，并在实际工作中避免错误的发生 （4）掌握调研资料的复核流程、比例以及注意事项 （5）掌握调研资料的缺失值处理方法 （6）能够完成调研资料的整理	25
3	统计汇总	（1）能够掌握SPSS软件的基本知识 （2）会使用SPSS软件对调研资料编码和录入	20
4	调研资料的分析	（1）会使用常见的药品文案调研的数据库 （2）能够通过SPSS软件对调研资料进行分析和做出图表并形成调研报告	30
5	工作态度	能做到诚实守信、严谨认真、精益求精	5

二、相关知识

（一）调研问卷的审核和整理

调研问卷的审核是指检查问卷填写的完整性和质量，发现和纠正问卷填写中的错误。这项工作应该在现场调研实施过程中尽早开始，以便及时发现和纠正错误。如果现场调研是委托第三方进行的，研究人员应该在现场工作结束后再进行独立的抽查，以便确保问卷的质量。

问卷编辑是对问卷中存在的错误进行必要的纠正，便于后面的编码、录入和分析。如果发现不正确的答案，通常可以给出一个估计值，或设为缺失值，或放弃整个问卷，必要时可以将问卷退给调研员返工。

（二）SPSS软件的应用

随着电子计算机使用的普及，调研数据的整理与分析工作一般都要借助电子计算机来完成。调研数据中既有数量数据，也有品质数据。由于计算机只能识别数字符号，因此，对于数量数据，可以直接录入计算机；而对于品质数据，则需要将其全部转化为数字符号，以便计算机的识别。

1.数据编码　所谓编码，就是将调研数据中的品质数据转化为数字符号的过程。数据的编码总是与数据的分类紧密结合，编码首先要将数据进行分类，然后给每一个类别指派一个数字代码。如果是问卷调研，对于封闭型问题，设计了若干个选项，每一个选项就是一个类别，编码时只需要为每一个类别指派一个数字代码；对于开放型问题，则先要对全部的回答进行分类，然后再进行编码。

2.数据录入　数据录入是指将编码数据从问卷通过键盘或者其他设备录入计算机内，形成电子数据集。除了通过键盘录入，数据录入还可以通过机读卡、光学扫描等手段完成。

（三）调研数据的分析

市场调研资料分析，就是利用各种方法对已处理好的资料进行分析，筛选出其中有价值的信息并加以反映。

在对调研资料的简单分析中，常使用的方法有调研数据的图表化和数据的描述性统计分析。其中，调研数据的图表化是对分类处理后的数据资料进行统计，并把统计结果用表格或图形的方式表示出来，是调研资料统计分析中最为基础的处理方法。它能够把杂乱的大量信息数据通过图形、表格的形式展示，使其中的基本信息一目了然。调研资料的统计分析则是对调研数据进行量化分析，以揭示事物内在的数量关系、规律和发展，常常伴随定量分析方法的应用，如描述性统计分析就是最为基础的资料统计分析。

即学即练

任务1-4 市场调研报告撰写

任务情境

某公司是一家以生产心血管系统药物为主的制药企业，成立于1982年，坐落于长江三角洲地区。该企业生产的××品牌地高辛片功能主治：高血压、瓣膜性心脏病、先天性心脏病等急性和慢性心功能不全，伴有快速心室率的心房颤动、心房扑动患者的心室率及室上性心动过速。

为更好地了解该产品的使用状况、分销渠道效率等方面的信息，更准确地了解市场需求和市场竞争动态，提高该产品知名度、美誉度，进一步拓展公司业务，公司决定投入一定的资金对心血管系统药物的市场前景进行调研。

任务要求：

1.确定市场调研报告的题目。

2.梳理、分析调研项目的相关数据。

3.拟定市场调研报告提纲。

4.撰写市场调研报告。

一、任务实施

（一）工作准备

1.调研数据整理分析表，见表1-4-1。

表1-4-1 调研数据整理分析表

名称	具体内容	备注
1.调研目的		
2.调研主题		
3.调研内容		
4.调研对象		
5.调研方法		
6.数据分析的工具与方法		
……	……	……

2.经过细致地整理、分析数据后，拟定调研报告提纲框架，参见以下实例。

关于××××心血管系统药物市场前景分析调研报告

一、调研项目背景概述

二、调研主题与内容

三、调研对象与抽样

四、调研方法

五、调研过程

六、数据处理方法

七、调查结果的分析

（一）××××××

（二）××××××

（三）×××××

……

八、调研结论

九、建议

附录

调研问卷

（二）操作过程

序号	步骤	操作方法与说明	质量标准
1	选题构思	（1）根据市场调研项目的目的和主题，确定市场调研报告的题目 （2）结合收集到的资料和调研目的，确立报告的主题思想，进而确立观点，列出论点、论据，构建写作思路	（1）报告的题目与市场调研的主题要一致，反映调研的目的 （2）题目新颖、高度概括、简单易懂、具有较强的吸引力
2	优选数据	（1）对前期调研获得的相关数据进行整理分析 （2）优选出与撰写报告有关的各类数据，完成调研数据整理分析表，见表1-4-1	数据真实、客观、权威、最新，与论述内容关联性强
3	拟定提纲	（1）围绕主题，拟定提纲框架，把调研报告分为几大部分 （2）在各个部分再细化、充实，横向或纵向列出每个层次的小论点和主要支撑材料，形成较细致的提纲	思路清晰、逻辑合理、重点突出
4	撰写初稿	（1）按照拟定好的提纲，围绕主题观点，运用恰当的表达方式和写作技巧，撰写调研报告初稿 （2）按照报告要求，进行页面排版设计	（1）报告结构合理，包含封面、前言、目录、正文、附录等内容 （2）报告数据真实可靠，内容紧扣调研目的和主题，简明扼要、通俗易懂 （3）报告页面排版设计美观、符合规定要求
5	修改定稿	（1）对完成的报告初稿从整体内容、文字表达、报告格式等方面反复修改和审核，保证报告的质量和水平 （2）修改审定后的调研报告，提交给报告使用者	（1）数据客观、真实、准确反映调研成果 （2）报告内容主题明确、简明扼要、论据充分、重点突出 （3）语言文字流畅、条理清晰、通俗易懂 （4）报告结构有层次，摘要有概括性，建议表述有条理 （5）报告完整，版式简洁美观

（三）学习评价

市场调研报告撰写评价表

序号	评价内容	评价标准	分值（总分100）
1	确定的调研报告题目	（1）题文统一，高度概况，反映调研目的和主题 （2）立论新颖，语言简单易懂，具有较强的吸引力	10
2	选择的调研报告数据	真实、客观、准确、权威、最新，与报告内容关联性强	30
3	拟定的调研报告提纲	层次清晰、逻辑合理、重点突出	15
4	确定的调研报告格式	格式完整、符合要求、版面简洁美观	10
5	撰写的市场调研报告	（1）报告格式规范、美观 （2）数据客观真实，准确可靠 （3）报告内容主题明确、简明扼要、重点突出 （4）语言流畅，条理清晰，便于阅读 （5）结构科学，论据充分	30
6	工作态度	能实事求是、精益求精	5

二、相关知识

（一）市场调研报告的结构

市场调研报告一般由标题、前言、目录、正文、附录等几部分组成。

1.标题　即调研报告的题目，就是写明调研报告的主题，把主要内容概括地叙述出来。调研报告标题可以只用一个正标题，如"心力衰竭治疗药物市场前景分析"；也可以在正标题之外再加副标题，正标题反映报告的主题，副标题表明调研的对象及内容等，如"地高辛制剂市场调研——机会与挑战并存"。

2.前言　是对调研报告主体部分的高度概括和总结，以便企业的决策者或主管在繁忙的工作中能迅速地了解调研成果。主要包括调研目的、调研方法、过程安排、组织情况、调研结果的简单陈述，以及调查对象的基本情况等。

3.目录　如果调研报告内容较多，为了便于阅读，使用目录或索引形式列出报告的主要章节、附录及对应页码。如果内容不多，也可以省去目录。一般来说，目录的篇幅不宜超过1页。

4.正文　是对调研资料的统计分析和调研结果进行的全面准确的阐述，通过对统计结果的分析，发现问题，引出结论和建议。这是调研报告中篇幅最长的部分，也是调研报告最重要的部分，一般包括调研内容、调研方法、调研过程、数据分析、调研结果、结论和建议。其中，结论和建议是调研报告的关键，由调研结果分析得出，给调研报告使用者提供决策建议和参考依据。

5.附录　是调研报告主体中不包含或没有提及，但与调研过程有关的各种资料，包括调查问卷及说明、数据统计图表、参考文献及资料来源、其他支持性技术资料等。

（二）撰写市场调研报告的要求

1.实事求是，准确可靠　调研数据必须客观真实，方法、结论要如实阐述、准确表达，不能想当然，不能歪曲研究结果以迎合管理层的期望。

市场调研报告的结构

市场调研报告标题的形式

2.**目的明确，有的放矢**　市场调研报告要紧扣调研目的和主题，必须围绕调研的目的来进行阐述，不要堆砌一些与调研目的和主题无关的资料和解释说明。

3.**简明扼要，突出重点**　不要面面俱到，重点内容较详细介绍，可以用图表来加强和突出报告的重要部分和中心内容。一份优秀的调研报告应该简洁、有效、重点突出。

4.**通俗易懂，便于阅读**　在调研报告中，要力求用简单准确、通俗易懂的语言表述。报告结构要有层次，摘要要有概括性，可以用表格表示的少用文字描述，较长的报告要有目录或索引，以方便阅读。

即学即练

项目二

药品销售

学习目标

1.能围绕销售主题进行市场营销策略的制定。

2.能通过产品情况判断产品生命周期。

3.能深入理解药品销售渠道管理的策略与技巧，进行渠道成员的选择、评估与激励，促进渠道成员间的协同合作。

4.能掌握药品销售渠道冲突解决的方法，进行渠道冲突的预防与处理，保障销售渠道的稳定运行。

5.能运用药品销售数据分析技术，进行销售渠道绩效的评估与优化，提升销售渠道的整体效能。

6.掌握有效的沟通技巧，能够与客户建立良好的沟通关系，准确理解客户需求；了解客户用药情况，提供个性化的用药指导。

7.学会识别服务过程中可能出现的问题和隐患，制定预防措施和应急预案；掌握客户投诉处理流程，能够妥善处理客户投诉，化解矛盾。

8.熟悉售后服务流程，学会运用现代信息技术手段，提高售后服务效率和质量。

9.树立正确的职业道德观念，培养社会责任感和合规意识，维护药品市场的公平竞争。

任务2-1 市场营销策略的制定

任务情境

某公司是一家全面发展的制药企业，成立于1997年，坐落于河北省石家庄市。该企业生产的××品牌丁苯酞软胶囊，用于治轻、中度急性缺血性脑卒中，属于国家一类创新药品，为其赢得了大量利润及市场份额。

但其专利即将到期，这意味着该药品会迎来更多仿制药的挑战和竞争。为更好地发展企业，应更合理地使用市场及公司资源，这需要在企业调研的基础上进行市场营销策划。

任务要求：

1.根据调研情况设计STP营销战略，即市场细分、目标市场选择，以及市场定位。

2.正确认识产品的生命周期。

3.根据上述情况进行营销组合设计。

4.选择并制定市场营销策略。

一、任务实施

（一）工作准备

1.医药市场细分表（系列变量细分法），见表2-1-1。

2.产品生命周期阶段判断表，见表2-1-2。

3.医药市场营销组合选择表，见表2-1-3。

表2-1-1　医药市场细分表（系列变量细分法）

地区	性别	年龄	收入	……	细分市场

表2-1-2　产品生命周期阶段判断表

产品名称	销售额	成本	利润	消费者	竞争者	生命周期阶段

表2-1-3　医药市场营销组合选择表

产品名称	产品策略	价格策略	渠道策略	促销策略	备注

（二）操作过程

序号	步骤	操作方法与说明
1	明确市场营销的目的和主题	根据项目目的，确定项目主题
2	确定市场营销策划书内容	根据调研主题，确定具体的策划书内容，分析可能涉及的具体内容项目
3	确定策划书撰写的步骤	（1）通过调查分析，整理已有的情报信息 （2）制定医药目标市场营销战略（STP战略） （3）制定医药市场营销策略（4Ps） （4）整理完成营销策划书撰写
4	STP战略	（1）根据不同细分变量进行市场细分 （2）对细分市场进行选择 （3）定位目标市场 （4）完成医药市场细分表，见表2-1-1
5	判断产品生命周期	（1）根据不同产品的销售额、成本、利润、消费人群，以及竞争者情况判断产品生命周期 （2）完成产品生命周期阶段判断表，见表2-1-2
6	选择市场营销组合	（1）从产品、价格、渠道、促销四个方面进行讨论 （2）完成医药市场营销组合选择表，见表2-1-3
7	完成市场营销策略的制定	以小组为单位，认真讨论本小组市场营销策划方案的可行性，对方案进行改进，确保方案能够在后续学习任务中实施

（三）学习评价

市场营销策略的制定评价表

序号	评价内容	评价标准	分值（总分100）
1	明确市场营销的目的和主题	能围绕市场营销策划书撰写目的，确定贴合项目的主题	5
2	确定市场营销策划书内容	能列出至少三条市场营销策划书的主要内容	10
3	确定策划书撰写的步骤	（1）能列出策划书撰写的具体步骤 （2）能根据步骤制订具体分工	10
4	STP战略	（1）能根据不同细分变量进行市场细分 （2）能对细分市场进行选择 （3）能做到目标市场定位	20
5	判断产品生命周期	能根据不同产品的销售额、成本、利润、消费人群，以及竞争者情况判断产品生命周期	10
6	选择市场营销组合	（1）能说出所有环节涉及的策略内容 （2）能为不同的产品制定产品策略选择方案	20
7	完成市场营销策略的制定	能根据以上情况总结医药市场营销策略	20
8	工作态度	能做到诚实守信、严谨认真、精益求精	5

二、相关知识

（一）医药目标市场策略

1.医药市场细分　医药市场细分是指依据患者的医药产品需求、购买行为、习惯等的差异性，把一个总体市场划分成若干个具有共同特征的"亚市场"或"子市场"的过程。细分后每一个"亚市场"或"子市场"是具有相同或类似需求的消费者群，可以被医药企业选择为目标市场的细分市场。同时分属于不同细分市场的消费者，对同一产品的需求存在着明显的差别。

2.医药目标市场选择 所谓医药目标市场是指医药企业根据自身的经营条件和环境所确定要进入并满足其需求的市场。

一般而言，任何企业都不可能满足所有顾客群的需要，为提高效益，企业通常在市场细分的基础上选择一个或几个最有利于企业经营的细分市场作为目标市场，针对性地制定和实施企业的营销战略和策略。

目标市场选择步骤包括评估细分市场、确定目标市场选择模式、制定满足目标市场的策略。

3.医药市场定位 企业一旦选定了自己的目标市场，并确定了目标市场策略，也就明确了自己所服务的对象及所要面对的竞争对手。如何在众多的竞争对手中突出自己医药产品的个性和特色以吸引顾客，使自己在竞争中处在有利的位置？这就需要市场定位。

医药市场定位是指根据竞争者现有的医药产品在市场上所处的位置和自身条件，以及购买者与医生对医药产品的特征属性的重视程度，塑造本企业医药产品与众不同的个性，并把这种个性传达给购买者和医生，以确定本企业医药产品在市场上位置的过程。

医药市场定位策略主要包括产品定位、使用者定位，以及竞争定位。

（二）医药产品营销组合

1.产品生命周期 所谓产品生命周期是指产品从进入市场到最后被市场淘汰、退出市场的全过程，它是产品的一种更新换代的经济现象。医药产品生命周期示意图见图2-1-1。

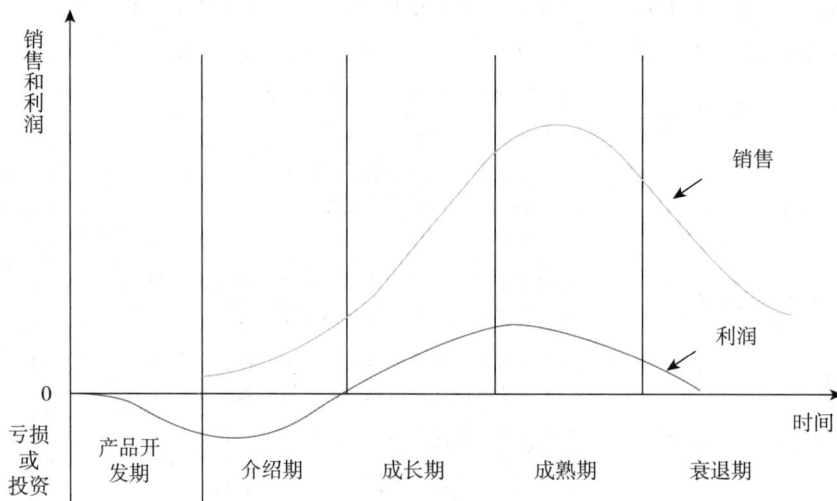

产品生命周期

图2-1-1 医药产品生命周期示意图

2.医药市场价格策略 包括撇脂定价策略、低价渗透策略、中间定价策略、心理定价策略、折扣、折让策略等。

3.医药市场渠道策略 市场营销渠道也称贸易渠道或分销渠道，是指产品或服务从生产者向消费者或最终用户转移过程中所经过的一切取得所有权（或协议所有权转移）的商业组织和个人。简言之，营销渠道就是产品在其所有权转移过程中从生产领域进入消费领域的途径。有效的渠道策略可以让消费者和客户在他们需要的时间、需要的地点以他们喜欢的方式购买其需要的商品与服务。

医药市场渠道主要分为直接销售和间接销售渠道，包括医院渠道、药店渠道、电商渠道、快消品渠道、医疗保险渠道、科研机构渠道、互联网医疗渠道、短视频渠道、直播渠道，以及跨境医药电商渠道。

4.医药市场促销策略　促销组合就是把人员推销、广告、营业推广、公共关系等具体形式有机地结合起来，综合运用，形成一个整体的促销策略。

即学即练

任务2-2　销售渠道管理

🏛 **任务情境** ....○

随着互联网的快速发展，线上销售渠道已成为药品销售渠道的重要组成部分。"雷允上"作为拥有百年历史的中药品牌，其六神丸作为老字号奇药，一直以来深受消费者信赖。然而，在当前市场环境下，线上销售渠道的多样性和复杂性给"雷允上"六神丸的销售带来了新的挑战。为了应对这一挑战，公司决定对六神丸的线上渠道进行分流和优化。

任务要求：

1.对现有线上销售渠道进行全面评估，明确各渠道的优势和劣势。

2.设计合理的线上渠道分流方案，确保各渠道能够充分发挥自身优势，提升六神丸的销售业绩。

3.制定详细的线上渠道营销策略，包括产品宣传、促销活动、客户服务等，以提高品牌知名度和客户满意度。

一、任务实施

（一）工作准备

1.线上渠道评估表，见表2-2-1。

2.渠道分流方案表，见表2-2-2。

3.营销策略计划表，见表2-2-3。

表2-2-1　线上渠道评估表

序号	渠道名称	评估指标	评分（10分为满分）
1			
2			
3			
……			

表2-2-2　渠道分流方案表

序号	分流渠道	分流规则	目标群体	预期效果
1				
2				
3				
......				

表2-2-3　营销策略计划表

序号	策略内容	参与人员	负责人	实施时间	备注
1					
2					
3					
......					

（二）操作过程

序号	阶段	步骤	操作方法与说明
1	渠道评估	（1）收集各线上渠道的销售数据、用户评价等信息，并填入线上渠道评估表 （2）对收集到的数据进行分析，明确各渠道的优势和劣势	（1）登录各线上渠道后台，导出销售数据 （2）收集用户评价，整理成文字或图表 （3）填写线上渠道评估表并对数据进行分析
2	渠道分流方案设计	（1）根据渠道评估结果，设计合理的线上渠道分流方案，并填入渠道分流方案表 （2）与相关部门讨论并修改完善分流方案	（1）根据评估结果，确定各渠道的主要功能和目标用户 （2）设计合理的分流方案，包括渠道定位、产品分配、促销策略等 （3）填写渠道分流方案表，并与相关部门讨论修改
3	营销策略制定	（1）根据分流方案，制定详细的线上渠道营销策略，并填入营销策略计划表 （2）协调相关部门，确保营销策略的顺利实施	（1）根据分流方案，设计具体的营销策略，包括产品宣传、促销活动、客户服务等 （2）制定详细的实施计划，包括时间节点、责任人、预算等 （3）填写营销策略计划表，并协调相关部门执行

（三）学习评价

销售渠道管理评价表

序号	评价内容	评价标准	分值 （总分100）
1	销售数据分析	（1）定期收集各线上渠道的销售数据，对比分流前后的变化 （2）分析销售数据，评估渠道分流方案的有效性 （3）根据数据分析结果，及时调整、优化渠道分流方案和营销策略	35

序号	评价内容	评价标准	分值（总分100）
2	用户反馈收集	（1）通过用户调查问卷、在线评价等方式收集用户反馈 （2）对用户反馈进行整理和分析，了解用户对六神丸的满意度和购买意愿 （3）根据用户反馈调整产品策略和服务	30
3	综合评价	（1）结合销售数据、用户反馈等多维度指标，对任务执行情况进行综合评价 （2）评估渠道分流方案和营销策略的实施效果 （3）总结经验教训，为后续工作提供参考	30
4	工作态度	（1）具有团队协作精神与沟通能力，能做到诚实守信、严谨认真、精益求精 （2）能遵守药品销售行业的法律法规，维护药品市场的公平竞争	5

二、相关知识

（一）医药产品销售渠道的理解

新药分销的机遇

1.医药产品销售渠道内涵　医药产品销售渠道，是指医药产品从医药生产企业向消费者转移过程中所经过的途径，包括一切取得其所有权或帮助转移其所有权的商业组织和个人。

2.医药产品销售渠道的构成

三种普通药品
代理模式

（1）**实体流程**　产品从生产到消费过程中的实体运动，涵盖仓储、运输、包装等活动。

（2）**所有权流程**　产品转移过程中涉及的买卖交易，实现所有权转移。

（3）**信息流程**　产品转移中的信息传递、收集和处理活动。

（4）**促销流程**　生产企业通过广告等媒体向中间商和消费者进行的推广活动。

（5）**付款流程**　涉及支付处理，保障资金流运转。

3.医药销售渠道的类型　医药销售渠道主要包括直接和间接渠道。直接渠道指生产企业直接销售给最终用户，无中间商。优点为针对性强、信息及时、成本低，但可能增加销售费用和管理难度。具体形式包括上门推销、邮寄、电话、店铺直销及网络销售。

间接渠道通过中间机构销售给最终用户，常见于日用品，利于扩大销售范围。优点为简化渠道、加速资金周转，但信息反馈滞后、成本增加。利用批发商、零售商等中间机构覆盖市场，但存在市场风险。

医药销售渠道还可细分为长渠道和短渠道。长渠道涉及多个环节，利于市场覆盖但可能导致信息迟滞和管理复杂。短渠道简化但有利于信息传递和管理。

（二）医药产品销售渠道管理

1.医药产品销售渠道成员的管理

（1）**销售渠道成员选择**　选择医药市场渠道成员需考察其医药产品经营资格、商业信誉、市场推广能力和合作意愿。依据销售实力、商业信誉、经营特征和业务状况进行选择。

（2）**销售渠道成员培训**　医药企业应对渠道成员进行培训，以增强信任度、提高营销水平、扩大销售和建立稳定关系。培训内容主要包括企业形象和品牌、产品知识、销售政策、营销队伍推介和营销策略支持。

2.医药产品销售渠道冲突管理

（1）销售渠道冲突的类型　常见的类型有水平渠道冲突、垂直渠道冲突和多渠道冲突。

水平渠道冲突指同层次中间商间的冲突，常见于多中间商情况。原因主要涉及中间商数量与区域规划。主要形式有"串货"、压价销售等。生产企业应及时采取措施缓和矛盾。

垂直渠道冲突。指渠道中不同层次中间商间的冲突，如生产企业与代理商、医疗机构间的冲突。渠道长度增加可能导致冲突增多。在医药产品中，利润缩小和服务不足可能导致上下游中间商的不满。

多渠道冲突。指医药生产企业建立多个销售渠道后，服务于同一市场产生的冲突。如互联网销售、企业销售队伍、中间商间的冲突。主要原因为销售网络紊乱、价格差异等。生产企业应引导渠道成员有效竞争，权衡并协调各渠道。

（2）销售渠道冲突的解决办法　销售渠道冲突解决的常用方法有激励、沟通、惩罚、谈判和诉讼。①激励：快速有效的方法，解决生产企业与代理商冲突。②沟通：改变代理商行为，减少分工冲突，明确渠道角色和规则。③惩罚：针对不守规则、扰乱秩序的分销商，严厉处理，解除合约或强制使其退出。④谈判：渠道成员间商讨，避免冲突恶化，需看成员的沟通能力和合作意愿。⑤诉讼：当其他方法无效时，借助法律手段解决渠道冲突。

即学即练

任务2-3　售后服务

🏛 任务情境

客户在药店购买了一种治疗感冒的××品牌感冒药，回家后发现药品存在破损情况，于是联系药店要求退换货。

任务要求：

1.了解药品的购买日期、批次以及破损情况。

2.确认药品属于可退换范围。

3.为客户办理退换货手续，并为客户提供一款新的药品，确保客户能够及时获得治疗。

一、任务实施

（一）工作准备

1.药品信息查询处理记录表，见表2-3-1。

2.退换货药品处理记录表，见表2-3-2。

表2-3-1　药品信息查询处理记录表

顾客姓名	查询药品名称	生产企业	规格	数量	产品批号	有效期

表2-3-2　退换货药品处理记录表

日期	药品名称	规格	剂型	产品批号	数量	退货原因	处理结果	经办人

（二）操作过程

序号	阶段	步骤	操作方法与说明
1	接待顾客，产品信息查询	（1）倾听顾客要求退货的原因，针对顾客提出的产品信息进行确认，并填入药品信息查询处理记录表 （2）做好记录并妥善解答	（1）热情接待顾客，对顾客信息进行登记、查询 （2）填写药品信息查询处理记录表，并进行分析
2	处理退货药品	（1）仔细检查药品包装等信息，并填入退换货药品处理记录表 （2）对顾客的不满情绪表示理解并诚恳道歉，征询顾客意见，在双方协商意见达成一致后为顾客办理退换货手续	（1）根据顾客反馈的信息做好药品的相关信息核对 （2）填写退换货药品处理记录表，在后续工作中进行改进

（三）学习评价

售后服务评价表

序号	评价内容	评价标准	分值（总分100）
1	接待顾客	（1）初步问候、热情接待 （2）主动询问顾客需求 （3）解决顾客疑问与诉求	30

续表

序号	评价内容	评价标准	分值（总分100）
2	药品信息查询	（1）了解顾客购买药品的时间、方式等 （2）查询药品名称、生产企业、产品批号及有效期等相关信息	30
3	处理退换货药品	（1）仔细检查药品外包装等顾客诉求的相关信息 （2）依据顾客反馈信息做好药品的相关信息核对 （3）总结经验教训，为后续工作提供参考	30
4	售后服务态度	售后服务作为药品销售的重要环节，对维护公众的用药安全有着至关重要的作用，学生应树立正确的医药职业道德观念，并遵守药品销售的法律规范	10

二、相关知识

（一）售后服务

药品销售售后服务的主要情境，包括咨询解答、配送服务、退换货、售后回访、不良反应处理、用药指导以及投诉处理等方面，旨在提供全方位、高效的售后服务支持，以满足客户需求。

（二）接待顾客

有效的接待服务不仅能够使顾客感受到尊重和关怀，还能增强顾客对药店的信任感，从而促进药品销售。耐心解答顾客关于药品的疑问，确保顾客对药品有充分的了解和认识。

（三）处理退换货药品

处理退换货药品的流程需要确保药品的完整性、安全性和合规性，同时保障消费者的权益。药品流通企业应积极与客户沟通，了解客户的需求及问题，提供良好的售后服务。在退换货过程中，及时与客户沟通并解决问题，以提升客户满意度和维护企业形象。

1.退换货申请 客户需向药品流通企业提出退换货申请，并提供药品购买凭证（如发票、收据等）、药品的详细情况描述及联系方式。

2.核实退换货申请 药品流通企业收到退换货申请后，需核实申请的信息，包括药品名称、批号、数量、购买日期、退换货原因等。同时，还需核实客户的购买记录及药品是否处于有效期内。

3.确认与验收 收到退货药品后，药品流通企业须对退换货药品进行验收和处理。首先，对退货药品进行检查，确认药品的完整性、有效期、批号与原始发货药品是否一致。

4.退换货处理 将符合退换货条件的药品进行入库处理，以备后续销售；对于不符合条件的退换货药品，可酌情进行处理，如销毁或重新加工。

5.退换货记录 药品流通企业需要建立完善的退换货记录制度，对每一次退换货申请、审批、处理、退款等环节进行记录。在退换货记录中，应包括客户的信息、药品的信息、退换货的原因、退换货处理的结果等。

（四）药品不良反应报告相关概念

1.药品不良反应报告 是指药品生产、经营、使用单位和个人在发现、收集、整理药品不良反应信息后，按照规定的程序和要求向药品监督管理部门和卫生健康主管部门报告的行为。

2.**药品不良反应的伦理规范** 是指在进行药品不良反应监测、报告、评估和处理过程中，应当遵循的医学伦理规范和职业道德准则。这包括尊重患者的隐私权、保护患者的合法权益、科学客观地进行监测和报告等。

3.**药品不良反应的法律责任** 是指对违反药品不良反应报告制度的单位和个人依法追究其相应的法律责任。根据不同的情况，可能涉及到行政处罚、刑事责任等。

4.**药品不良反应的宣传教育** 是指向社会公众普及药品不良反应知识，提高公众对药品不良反应的认识和防范意识。宣传教育应当采取多种形式，包括公益广告、宣传册、科普讲座等。

5.**药品不良反应的监测** 是指对药品使用过程中出现的异常反应进行发现、记录、分析、评价和控制的过程。药品不良反应监测体系包括药品生产企业、经营企业、医疗机构和患者等各方的监测职责和要求。

即学即练

项目三
商务谈判

学习目标

1. 能根据客户情况和产品特点制定谈判方案。
2. 能依据谈判方案内容与客户进行商务会谈。
3. 能分析谈判僵局的类别和成因，并运用谈判技巧化解僵局。
4. 能对谈判情况进行记录、总结。
5. 在市场拓展的商务谈判工作中培养诚实守信、沉着冷静、灵活应对的职业素养。

任务3-1 商务谈判方案制定

任务情境

　　李某是某大型医药企业商务部的一名职员，主要负责本企业的产品藿香正气口服液在本省各大医药连锁公司的销售工作。在第一次拜访外省某医药连锁公司的品类经理时，对方提出异议，认为他们目前已经经营了藿香正气软胶囊和藿香正气水，不需要再增加藿香正气口服液品类。

　　为了促进产品推广，小强在第一次拜访结束后查阅了多项产品资料：①一般藿香正气水主要采取乙醇渗漉法制取，制剂中往往含有乙醇；②藿香正气软胶囊包裹了中药苦味，口感较好，易服用，携带方便，但相比液体制剂起效慢，且不适宜儿童和吞咽障碍人群；③藿香正气口服液采用了水蒸气蒸馏法和水煎法，浸出制剂中不含乙醇，味辛、微甜。李某在此基础上制定了商务谈判方案，做足谈判准备，最终消除了客户的异议，双方签订合同。

　　任务要求：
　　1. 调研采购方信息和竞品信息。
　　2. 挖掘采购方潜在需求。
　　3. 确定谈判目标，选择谈判策略。
　　4. 制定谈判议程（时间、地点、议题的安排）。

一、任务实施

（一）工作准备

1. 调研采购方信息表，见表3-1-1。

2.竞品信息表，见表3-1-2。

表3-1-1　调研采购方信息表

信息项目名称	采用的收集方法和渠道	收集信息的目的
1.……		
2.……		
3.……		
……		

表3-1-2　竞品信息表

信息项目名称	采用的收集方法和渠道	收集信息的目的
1.……		
2.……		
3.……		
……		

（二）操作过程

序号	步骤	操作方法与说明
1	开展信息调研	根据项目目的，确定项目主题
2	确定谈判目标	（1）最低目标 （2）可接受目标 （3）最高目标
3	部署谈判策略	（1）开局策略 （2）报价策略 （3）磋商策略 （4）成交策略
4	安排谈判议程	通则议程（公开议程）条目： （1）时间安排：开始时间、议题顺序、持续时间； （2）地点安排：东道主公司、第三方； （3）确定议题：事先沟通确定过或买卖双方各自提出； （4）谈判期限：确定谈判期限
5	完成谈判方案	以小组为单位，认真讨论本小组商务谈判方案的可行性，对方案进行改进，确保能够在后续学习任务中实施

（三）学习评价

商务谈判方案制定评价表

序号	评价内容	评价标准	分值（总分100）
1	开展信息调研	能完成表3-1-1和表3-1-2的填写	10
2	确定谈判目标	能根据表3-1-1和表3-1-2的信息确定最低、可接收、最高目标	10

续表

序号	评价内容	评价标准	分值（总分100）
3	部署谈判策略	（1）能列出常用的谈判策略（至少三条） （2）能简述所选策略的选择原因	10
4	安排谈判议程	（1）能说出起止时间的设定原因和议题先后顺序的安排原因，列出整个谈判涉及的所有环节的预计时间分配（列出具体环节，并配上时间起止计划） （2）能说出地点的选择原因，列出整个谈判涉及的所有环节的地点选择（列出具体城市、街道、企业经营地点） （3）能简述议题确立的目的	15
5	编制谈判费用预算	（1）能列出所有环节中需要支出的项目金额 （2）能汇总所有环节支出的总金额	15
6	编制谈判计划表	能列出项目中每个任务的活动内容、参与人员、负责人、起止时间等信息	15
7	完成谈判方案	能按照谈判方案的格式和应包含的信息完成方案撰写并按时提交	20
8	职业素养	能做到诚实守信、沉着冷静、灵活应对	5

二、相关知识

商务谈判是一项复杂的商务活动，为了有效地组织商务谈判活动，并能灵活地控制复杂的谈判局势，必须在谈判前制定完善的谈判方案和选择恰当的谈判策略。

商务谈判策略

谈判方案是在对谈判信息进行全面分析、研究的基础上，根据双方的实力对比为本次谈判制定的总体设想和具体实施步骤。

商务谈判方案主要包括谈判的宗旨、要求、目标的确定、策略的部署、议程的安排、具体准备等内容，但商务谈判计划和其他工作计划有很大的不同，因其涉及双方的行为，不能单方面强制对方接受。

商务谈判方案制定示例

（一）制定商务谈判方案的基本要求

1.谈判方案要简明扼要 商务谈判是一项十分复杂的活动，谈判方案用简单明了、高度概括的语言进行表述，可使每一个谈判人员在头脑中对谈判问题留下深刻的印象。

2.谈判内容要明确严谨 谈判方案虽然要简明扼要，但谈判方案中的内容却要具体明确。如果没有具体内容，就很难进一步解释简明扼要的表述，但要避免面面俱到。

3.谈判方案要有灵活性 谈判方案的灵活性是为了应对谈判过程中出现的不可预测因素。从灵活性出发，谈判方案对可控因素和常规事宜可作细致安排，对无规律可循的事项可作粗略安排。

（二）确定商务谈判主题和目标

谈判主题即谈判的内容概要，是谈判活动的中心，整个谈判过程都紧紧围绕主题进行。常见谈判主题包括回答客户对产品需求的异议、加深客户对产品的印象、探知客户是否有购进计划等。

　　谈判目标是指通过谈判所要达到的具体商业目的，体现在谈判中是要解决哪些问题。谈判目标指明谈判的方向、要达到的目的，以及企业对本次谈判的期望水平。

　　谈判目标的确定是一个非常关键的工作，确定正确的谈判目标是保证谈判成功的基础。谈判的目标可以分为以下3个层次。

　　1.最低目标　又称基本目标或必须实现的目标，如果无法实现，则宁愿谈判破裂，放弃合作项目。最低目标是商务谈判者必须坚守的最后一道防线，这道防线只有本方核心人员才能知晓，须严格保密。

　　2.可接受目标　又称希望达成的目标，是谈判人员根据各种主、客观因素，经过对谈判对方的全面估价，对企业利益的全面考虑，科学论证后所确定的目标。可接受目标的实现，往往意味着谈判取得成功，应努力争取。

　　3.最高目标　又称最大期望值目标，它是本方在谈判中所要追求的利益最大化的目标，也往往是对方所能忍受的谈判底线。最高目标都是建立在现实的、可实现的估价基础上的。若能实现最高目标，将最大化地满足己方利益，但在实践中很难实现这个目标，必要时可放弃。

（三）制定商务谈判策略

　　谈判目标明确以后，就要拟定实现这些目标所要采取的基本途径和策略。商务谈判策略包括开局策略（表3-1-3）、报价策略（表3-1-4）、磋商策略（表3-1-5）、成交策略（表3-1-6）、打破僵局策略、让步策略、进攻策略、防守策略、语言策略等，要根据谈判过程中可能出现的情况，事先有所准备，心中有数，在谈判中才能灵活运用。

表3-1-3　开局策略的各种类型比较

类型	内涵	适用情况
协商式	以协商、肯定的方式，创造或建立起"一致"感	高调气氛、自然气氛
保留式	应用严谨、凝重的语言进行陈述，对谈判对手提出的关键问题不作确切、彻底的回答	低调气氛、自然气氛
坦诚式	以开诚布公的方式向对方陈述自己的观点	适合关系很好或势力不如对方时，用于各种气氛
进攻式	通过语言或者行为来表现自己强硬的姿态，从而获得对手的尊重，制造心理优势	适合发现对手在制造低调气氛时
挑剔式	对对手的某项错误或礼仪失误严加指责，使其感到内疚	营造低调气氛，迫使对方让步

表3-1-4　报价策略的各种类型比较

类型	内涵	适用情况
报高价策略	是卖方以最高期望价格作为报价的策略	拔高自己的要求或者压低对方的要求
除法报价策略	以商品的使用时间等概念作为除数，以商品价格作为被除数，得出一种数字很小的价格	使买主对本来价格不低的商品产生一种便宜、低廉的感觉
加法报价策略	把价格分解成若干层次渐进提出，使若干次的报价最后加起来仍等于当初想一次性报出的高价	所出售的商品具有系列组合性和配套性
最小单位报价策略	对不同规格的包装，以最小包装单位量制定基数价格	小包装的价格容易使消费者误以为廉价

表3-1-5　磋商策略的各种类型比较

类型	内涵	适用情况
让步策略	以己方的让步换取对方在另一问题上的让步	双方在不同利益问题上需相互做出让步时
拒绝让步策略	在谈判中争取到对自己有利的谈判地位	我方在攻防力量对比中明显占上风；我方处于不相称的弱者地位；除了对方，还有很多同质企业可以展开谈判

表3-1-6　商务谈判成交阶段策略的各种类型比较

类型	内涵	适用情况
场外交易策略	当谈判进入成交阶段，双方将最后遗留的个别问题的分歧意见放下，东道主一方安排一些宴请，缓解气氛	谈判后期尚有个别分歧问题时，缓解谈判桌上紧张激烈的气氛
慎重对待策略	用严密的协议来保障谈判成果	双方谈判结束后签订协议时

（四）确定商务谈判议程

商务谈判议程是指对谈判时间、地点和议题的安排。

商务谈判议程一般由东道主一方准备，也可事先由双方协商确定。议程包括通则议程和细则议程，前者供谈判双方共同使用，后者供己方使用，所以又把通则议程称为公开议程，把细则议程称为内部议程。

（五）商务谈判方案的写作格式

商务谈判方案一般包括标题、主体、落款三部分。

1.**标题**　一般为事由文种，如"关于独家生产品种××药品的谈判方案""与××医药企业洽谈××商品的方案"。

2.**主体**　包括前言和具体条款。前言写明谈判的总体构想、原则，说明谈判内容或谈判对象的情况。具体条款包括谈判主题、谈判目标、谈判程序、谈判组织等。

3.**落款**　明确时间等信息。

即学即练

任务3-2　谈判组织与实施

任务情境

张某是某大型医药企业商务部一名职员，其主要负责企业产品儿童维D钙咀嚼片在S省各大医药连锁公司的销售工作。之前该药品在A省几家医药连锁公司销售情况良好，客户满意度高。张×在第一次拜访M医药连锁公司的品类经理时对方提出，他们目前已经经营了葡萄糖酸钙口服溶液，不需要再增加儿童维D钙咀嚼片品类。在第一次拜访结束后张某查阅了多项产品资料：①维D钙咀嚼片为复方制剂，主要成分为碳酸钙和维生素D_3，辅料有山梨糖醇等，不含蔗糖；②葡萄糖酸钙口服溶液主要成分为葡萄糖酸钙，辅料有乳酸、氢氧化钙、蔗糖等。在做了大量的准备工作后张×进行了第二次拜访，消除了客户的异议。最终张×所在的医药企业与M医药连锁公司进行了商务谈判，双方签订了合同。

任务要求：

1.选择一种谈判模式与客户进行模拟商务会谈。

2.说出商务谈判中可能会存在的谈判僵局及应对技巧。

3.记录、总结谈判情况。

一、任务实施

（一）工作准备

1.商务谈判方案，见表3-2-1。

2.商务谈判模拟环境，包括谈判桌椅布置、谈判双方位次安排等。

3.商务谈判记录表，见表3-2-2。

表3-2-1　商务谈判方案

谈判双方背景	
谈判主题及内容	
谈判形势分析	
谈判目标设定	最高目标： 可接受目标： 最低目标：
谈判程序及策略	
谈判日程安排	
谈判地点	
谈判小组分工	
谈判应急预案	

表3-2-2　商务谈判记录表

基本信息	谈判日期		
	谈判地点		
	参与人员	甲方：	
		乙方：	
	谈判主题		
议程及内容			

续表

达成的共识	
未决事项	
下一步计划	
附件	

（二）操作过程

序号	步骤	操作方法与说明
1	准备谈判	根据任务3-1的学习成果和任务3-2的任务情境，完善表3-2-1，对谈判进行背景分析、对手状况的分析，明确谈判方案
2	谈判前陈述演讲	（1）对方小组成员应自觉回避 （2）简要阐述己方小组成员、分工，以及对谈判问题相关背景的分析；展示己方前期调查成果得出的结论，展示己方的态度和优劣势，解释自己的谈判条件；介绍自己擅长的战术，并声明己方希望达到的目标。目标必须包括己方报价、数量。同时表现出己方的风采与谈判的资本
3	面对面谈判	（1）谈判双方寒暄、自我介绍，符合商务礼节交涉 （2）选择一种商务谈判模式进行商务谈判，按照一般谈判流程呈现谈判情节
4	谈判总结	（1）同谈判对手握手，任选一方宣读成交事项 （2）另一方对谈判形势进行分析和总结 （3）针对谈判事项，分析双方分歧和各自优势 （4）先买方后卖方，均作总结发言，展示己方为最终成交所付出的努力与争取

（三）学习评价

谈判组织与实施评价表

序号	评价内容	评价标准	分值（总分100）
1	准备谈判	能根据任务情境制定出合理的谈判方案	20
2	谈判前陈述演讲	（1）演讲熟练、大方、简明扼要 （2）谈判依据充分、合理、恰当有力，引用经济术语准确	20
3	面对面谈判	（1）报价科学，最初目标与实际成交结果差距小，目标实现程度高 （2）谈判语言流畅、立场明确，能从经济角度深入理解产品，体现谈判技巧 （3）表情和手势自然、大方，符合商业伦理道德	30
4	谈判总结	（1）能详细记录谈判过程 （2）能按操作过程完成谈判总结	20
5	工作态度	（1）具有思辨能力，能始终坚持底线，主动、准确、及时、机智地应对对方，思路清晰，不冲动，逻辑正确，应对灵活 （2）具有团队精神，配合默契，能自圆其说	10

二、相关知识

（一）商务谈判的流程

商务谈判的流程可分为谈判准备阶段、谈判开局阶段、谈判摸底阶段、谈判磋商阶段、谈判成交阶段和谈判协议后阶段，共六个阶段。

创新型药品P的采购谈判

医保目录谈判名场面

（二）商务谈判的模式

1.APRAM商务谈判模式 当前国际流行的商务谈判模式。其强调谈判是一个连续不断的过程，一般每次谈判都要经过评估、计划、关系、协议和维持五个环节，谈判不仅涉及本次交易所要解决的问题，而且致力于使本次交易的成功成为今后交易的基础。

（1）评价（appraisal） 进行科学的项目评估。项目评估是谈判前的准备工作，包括需求评估、可行性分析、项目总体安排、项目授权、谈判项目预演等。

（2）计划（plan） 制订正确的谈判计划。确定在和对方谈判时自己要达到什么样的目标。努力理解谈判对手的目标，进行比较，详细制定时间计划、预算计划和人员计划并做出风险评估。

（3）关系（relationship） 建立谈判双方的信任关系。努力使对方信任自己，设法表现出自己的诚意，行动胜过语言。

（4）协议（agreement） 达成使双方都能接受的协议。核实对方的目标，明确双方意见的一致点，为了协调不一致的地方，要提出双赢式的解决方案，共同解决其他的分歧。

（5）维持（maintenance） 协议的履行与关系的维持。要求别人信守协议，首先自己要信守协议，对于对方遵守协议的行为要给予适时的情感反馈，如写信、打电话、登门拜访、逢年过节表示祝贺等。

2.赢-赢商务谈判模式 是指把谈判当作合作过程，双方像伙伴一样共同找到满足双方需求的方案，使费用更合理、风险更小的一种谈判模式。其强调通过谈判不仅要找到最好的方法满足双方的需求，还要解决责任和任务的分配，如成本、风险和利润的分配。商务谈判达到"赢-赢"的途径有以下几种：树立双赢的观念；将方案的创造与对方案的判断行为分开；充分发挥想象力，扩大方案的选择范围；找出双赢的解决方案；替对方着想，让对方容易做出决策。

3.合作商务谈判模式 又称哈佛原则谈判法，它强调各方的利益与价值，借助寻求各方都有所收获的方案来获得谈判的成功。该模式是赢-赢商务谈判模式的发展与升华。

（三）商务谈判僵局的处理

商务谈判僵局是指在谈判过程中，当双方对所谈问题的利益要求差距较大，各方又都不肯做出让步，导致双方因暂时不可调和的矛盾而形成对峙，使谈判呈现出一种不进不退的僵持局面。出现谈判僵局，应沉着应对，始终牢记并时刻提醒双方谈判人员谈判初衷，最终促成谈判，满足双方利益要求。

1.僵局的类别 包括策略性僵局、情绪化僵局、实质性僵局等。策略性僵局是谈判一方有意制造，意图给对方施加压力，为己方争取时间和创造优势；情绪化僵局是谈判过程中，一方的讲话引起对方的反感，冲突升级，谈判双方互不相让；实质性僵局是双方

涉及商务交易的核心——经济利益时，意见分歧较大，难以达成一致意见，而双方又互不相让。

2.僵局的成因　主要有立场争执、沟通障碍、故意制造、人员素质、利益合理要求的差距及其他原因。如谈判人员知识经验、策略技巧不足，谈判外部环境变化导致谈判一方不愿遵照原有承诺；谈判双方用语不当导致情感对峙等。

3.僵局的化解原则　要遵循以下僵局处理原则以确保谈判不偏离谈判双方初衷，不触碰各方利益底线：冷静理智地思考，正确认识谈判僵局；协调好双方利益，力求客观；语言适度，避免争吵，善于倾听；欢迎不同意见，寻找替代方法。

4.僵局的处理方法　谈判出现僵局，就会影响谈判协议的达成。打破谈判僵局可采用以下几种方法：回避分歧，转移议题；寻找替代方法，给予适当馈赠；借助外力，利用调解人；以硬碰硬，据理力争；尊重对方，有效退让；冷调处理，暂时休会。

（四）商务谈判的记录和总结

商务谈判的记录通常应包括谈判日期、谈判地点、参与谈判的各方人员信息、谈判主题、谈判议程、谈判内容、达成的共识、未决事项、下一步行动计划、附件等。全面、准确的记录可以为后续谈判和合同签订提供有力的参考和依据。

商务谈判的总结强调在谈判全流程分析的基础上，就谈判目标达成度、谈判过程、谈判人际关系处理等反思成功和不足之处，并提出改进措施。包括对方的观点、风格、精神；对方的反对意见及解决办法；自己的有利条件及运用状况；自己的不足及改进措施；谈判所需情报资料是否完善；双方各自的妥协条件及可共同接受的条件；谈判破裂与否的界限等。

即学即练

项目四

电商服务

学习目标

1. 能运用SMART原则有效制定网络营销目标。
2. 能运用SWOT分析法对企业内外部环境进行分析。
3. 能结合药品特性及企业自身，设计针对性的网络营销方案。
4. 能运用各种网络营销工具和方法，有效实施网络营销方案。
5. 能监控网络营销活动的效果，并进行数据分析与优化调整。
6. 在电商服务中养成诚实守信、严谨认真、精益求精、依法合规的工作意识和态度。

任务4-1 网络营销方案设计

任务情境

　　某制药企业主要生产治疗代谢性疾病的药物，旗下拥有多个知名药品品牌，其中包括针对糖尿病、心脏病等慢性疾病的特效药。随着互联网的普及和电商的快速发展，企业决定加大在线营销力度，拓宽销售渠道，提高品牌影响力。因此需要设计一套有效而且适合企业自身的网络营销方案，以应对市场变化，满足客户需求。

　　任务要求：

　　1.任务分工，明确网络营销的目标。

　　2.收集信息，用SWOT分析法对企业内外部环境进行分析。

　　3.制定网络营销策略，选择营销时机与对象，制定行动方案并编制费用预算。

　　4.确认与优化网络营销方案，撰写网络营销方案书。

一、任务实施

（一）工作准备

　　1.人员分工表，见表4-1-1。

　　2.SWOT分析表，见表4-1-2。

　　3.行动方案表，见表4-1-3。

　　4.费用预算表，见表4-1-4。

表4-1-1　人员分工表

序号	团队角色	职责描述	主要任务	备注
1				
2				
3				
……				

表4-1-2　SWOT分析表

	优势（S）	劣势（W）
优势和劣势	1. …… 2. …… ……	1. …… 2. …… ……
	机会（O）	威胁（T）
机会和威胁	1. …… 2. …… ……	1. …… 2. …… ……

表4-1-3　行动方案表

序号	营销活动	人员安排	道具设备	时间起止计划
1				
2				
3				
……				

表4-1-4　费用预算表

序号	支出项目	金额	编制依据	备注
1				
2				
3				
……				

（二）操作过程

序号	步骤	操作方法与说明
1	组建团队	确定实施团队和成员分工，明确各成员职责，确保每个成员都了解自己的任务和责任
2	明确网络营销目标	根据企业整体战略和业务需求，确定网络营销的具体目标，如提升品牌知名度、增加市场份额、增强客户黏性等
3	收集与分析信息	收集与本次网络营销方案设计有关的各种信息资料，用SWOT分析法分析企业的内外部环境 （1）行业、企业分析：了解医药行业网络营销的发展现状及趋势、相关的政策、法律法规等，分析企业面临的外部机会与威胁；评估企业在网络营销方面的现状和自身存在的劣势及优势 （2）目标客户群体分析：确定目标客户群体并调研分析目标客户群体的特征、需求、购买习惯等 （3）竞争对手分析：分析主要竞争对手的网络营销策略、优势与劣势等
4	制定网络营销策略	召开网络营销方案设计研讨会，制定网络营销策略（产品策略、价格策略、渠道策略、促销策略等） （1）产品策略：突出产品特色，明确产品定位，涵盖核心产品、有形产品和附加产品三个层次 （2）价格策略：根据产品定位和目标客户群，制定合理的价格策略，采用心理定价、折扣定价、差别定价等策略 （3）渠道策略：优化线上渠道布局，包括直接渠道和间接渠道；选择合适的网络营销渠道，如社交媒体、搜索引擎等，提升用户体验 （4）促销策略：设计吸引消费者的促销活动，包括网络广告、站点推广、销售促进、网络公共关系等
5	选择营销时机与对象	（1）营销时机：能根据行业淡旺季、节假日、新产品上市时间等时机选择合适的营销时间 （2）营销对象：基于目标客户分析，细化目标客户群体，以便针对不同群体制定差异化营销策略
6	制定行动方案并编制费用预算	（1）制定行动方案：将营销策略转化为具体的活动程序，编制行动方案表（包括时间安排表、人员分配表和道具设备表等） （2）编制费用预算：详细列出各个支出项目、支出金额及编制依据
7	确认与优化网络营销方案	以小组为单位，认真对初步设计的网络营销方案进行讨论和评估；根据讨论结果，对方案进行确认，确保各项策略和目标一致；根据反馈意见，对方案进行必要的调整和优化，提高其可行性和有效性
8	撰写网络营销方案书	按照网络营销方案书的框架，撰写方案书，形成一份详实、完整的网络营销方案书

（三）学习评价

网络营销方案设计评价表

序号	评价内容	评价标准	分值 （总分100）
1	组建团队	根据任务需求合理组建团队，明确团队成员的角色与职责，确保团队结构合理且沟通顺畅，有效协作完成任务	5
2	明确网络营销目标	目标制定合理，符合SMART原则	5
3	收集与分析信息	（1）信息收集准确、真实、有效 （2）能运用SWOT分析法对企业内外部环境进行分析 （3）信息分析有理有据，条理清晰	10
4	制定网络营销策略	在前期分析的基础上，将产品策略、价格策略、渠道策略、促销策略进行组合，形成有效的营销策略，具有一定的创新性	15
5	选择营销时机与对象	能选择合适的营销时间并能基于目标客户分析，细化目标客户群体，以便针对不同群体制定差异化营销策略	10
6	制定行动方案并编制费用预算	（1）策划多样化的营销活动（至少两种），每项活动有具体的时间安排、人员分配、道具设备等，活动策划具有一定的创新性和灵活性 （2）合理编制费用预算，确保经济性原则	20
7	确认与优化网络营销方案	能对方案进行有效的调整和优化，确保各项策略和目标一致，使方案具有可行性和有效性	10
8	撰写网络营销方案书	（1）方案书格式规范 （2）方案书内容完整、条理清晰、逻辑性强	20
9	工作意识和态度	诚实守信、严谨认真、精益求精、依法合规	5

二、相关知识

（一）SWOT分析法

SWOT分析法，是将企业的内部优势（strengths）、劣势（weaknesses）和外部的机会（opportunities）、威胁（threats）通过调查后列举出来，通过内外部环境有机结合分析来明确企业的优势和劣势，了解企业所面临的机会和威胁，从而根据分析结果制定相应的战略、计划、对策等的一种分析方法。

（二）网络营销策略

网络营销策略是企业根据自身所在市场中自身地位而采取的一种网络营销组合，包括产品策略、价格策略、渠道策略和促销策略等。

（三）撰写网络营销方案书

网络营销方案书的格式并没有统一的规定，不同的网络营销活动对方案书的内容和格式要求是不同的。网络营销方案通常包括以下几个部分。

1. 封面　通常单独占一张页面。需要提供以下信息：方案名称、制定人或团队名称、制定日期等。

2. 前言　又称引言，用简短的文字介绍方案书的写作背景和目的。具体内容一般是企业的发展概况、当前面临的问题及进行营销方案设计的目的，起引导作用，类似于写在书前或文章前面的序言或导言。

3. **目录** 方案书的内容和页数较多时，应在目录中列出方案书全部章节的标题、附录及其对应页码，以便阅读者了解方案书的大体内容结构，并快速查找对应的信息。

4. **摘要** 是对方案书的概括性介绍，是方案书的内容提要。

5. **正文** 是对方案书的具体描述，也是方案书的主要部分。主要内容包括市场分析、消费者分析、竞争对手分析、网络营销目标、网络营销策略、行动方案、费用预算等。

6. **附录** 是对方案书内容的补充说明，以便阅读者了解方案书中的内容。附录主要有两个作用：一是补充说明方案书中的调查与分析技术；二是为方案书中的必要内容提供客观性证明。

即学即练

任务4-2 网络营销方案实施

🏛 任务情境

某制药企业主要生产治疗代谢性疾病的药物，旗下拥有多个知名药品品牌，其中包括针对糖尿病、心脏病等慢性疾病的特效药。随着互联网的普及和电商的快速发展，企业决定加大在线营销力度，拓宽销售渠道，提高品牌影响力。为此，企业设计了一份针对特定药品的网络营销方案。

作为网络营销团队的一员，你需要实施网络营销方案，通过各种网络营销工具和方法，有效推广该药品，提升药品销量和品牌知名度。

任务要求：

1. 确定实施团队和成员分工、准备营销素材、选择营销渠道。

2. 按照计划发布营销内容，开展网络营销活动，监控营销活动的执行情况。

3. 分析数据以评估营销活动的成效。

一、任务实施

（一）工作准备

1. 成员分工表，见表4-2-1。

2. 不同网络营销工具测试表，见表4-2-2。

3. 网络营销数据查询表，见表4-2-3。

4. 网络营销药品销售表，见表4-2-4。

表4-2-1 成员分工表

序号	团队角色	职责描述	主要任务	原所在部门（第三方公司）
1				
2				
3				

表4-2-2 不同网络营销工具测试表

序号	应用类别	软件名称	工具特色	类似产品使用后销售情况	基础费用
1					
2					
3					

表4-2-3 网络营销数据查询表

序号	年份	季度	月度	药品	企业	ATC分类	剂型	用药途径	线上用药咨询频率
1									
2									
3									

表4-2-4 网络营销药品销售表

序号	销售额	销售量	销售规格	价格	最小单位价格	销售份额	增长率	复购率
1								
2								
3								

（二）操作过程

序号	步骤	操作方法与说明
1	组建团队	确定实施团队和成员分工，明确各成员职责，确保每个成员都了解自己的任务和责任
2	准备营销素材	根据网络营销方案的需求，创作或收集高质量的文章、图片、视频等营销素材，并确保其质量和吸引力
3	选择网络营销渠道	根据目标市场和营销策略，选择合适的网络营销渠道，并深入了解其使用规则和推广方式
4	按照计划发布营销内容	在选定的网络营销渠道上，按照既定计划准确、及时地发布营销内容，确保信息的有效传播
5	开展各种营销活动	根据网络营销方案的要求，组织限时优惠、抽奖活动、社交媒体互动等多种形式的营销活动，以提升客户参与度和品牌知名度
6	监控营销活动的执行	实时关注营销活动的进展情况，收集相关数据，分析活动效果，并根据需要及时调整和优化策略
7	网络营销效果评估	（1）使用数据分析工具对网络营销活动的效果进行实时监控，利用专业的数据分析工具，对营销活动的各项数据进行实时监控和分析 （2）分析数据以评估营销活动的成效，从流量、转化率、客户反馈等多个维度对营销活动的效果进行评估，得出客观准确的结论

续表

序号	步骤	操作方法与说明
8	根据评估结果调整、优化网络营销方案	根据评估结果和反馈意见，对网络营销方案进行必要的调整和优化，以提升营销效果和品牌影响力
9	网络营销方案实施总结报告	详细记录网络营销方案的实施过程、效果评估、经验教训等内容，形成完整的总结报告

（三）学习评价

网络营销方案实施评价表

序号	评价内容	评价标准	分值（总分100）
1	组建团队	根据任务需求合理组建团队，明确团队成员的角色与职责，确保团队结构合理且沟通顺畅，有效协作完成任务	5
2	准备营销素材	收集或创作出符合品牌和目标受众的高质量营销素材（至少3类素材）	5
3	选择网络营销渠道	准确分析目标市场和受众特征，选择合适的网络营销渠道，并深入理解其特点和使用规则，制定有效的推广策略	10
4	按照计划发布营销内容	按照既定计划，在选定的渠道上准时、准确地发布营销内容，确保信息的有效传播和受众的有效触达	10
5	开展各种营销活动	策划并执行多样化的营销活动（至少两种）	15
6	监控营销活动的执行	收集并分析相关数据，及时发现并解决问题	10
7	网络营销效果评估	学生能否运用数据分析工具（至少一种），从多个维度（如流量、转化率、客户反馈等）对营销活动的效果进行全面、客观地评估	15
8	根据评估结果调整、优化网络营销方案	对网络营销方案进行及时、有效的调整和优化，以提升营销效果和品牌影响力	10
9	网络营销方案实施总结报告	记录网络营销方案的实施过程、效果评估、经验教训等内容，形成结构清晰、逻辑严密的总结报告	15
10	工作意识和态度	诚实守信、严谨认真、精益求精、依法合规	5

二、相关知识

（一）方案实施监控

1.明确监控目标。

2.设定关键指标（KPIs）。

网络营销实施

（二）方案实施数据分析

1.数据分析工具　数据分析工具包括Google Analytics、百度统计、友盟＋等。

不同的工具可能更适合不同的业务场景。例如，Google Analytics 适合国际化业务，而百度统计更适合中国市场。每个工具都有其优势和局限性。例如，Google Analytics 提供详尽的分析报告，但可能需要一定的学习曲线；友盟＋则提供了更加全面和专业的移动应用数据分析解决方案。此外，用户还应关注工具的易用性、数据安全性以及技术支持等。

43

2.数据收集与整理

（1）数据收集是分析工作的基础，包括网站或APP流量、社交媒体互动、用户行为等。

（2）数据整理是确保分析准确性的前提。

1）数据清洗：去除无效或错误的数据，如过滤掉机器人或爬虫的访问记录。

2）数据整理：将收集到的数据进行分类和排序，以便于分析和解释。

3）数据分类：将数据按照不同的维度进行分组，如按时间段、用户类型、地理位置等。

3.数据分析方法

（1）流量分析。流量分析关注网站的访问情况，包括但不限于以下几点。

1）访问量：分析日访问量、月访问量等，了解网站受欢迎程度。

2）来源分析：识别流量来源，如搜索引擎、社交媒体或直接访问。

3）用户路径：追踪用户在网站上的行为路径，优化用户体验。

（2）转化率分析。转化率是衡量营销效果的关键指标，分析方法如下。

1）转化率计算：转化率 = 完成转化动作的用户数 / 总访问用户数。

2）影响因素分析：分析页面设计、用户流程、促销活动等因素对转化率的影响。

（3）ROI分析。ROI分析帮助评估营销活动的经济效益。

1）概念理解：ROI =（收益 – 成本）/ 成本。

2）计算方法：通过计算营销活动的总收益与总成本，得出ROI值。

（4）用户行为分析。用户行为分析揭示了用户的需求和偏好。

1）行为轨迹：分析用户在网站上的浏览、点击、搜索等行为。

2）偏好分析：根据用户对特定内容或产品的互动了解其偏好。

即学即练

项目五

首营审核

🎓 **学习目标** ···○

1. 能围绕企业需求进行供货单位的筛选。
2. 能根据首营审核内容索取首营资料并完成首营企业资料审核。
3. 能正确填写首营企业审批表。
4. 能根据GSP要求审核首营品种资料。
5. 能按照首营审核要求录入首营资料并在计算机系统中建立药品质量档案。
6. 在首营审核工作中养成严谨认真、辨析是非、实事求是的工作态度。

任务5-1 首营企业审核

🏛 **任务情境** ···○

　　××制药有限公司是一家药品生产企业。2020年10月，我公司第一次向××制药有限公司采购硬胶囊剂。我公司的采购员需要按照GSP要求，让供应商销售人员提供首营企业资料，并交给质量管理部门进行审核、建档。

任务要求：

1. 确定向供货单位索取的首营资料。
2. 根据审核要点及合格标准，正确审核首营资料。
3. 填写首营企业审批表。

一、任务实施

（一）资料准备

1. 某药品首营企业资料1套，扫"首营企业资料"二维码查看。
2. 首营企业审批表，见表5-1-1。

首营企业资料

表5-1-1　首营企业审批表

供货企业名称		企业地址	
企业类型	生产□ 经营□	E-mail	
供货企业销售人员		联系电话	

续表

许可证	证书号		负责人	
	生产（经营）范围		有效期至	
营业执照	注册号		法定代表人	
	生产（经营）范围		有效期至	
供货单位销售员资质	身份证复印件□ 法人委托书原件□			
采购员意见	采购员：			年　月　日
采购部门意见	部门负责人：			年　月　日
质量管理部门审核意见	审核人：			年　月　日
企业质量负责人审核意见	质量负责人：			年　月　日

（二）操作过程

序号	步骤	操作方法与说明	备注
1	索取材料	采购员根据拟购的药品情况，向供货单位索取加盖供货单位原印章的首营企业证明文件材料，并对材料进行初步审核	首营企业证明文件材料包括： （1）药品生产许可证或药品经营许可证及营业执照复印件； （2）上一年度企业报告； （3）供货单位相关印章样式； （4）随货同行单或出库单原样式； （5）开户行信息； （6）销售人员身份证复印件及法人授权委托书原件； （7）质量保证协议
2	填写首营企业审批表	采购员将材料收集齐后，填写首营企业审批表，附上有关材料进行合法性核审审批	信息填写应清晰准确
3	合法性审核审批	（1）采购主管审核首营企业证明材料，在首营企业审批表上签字 （2）质量管理部门负责人主要审核资质、质量信誉、所购进药品是否超出供货单位的生产或经营范围。材料审查或实地考察结束后，质量管理部门负责人在首营企业审批表上签署审核意见 （3）企业质量负责人根据质量管理部门的具体意见进行最后的审核把关，并在首营企业审批表上签署"同意购进"意见后，转质量管理部门	可登录国家或各省药品监督管理局网站对企业信息进行查询，确认所提供材料的真实性；如需对供货企业进行实地考察，质量管理部门必须会同采购部门进行

序号	步骤	操作方法与说明	备注
4	计算机系统输入药品信息	审核审批通过后的首营企业，质量管理部门在计算机系统内输入企业信息，并更新维护有关内容	在计算机系统经过以上相同审批流程建立首营企业基础数据库
5	建立药品质量档案	质量管理部门将首营企业审批表、首营企业资料等递交质量管理员存档，建立药品质量档案	若该供货企业出现信息变更，需要重新向供货商索要相关资质材料，审核完成后存入质量档案

（三）注意事项

1.供货单位提供的资料应保证真实、合法和有效。资料应盖有供货单位企业公章原印章，同时注意资料应在有效期范围内。

2.多个资料审核时，相同信息应保持一致性，如企业名称、法人、负责人、经营范围等。

3.供货单位的生产或经营范围应满足本企业的经营需求。

4.资料审核是药品经营企业质量保证的第一环节，审核人员应秉持高度负责的精神，以实事求是的态度，发挥精湛的专业水平，筛选出优质的供货企业。

（四）学习评价

首营企业审核评价表

序号	评价内容	评价标准	分值（总分100）
1	确定资料的合法性	查看有无企业相关印章、负责人签字或签章	20
2	审核具体内容	根据审核资料的内容，查验信息的真实性和完整性，以及是否符合采购企业的需求	30
3	确定有效性	审核资料的有效期	15
4	表格填写规范性	填写内容准确、恰当、完整	25
5	工作态度	能严谨认真、实事求是地完成资料审核	10

二、相关知识

首营企业
资料审核

（一）首营企业

首营企业是指购进药品时首次发生业务关系的药品生产企业或药品经营企业。购进药品之前首先要对首营企业进行合法资质和质量保证能力的审核。

（二）审核首营企业资质

1.**供货单位证照**　药品生产许可证或药品经营许可证及营业执照复印件，要求盖有企业公章原印章。证照的真实性可以到国家企业信用信息公示系统进行查询，核对证照上的单位名称、法定代表人、注册地址、仓库地址、生产范围或经营范围是否与网站公布的内容相符。如有不符，是否有变更证明。其有效性需要核对证照的有效期。此外还要核查药品的生产或经营范围，是否满足购货单位的需求。

2.上一年度企业报告　供货单位需要提供上一年度企业报告并加盖企业公章原印章。核查时，可以进入国家企业信用信息公示系统，查看企业上一年度是否存在异常经营、严重违法失信等情况。

3.供货单位相关印章样式　供货单位相关印章样式，如企业公章、发票专用章、合同专用章、质量管理专用章、药品出库专章、财务章、法人印章。印章应为原尺寸、原颜色、原规格的原印章。

4.随货同行单样式　随货同行单或出库单应为原样式并加盖企业公章原印章。

5.开户行信息　供货单位需要提供本单位的开户名、开户银行及账号信息并加盖企业公章原印章。不允许为个人账户。

6.销售员身份核查　供货单位药品销售人员需提供身份证复印件及法人授权委托书原件，均应加盖供货单位公章原印章。授权委托书由法定代表人签发，法定代表人应加盖印章或签字，并明确被授权人姓名、身份证号、经营活动范围和经营品种，标明有效期限。授权委托书与身份证复印件提供的姓名须一致。

7.质量保证协议　质量保证协议应从药品的合法性、药品质量情况、有效期、合法票据、包装情况、运输方式、运输条件等方面按照药品特性做出明确规定，并明确协议的有效期、双方质量责任。质量保证协议需加盖供货单位公章或合同章原印章。

（三）填写首营企业审批表

采购员将供货企业资料收齐并审查合格后，将相关信息填入首营企业审批表（表5-1-1），要求信息真实准确、填写规范，与供货企业提供资料的内容保持一致。按照审批程序，先由采购员填写初审意见，并由采购部负责人把关签字；再由质量管理部门审核；最后由质量负责人签字。审核通过后该供货企业才能被纳入首营企业名单。

（四）建立合格供货方档案

对审核合格的首营企业，采购部整理供货方所有合格的资料，包括药品生产许可证或药品经营许可证及营业执照复印件、上一年度企业报告、供货单位相关印章样式、随货同行单样式、开户行信息、销售人员身份证复印件、法人授权委托书原件、质量保证协议与首营企业审批表。一并交由质量管理部，建立合格供货方档案，并在计算机管理系统中录入合格供货方信息。

即学即练

任务5-2　首营品种审核

🏛 任务情境

某年某月，根据市场需求，我公司决定从×××医药有限公司采购××制药有限公司生产的枸橼酸西地那非片（100mg，每盒5片/板）。该产品为我公司首次经营的产品，即首营品种，采购员需要按照GSP要求，让×××医药有限公司的销售人员提供首营品种资料，并交给质量管理部门进行审核、建档。

任务要求：

1.根据审核要点及合格标准，正确审核首营品种资料。

2.填写资料审核表。

3.填写首营品种审批表。

一、任务实施

（一）资料准备

1.资料审核表，见表5-2-1。

2.首营品种审批表，见表5-2-2。

3.某药品品种资料1套，扫"首营品种资料"二维码查看。

首营品种资料

表5-2-1 资料审核表

序号	步骤操作方法		
	确定资料的合法性	审核具体内容	确定有效性
1			
2			
3			
4			
5			
6			
7			
8			
9			

表5-2-2 首营品种审批表

编号： 填表日期：

药品编号		商品名		规格	
通用名称		剂型		单位	
装箱规格		有效期			
储存条件		批准文号			
上市许可持有人		生产企业			
主要成分与功能主治					
采购员 申请理由	申请人签字： 日期：				
采购部门 意见	负责人签字： 日期：				
质量管理部门 意见	负责人签字： 日期：				

续表

质量负责人意见	企业质量管理负责人签字：	日期：

（二）操作过程

序号	步骤	操作方法与说明	备注
1	索取材料	采购员根据拟购的首营品种情况，向供货单位索取加盖供货单位原印章的首营品种证明文件材料，并对材料进行初步审核	首营品种证明文件材料包括： （1）药品注册批件或再注册批件（药品补充申请批件）复印件 （2）药品质量标准复印件 （3）药品的包装、标签、说明书实样等资料 （4）法定检验机构或本生产企业的检验报告书 （5）该产品的药品生产企业证明性文件（药品生产企业许可证复印件及营业执照复印件）
2	填写首营品种审批表	采购员将资料收集齐后，填写首营品种审批表，附上述有关资料进行合法性审核审批	
3	合法性审核审批	（1）采购主管审核首营品种证明材料，在首营品种审批表上签字 （2）质量管理部负责人主要审核资质、质量信誉、所购进药品是否超出供货单位的生产或经营范围。资料审查或实地考察结束后，质量管理部门负责人在首营品种审批表上签署"资料齐全，符合要求"的审核意见 （3）企业质量负责人根据质量管理部门的具体意见进行最后审核把关，并在首营品种审批表上签署"同意购进"意见后，转质量管理部门	可登录国家或者各省药品监督管理局网站对药品注册证、批准文号进行查询，确认所提供资质的真实性 如需对该品种生产企业进行实地考察，质量管理部必须会同采购部门共同进行
4	计算机系统输入药品信息	审核审批通过后的首营品种，质量管理部在计算机系统内输入药品信息，并更新维护有关内容	在计算机系统经过以上相同审批流程，建立首营品种基础数据库
5	建立药品质量档案	质量管理部门将首营品种审批表、首营品种资料等交质量管理员存档，建立药品质量档案	若该药品出现信息变更，需要重新向供货商索要相关资质，审核完成后，存入质量档案

（三）注意事项

1.供货单位提供的资料应保证真实、合法和有效。资料应盖有供货企业的公章原印章。

2.要注意证照的有效期，证照到期后，需要及时重新向供货商索要新的证照并审核。

3.要注意区分规格、包装规格和装箱规格等信息。

4.首营资料审核是药品经营企业药品质量保证的核心环节，审核人员应持有高度负责的工作精神、实事求是的工作作风和求真务实的工作态度，确认首营资料的真实性与有效性，以筛选出优质的药品。

（四）学习评价

首营品种审核评价表

序号	评价内容	评价标准	分值（总分100）
1	确定审核资质材料	（1）能熟知供应商应提供的首营品种合法性资质材料种类 （2）能识别资料的有效性 （3）能利用权威网站确认资料的真实性	15
2	明确审批表填写内容	能根据供应商提供的材料填写首营品种审批表	20
3	明确合法性审核审批程序	（1）能基本判断首营品种的质量信誉 （2）能初步判断首营品种是否可以采购	15
4	建立首营品种基础数据库	（1）能在计算机系统内输入药品信息 （2）能在计算机系统内进行首营品种合法性审核 （3）能在药品信息出现变更后，及时更新维护药品信息有关内容	25
5	明确药品质量档案	能将相关资料存档，建立药品质量档案	10
6	明确审核进程安排	能列出审核流程中每个任务的工作活动内容、参与人员、负责人等信息	10
7	工作态度	能辨析是非、严谨认真	5

二、相关知识

（一）首营品种

首营品种是指本企业首次采购的药品。首次从药品生产企业、药品批发企业采购的药品均为首营品种。

首营品种资料审核

（二）审核首营品种资料

1. 首营品种属于国产药品　药品采购人员应向供货单位索取加盖供货单位原印章的以下材料。

（1）药品生产批件复印件。包括药品注册批件或药品再注册批件、药品补充申请批件。药品注册批件有效期为5年，超过有效期的，需要提供药品再注册受理通知书或者是药品再注册批件。如果企业地址、企业名称等与该药品有关的其中一项变更时，或者该品种相关注册信息变更时，都要提供药品补充申请批件。

（2）药品质量标准复印件。

（3）药品的包装、标签、说明书。若供货单位为药品生产企业，需要提供药品的包装、标签、说明书实样等资料；若供货单位为药品经营企业，提供药品的包装、标签、说明书报批资料复印件即可，如果是彩色包装则需要提供扫描件。

（4）药品检验报告复印件。生产企业的出厂检验报告书或法定检验机构检测报告均可。

（5）药品所属剂型的GMP证书复印件。如果GMP证书于2019年12月1日后过期，则无须再提供药品所属剂型的GMP证书复印件。

（6）药品生产企业许可证复印件。

（7）药品生产企业营业执照复印件。

2.首营品种属于进口药品（进口中药材除外） 药品采购人员应向供货单位索取加盖供货单位原印章的以下材料。

（1）进口药品注册证、医药产品注册证，或者进口药品批件复印件（如有并在有效期内，2020年7月1日后药品批准文号的格式执行《药品注册管理办法》），以及药品的包装、标签、说明书实样等资料。

（2）进口麻醉药品、精神药品除提供进口药品注册证（或者医药产品注册证）或者进口药品批件（如有并在有效期内，2020年7月1日后药品批准文号的格式执行《药品注册管理办法》）复印件外，还应提供进口准许证，以及药品的包装、标签、说明书实样等资料。

（3）首营品种属于进口中药材的，如果是国内首次进口要有进口药材批件复印件。

（三）填写首营品种审批表

采购员将品种资料收齐并审查合格后，将相关信息填入首营品种审批表。首营品种审批表应按照供应商提供的首营品种资料如实填写，应注意信息真实准确、填写规范，与品种资料内容保持一致，首营品种的养护方式为重点养护。

首营品种审批表填写完毕后按照审批程序，先由采购员填写初审意见，并由采购部门负责人把关签字；再由质量管理部门审核；最后由质量负责人签字。审核通过，该品种才能纳入合格品种目录。

（四）建立药品质量档案

对审核合格的首营品种，采购部将整理好的所有合格的首营品种资料，包括药品注册批件或药品再注册批件、药品补充申请批件、该品种药品质量标准、检验报告、所属剂型的GMP证书、药品生产企业的药品生产许可证与营业执照的复印件，药品的包装、标签、说明书实样或复印件等，与首营企业审批表一并交由质量管理部门，交质量管理员存档，建立药品质量档案，并在计算机管理系统中录入合格品种信息。

即学即练

项目六

经济核算

🎓 **学习目标**

1. 能根据数据进行安全库存数量计算，设置合理的安全库存。
2. 会运用ABC分析法对库存商品进行结构分析。
3. 会进行商品保本保利销售计算。
4. 能运用经济核算的内容，进行医药企业经营分析。
5. 能运用各种经济核算指标，对医药企业营销过程进行核算。
6. 能在医药企业经济核算过程中，培养财务成本意识和严谨的工作作风。
7. 能在医药企业经济核算过程中认真细心，形成精益求精的职业态度。

任务6-1 库存分析

🏛 **任务情境**

1. 某公司是某市最大的一家药品零售企业，开设有30家门店，门店经营的各类商品由总部统一采购配送。各门店店长需及时关注本店各类商品的库存情况，做到各类商品库存合理，保证不积压、不脱销。假设你是某门店的店长，店里经营的×药品是畅销商品，平均每周都要向总部请货一次，总部配送该产品至门店需要2天，药店进行上架陈列及销售准备需要0.5天，为了预防突发情况一般需要预留1天，请你对门店×药品的安全库存进行设置。另根据库存药品清单，以库存药品占用资金为特征数值，通过ABC库存分析法，帮助门店提高库存管理效率。

2. 某药品批发企业贷款购进一批药品，进货价为90000元，销售价为120000元，销售这批药品的费用率为4.5%，税率为13%，每天储存费为每万元5.6元，贷款年利率为14.4%。请计算销售毛利、销售费用、税金、每日储存费用、每日利息，并根据以上数据计算这批药品的保本储存期。若要取得5000元的计划利润，这批药品的保利储存期是多久？

任务要求：

1. 根据数据计算天数定额、库存数量（金额）定额。
2. 根据销售报表和库存报表计算库存销售比率（存销比）。
3. 编制库存药品ABC分析表进行结果分析统计、分类管理。
4. 进行商品保本保利销售计算。

一、任务实施

（一）工作准备

1. 门店某月（如6月）×药品的销售报表，见表6-1-1。
2. 门店某月（如6月）×药品的库存明细表，见表6-1-2。
3. 库存药品清单，见表6-1-3。

表6-1-1　门店6月×药品的销售报表

日期	商品名称	规格	剂型	单位	生产厂家	销售单价（元）	销售数量（盒）	销售额（元）
6月1日	×药品	2板*12粒	片剂	盒	华东制药厂	15.00	20	300.00
6月2日	×药品	2板*12粒	片剂	盒	华东制药厂	15.00	10	150.00
6月3日	×药品	2板*12粒	片剂	盒	华东制药厂	15.00	13	195.00
6月4日	×药品	2板*12粒	片剂	盒	华东制药厂	15.00	15	225.00
6月5日	×药品	2板*12粒	片剂	盒	华东制药厂	15.00	19	285.00
6月6日	×药品	2板*12粒	片剂	盒	华东制药厂	15.00	17	255.00
6月7日	×药品	2板*12粒	片剂	盒	华东制药厂	15.00	9	135.00
6月8日	×药品	2板*12粒	片剂	盒	华东制药厂	15.00	10	150.00
6月9日	×药品	2板*12粒	片剂	盒	华东制药厂	15.00	12	180.00
6月10日	×药品	2板*12粒	片剂	盒	华东制药厂	15.00	13	195.00
6月11日	×药品	2板*12粒	片剂	盒	华东制药厂	15.00	16	240.00
6月12日	×药品	2板*12粒	片剂	盒	华东制药厂	15.00	12	180.00
6月13日	×药品	2板*12粒	片剂	盒	华东制药厂	15.00	11	165.00
6月14日	×药品	2板*12粒	片剂	盒	华东制药厂	15.00	15	225.00
6月15日	×药品	2板*12粒	片剂	盒	华东制药厂	15.00	20	300.00
6月16日	×药品	2板*12粒	片剂	盒	华东制药厂	15.00	15	225.00
6月17日	×药品	2板*12粒	片剂	盒	华东制药厂	15.00	13	195.00
6月18日	×药品	2板*12粒	片剂	盒	华东制药厂	15.00	8	120.00
6月19日	×药品	2板*12粒	片剂	盒	华东制药厂	15.00	12	180.00
6月20日	×药品	2板*12粒	片剂	盒	华东制药厂	15.00	10	150.00
6月21日	×药品	2板*12粒	片剂	盒	华东制药厂	15.00	13	195.00
6月22日	×药品	2板*12粒	片剂	盒	华东制药厂	15.00	15	225.00
6月23日	×药品	2板*12粒	片剂	盒	华东制药厂	15.00	18	270.00
6月24日	×药品	2板*12粒	片剂	盒	华东制药厂	15.00	10	150.00
6月25日	×药品	2板*12粒	片剂	盒	华东制药厂	15.00	7	105.00
6月26日	×药品	2板*12粒	片剂	盒	华东制药厂	15.00	16	240.00
6月27日	×药品	2板*12粒	片剂	盒	华东制药厂	15.00	10	150.00
6月28日	×药品	2板*12粒	片剂	盒	华东制药厂	15.00	12	180.00
6月29日	×药品	2板*12粒	片剂	盒	华东制药厂	15.00	18	270.00
6月30日	×药品	2板*12粒	片剂	盒	华东制药厂	15.00	10	150.00

表6-1-2 门店6月 × 药品的库存明细表

日期	商品名称	规格	剂型	单位	生产厂家	库存数量（盒）	库存金额（元）
6月1日	× 药品	2板*12粒	片剂	盒	华东制药厂	100	1500.00
6月2日	× 药品	2板*12粒	片剂	盒	华东制药厂	90	1350.00
6月3日	× 药品	2板*12粒	片剂	盒	华东制药厂	77	1155.00
6月4日	× 药品	2板*12粒	片剂	盒	华东制药厂	62	930.00
6月5日	× 药品	2板*12粒	片剂	盒	华东制药厂	43	645.00
6月6日	× 药品	2板*12粒	片剂	盒	华东制药厂	26	390.00
6月7日	× 药品	2板*12粒	片剂	盒	华东制药厂	17	255.00
6月8日	× 药品	2板*12粒	片剂	盒	华东制药厂	127	1905.00
6月9日	× 药品	2板*12粒	片剂	盒	华东制药厂	115	1725.00
6月10日	× 药品	2板*12粒	片剂	盒	华东制药厂	102	1530.00
6月11日	× 药品	2板*12粒	片剂	盒	华东制药厂	86	1290.00
6月12日	× 药品	2板*12粒	片剂	盒	华东制药厂	74	1110.00
6月13日	× 药品	2板*12粒	片剂	盒	华东制药厂	63	945.00
6月14日	× 药品	2板*12粒	片剂	盒	华东制药厂	48	720.00
6月15日	× 药品	2板*12粒	片剂	盒	华东制药厂	28	420.00
6月16日	× 药品	2板*12粒	片剂	盒	华东制药厂	133	1995.00
6月17日	× 药品	2板*12粒	片剂	盒	华东制药厂	120	1800.00
6月18日	× 药品	2板*12粒	片剂	盒	华东制药厂	112	1680.00
6月19日	× 药品	2板*12粒	片剂	盒	华东制药厂	100	1500.00
6月20日	× 药品	2板*12粒	片剂	盒	华东制药厂	90	1350.00
6月21日	× 药品	2板*12粒	片剂	盒	华东制药厂	77	1155.00
6月22日	× 药品	2板*12粒	片剂	盒	华东制药厂	62	930.00
6月23日	× 药品	2板*12粒	片剂	盒	华东制药厂	44	660.00
6月24日	× 药品	2板*12粒	片剂	盒	华东制药厂	154	2310.00
6月25日	× 药品	2板*12粒	片剂	盒	华东制药厂	147	2205.00
6月26日	× 药品	2板*12粒	片剂	盒	华东制药厂	131	1965.00
6月27日	× 药品	2板*12粒	片剂	盒	华东制药厂	121	1815.00
6月28日	× 药品	2板*12粒	片剂	盒	华东制药厂	109	1635.00
6月29日	× 药品	2板*12粒	片剂	盒	华东制药厂	91	1365.00
6月30日	× 药品	2板*12粒	片剂	盒	华东制药厂	81	1215.00

表6-1-3 库存药品清单

药品	数量（盒）	单价（元）
Y1	30	10.00
Y2	6	290.00

续表

药品	数量（盒）	单价（元）
Y3	10	159.00
Y4	55	15.00
Y5	24	36.00
Y6	15	81.00
Y7	17	48.00
Y8	20	45.00
Y9	19	67.00
Y10	22	35.00

表6-1-4　医药企业库存分析各项指标表

评价内容	计算公式和计算答案填写
最低储存天数	
最高储存天数	
平均储存天数	
平均日销售量（金额）	
库存数量（金额）定额	
存销比	
销售毛利	
销售费用	
税金	
每日储存费用	
每日利息	
保本储存期	
保利储存期	

表6-1-5　库存药品ABC分析表

药品	数量（单位）	单价（元）	占用资金（元）	占用资金百分比（%）	数量百分比（%）	分类
合计						

表6-1-6 ABC分类管理方法

库存类型	特点	管理方法
A	品种数占比5%～15% 占用资金比60%～80%	进行重点管理，应严格控制库存量、订货数量、订货时间，经常进行检查盘点
B	品种数占比15%～25% 占用资金比15%～25%	进行次重点管理，库存检查和盘点的周期比A类长一些
C	品种数占比60%～80% 占用资金比5%～15%	进行一般管理，定期进行库存检查和盘点，周期比B类长一些

（二）操作过程

序号	步骤	操作方法与说明
1	明确企业库存分析的内容	根据给定的数据，开展天数定额、库存数量（金额）定额、存销比、ABC分析、商品保本保利销售等计算，见表6-1-4
2	计算天数定额和库存数量（金额）定额	根据给定的数据，计算最低储存天数、最高储存天数、平均储存天数、平均日销售量（金额）、库存数量（金额）定额，见表6-1-4
3	计算存销比	根据给定的数据，统计当月销售数量（金额）、当月月末库存数量（金额），计算存销比
4	商品保本保利销售计算	根据给定的数据，计算销售毛利、销售费用、税金、每日储存费用、每日利息、保本储存期、保利储存期，见表6-1-4
5	编制ABC分析表	根据给出的库存药品清单，收集各种药品的数据，计算每种药品的占用资金、仓库中药品占用资金总额，再按库存药品占用资金价值由高到低进行排序，计算每种药品占用资金百分比、占用资金累计百分比、每种药品数量占总数量的百分比，按ABC分类管理方法，完成库存药品ABC分析表，见表6-1-5

（三）学习评价

库存分析评价表

序号	评价内容	评价标准	分值（总分100）
1	库存定额控制计算	天数定额、库存数量（金额）定额概念清晰 天数定额计算结果准确 库存数量（金额）定额计算结果准确 根据天数定额和库存数量（金额）定额提出合理库存建议	20
2	存销比计算	存销比概念清晰 计算结果准确 根据存销比分析库存是否合理并提出合理建议	20
3	数据处理	根据提供的库存清单，计算特征数值	10
4	ABC分析表编制	根据特征数值正确排序、计算，做出ABC分类判定	15
5	分类管理	根据分类结果，做出正确的分类管理策略	10
6	商品保本保利销售计算	准确计算销售毛利、销售费用、税金、每日储存费用、每日利息、保本储存期、保利储存期等指标	20
7	工作态度	计算各项数据时严谨认真，能做到实事求是、多次核对、保证准确；分析数据时具有全局意识，能从各个角度综合考虑	5

二、相关知识

商品保本保利
销售计算

库存分析可以最大限度地减少现有库存量，避免库存积压、库存缺货，优化库存销售决策。

（一）天数定额和库存数量（金额）定额计算

1.在计算商品库存时，首先要考虑的是商品从进货到销售完成所需的总时间。这包括进货在途天数，即商品从供应商处运抵仓库的时间；销售准备天数，包括商品检验、分类、入库，以及陈列在货架上的时间；商品陈列天数，即商品在货架上可供顾客购买的时间；保险天数，是为了确保在突发情况下，库存能够满足一定时期内的销售需求。通过这些天数相加，可以得出商品的最低储存天数。计算公式为：

最低储存天数＝进货在途天数＋销售准备天数＋商品陈列天数＋保险天数

2.考虑到进货的周期性，需要加上两次进货之间的间隔天数，以防在等待下一次进货期间出现库存短缺。这个间隔天数加上最低储存天数，即为商品的最高储存天数。计算公式为：

最高储存天数＝最低储存天数＋进货间隔天数

3.平均储存天数是最低储存天数和最高储存天数的平均值，它反映了商品在仓库中的平均停留时间，也是评估库存管理效率的重要指标。计算公式为：

平均储存天数＝（最低储存天数＋最高储存天数）/2

4.为了进一步优化库存，需要根据销售报表计算出平均日销售量（金额），即一定时间内的总销售量（金额）/天数。这个数据可以帮助企业了解销售速度和预测需求，从而调整生产或采购计划。计算公式为：

平均日销售量（金额）＝一定时间内的总销售量（金额）/天数

5.库存数量（金额）定额确保了在满足市场需求的同时，避免库存过多导致的资金占用和商品过季等问题。计算公式为：

库存数量（金额）定额＝天数定额 × 平均日销售量（金额）

6.在实际运营中，最低库存量和最高库存量起到了警戒线的作用。最低库存量是防止商品脱销的警戒线，当库存降至这一水平时，企业应及时补充货源以避免缺货；而最高库存量则是防止商品积压的警戒线，当库存达到这一水平时，企业应考虑调整生产或销售策略，以避免不必要的库存压力。

（二）存销比计算

1.根据给出的销售报表，统计出当月所有销售活动的总量，包括销售数量及由此产生的销售额或总金额。这一步骤至关重要，因为它是衡量企业运营效率和资金周转速度的核心数据之一，直接影响到后续的存销比计算以及企业经营决策的制定。

2.根据给出的库存报表统计当月月末库存数量（金额），这一数据不仅代表了企业当前的实际存储成本，还间接反映了生产计划、采购策略，以及市场需求预测的精准度。

3.存销比作为一个综合性指标，既体现了企业库存管理水平和商品周转效率，也为企业优化库存结构、合理调整进货策略，以及预测未来销售趋势提供了有力的数据支持。计算公式为：

存销比＝月末库存数量（金额）/当月销售数量（金额）

（三）编制ABC分析表

1.对给出的库存药品清单进行全面细致的分析和处理，提取每一种药品的详细信息。确保所获取的数据准确无误，是后续分析工作顺利进行的前提和基础。

2.根据库存药品清单，计算每种药品的占用资金，这有助于直观地了解每种药品占用总资金的情况。计算公式为：

每种药品的占用资金＝药品单价 × 药品数量

3.将几种药品的占用资金相加，计算仓库中药品占用资金总额。

4.按库存药品占用资金价值由高到低进行排序。这样的排序有助于识别出占用资金最多的关键药品，即"A类"药品，同时也能凸显库存管理中需要重点关注的高价值部分。

5.计算每个药品占用资金百分比，计算公式为：

每个药品占用资金百分比（％）＝（单个药品占用资金/所有药品占用资金总值）×100％

6.计算占用资金累计百分比，从而识别出那些虽然单个占比不高，但组合起来却占据较大比例的药品群体，即"B类"和"C类"药品。这样可以更好地了解库存资金的分布情况，为制定有效的库存管理策略提供依据。计算公式为：

占用资金累计百分比（％）＝（几个药品占用资金/所有药品占用资金总值）×100％

7.计算药品数量占总数量的百分比，是为了分析每种药品在库存总量中的比重，有助于了解哪些药品数量较多、对整体库存规模影响较大，从而为库存控制和采购策略提供数据支持。计算公式为；

药品数量占总数量的百分比（％）＝（单个药品数量/药品数量总和）×100％

8.根据库存药品占用资金累计百分比的计算结果，按照ABC分类基本原理对库存药品进行结果分析统计，填写库存药品ABC分析表（表6-1-5）。

9.根据库存药品所属类别进行ABC分类管理，方法见表6-1-6。根据各类药品的特点制定不同的管理策略和措施，如A类药品需要实施定期盘点、严格限制库存量、优先采购等措施；B类药品可适当放松管理力度，采取常规盘点频率和采购策略；C类药品则可采用最宽松的管理方式，实施大致的库存控制并安排较低的采购优先级。通过这种分类管理方式，医药企业能够更好地优化资源配置，提高整体运营效率。

10.注意制作ABC分析表时要按照库存药品占用资金由大到小进行排序，占用资金相同的再按单价进行排序。各类因素的划分标准并无严格规定。

（四）商品保本保利销售计算

1.销售毛利　销售毛利是指通过销售一定数量的商品或提供服务后所获得的收入减去商品或服务的成本之后得到的利润，是医药企业获得利润的主要来源，是医药企业提高营业利润和企业降本增效的基本前提。计算公式为：

销售毛利＝商品销售收入－商品销售成本（销售毛利＝销售价－进货价）

2.销售费用　销售费用是指在进行商品销售过程中所产生的各项费用，包括但不限于广告宣传费、销售人员工资、售后服务等。这些费用会消耗企业的资金，影响最终的盈利水平。计算公式为：

销售费用＝销售价 × 费用率。

3.税金　税金是企业按照国家税收政策规定，就其经营活动中取得的利润部分向国家缴纳的税款。计算公式为：

$$税金 = 销售毛利 \times 税率。$$

4. 每日储存费用 每日储存费用是指企业因持有商品或货物而需要支付的仓储、折旧、保险等相关费用。这些费用会随着商品的存储时间增长而累积，因此企业需要合理控制库存，以降低储存成本。计算公式为：

$$每日储存费用 = 进货价 \times 每日储存费率$$

5. 每日利息 每日利息是指企业因采购商品或货物时可能产生的资金占用费用，如向供应商支付预付款或通过银行贷款等方式获取资金时，需要按照贷款利率支付利息。计算公式为：

$$每日利息 = （进货价 \times 贷款年利率）/ 360$$

6. 保本储存期 保本储存期是指企业在保持一定利润水平下，能够承受的商品储存时间。超过这个时间后，企业将会开始亏损。计算公式为：

$$保本储存期 = （毛利 - 销售费用 - 税金）/ （每日储存费用 + 每日利息）$$

7. 保利储存期 保利储存期则是在企业需要达到预定利润目标时，能够承受的商品储存时间。计算公式为：

$$保利储存期 = （毛利 - 销售费用 - 税金 - 计划利润）/ （每日储存费用 + 每日利息）$$

销售价是企业核算出来的实际销售收入，扣除了折扣、优惠等各种促销情形，它是计算毛利、费用、税金等各项指标的基础数据之一。实际盈利是指企业在一定时期内通过销售商品或提供服务所获得的收入减去各项成本和费用后的净收入。提高企业盈利水平的方法有很多种，其中降低费用率和提高商品或服务的周转率是两种常见且有效的方式。降低费用率意味着企业在销售过程中能够减少不必要的开支和浪费；提高商品或服务的周转率则要求企业加强市场调研和需求预测，确保商品或服务能够快速流转并转化为现金流入。

即学即练

任务6-2 经营分析

任务情境

某零售药店 x 年第一季度、第四季度及 x+1年第一季度的经营数据见表6-2-1。

表6-2-1 某药店的经营数据

季度	销售总额（万元）	进价总额（万元）	间接费用（万元）	直接费用（万元）	营业税率（%）	顾客购买总人次	销售任务总额（万元）
x 年第一季度	130	95	6.9	8.2	3	28000	135
x 年第四季度	145	104	7.0	8.4	3	29000	150
x+1年第一季度	150	105	7.2	8.5	3	30000	155

某药品批发企业贷款购进一批商品，进价为100000元，销售价为120000元，销售这批商品的费用率为5%，税率为13%，贷款年利率为14.4%。

任务要求：

1.界定医药零售和批发企业经营核算的内容和任务。

2.分析反映经营成果的经济指标。

3.分析满足社会需求程度和劳动耗费的经济指标。

4.根据经营分析，提出医药企业经营的合理化建议。

一、任务实施

（一）工作准备

1.计算器、A4白纸。

2.计算指标表，见表6-2-2；医药批发企业计算各指标表，见表6-2-3。

表6-2-2 计算指标表

季度	销售总额（万元）	进价总额（万元）	间接费用（万元）	直接费用（万元）	营业税率（%）	顾客购买总人次	销售任务总额（万元）	平均客单价（元）	流通费用率（%）	毛利（万元）	毛利率（%）	经营利润额（万元）	销售计划完成率（%）
×年第一季度	130	95	6.9	8.2	3	28000	135						
×年第四季度	145	104	7.0	8.4	3	29000	150						
×+1年第一季度	150	105	7.2	8.5	3	30000	155						
同比增长（%）													
环比增长（%）													
经营建议													

表6-2-3 医药批发企业计算各指标表

评价内容	计算公式和计算答案填写
销售毛利	
销售费用	

续表

评价内容	计算公式和计算答案填写
税金	
每日利息费用	
经营利润额	
经营利润率	
经营建议	

（二）操作过程

序号	步骤	操作方法与说明
1	明确企业经营核算的内容	根据给定的经营数据，开展资金核算、费用核算和利润核算
2	计算商品流通费用（销售费用）	根据给定的直接费用和间接费用计算商品流通费用
3	计算费用率	根据商品流通费用和给定的商品销售额计算费用率
4	计算毛利和毛利率	根据给定的销售收入和费用计算毛利及毛利率
5	计算经营利润额和经营利润率	根据给定的销售收入、费用、税率等计算经营利润额和经营利润率
6	计算每日利息费用	根据给定的储存货物数和年利率计算每日利息费用
7	计算平均客单价	根据给定的销售总额和顾客购买总人次计算平均客单价
8	计算销售增长率	根据给定的各期销售收入计算同比销售增长率和环比销售增长率
9	计算销售计划完成率	根据给定的销售任务和销售收入计算销售完成率
10	经营整体分析，提出经营建议	完成表6-2-2和表6-2-3，并分别对药品零售企业和药品批发企业提出经营建议

（三）学习评价

经营分析评价表

序号	评价内容	评价标准	分值 （总分100）
1	明确企业经营核算的内容	能列出至少三条医药企业经营核算的内容	5
2	计算商品流通费用（销售费用）	（1）列出计算公式：商品流通费用=直接费用+间接费用 （2）计算准确，并填写表6-2-2	10
3	计算费用率	（1）列出计算公式：费用率=（商品流通费用额/商品销售额）×100% （2）每期计算准确，并填写表6-2-2	10
4	计算毛利和毛利率	（1）列出计算公式：毛利=商品销售总额-商品进价总额 （2）列出计算公式：毛利率=（毛利/商品销售总额）×100% （3）每期计算准确，并填写表6-2-2	10

续表

序号	评价内容	评价标准	分值 （总分100）
5	计算经营利润额和经营利润率	（1）列出计算公式： ①销售税金＝销售收入×核定税率 ②经营利润额＝销售收入－进货成本－销售税金－经营费用 ③经营利润率＝经营利润额/销售收入×100% （2）每期计算准确，并填写表6-2-2和6-2-3	10
6	计算每日利息费用	（1）列出计算公式： 每日利息费用＝贷款本金×日利率＝贷款本金×（年利率/360） （2）计算准确，并填写表6-2-3	10
7	计算平均客单价	（1）列出计算公式：平均客单价＝销售总额/顾客购买总人次 （2）每期计算准确，并填写表6-2-2	10
8	计算销售增长率	（1）列出计算公式： ①同比增长率＝（本季销量－上年同季销量）/上年同季销量×100% ②环比增长率＝（本季销量－上季销量）/上季销量×100% （2）每期计算准确，并填写表6-2-2	10
9	计算销售计划完成率	（1）列出计算公式： 销售计划完成率＝实际完成销售额/计划销售额×100% （2）每期计算准确，并填写表6-2-2	10
10	分析经营建议	能列出至少三条经营建议，并填写表6-2-2和6-2-3	10
11	职业素养	计算和分析过程中严谨细致，体现成本意识以及企业利润目标，并做到认真细心，保持精益求精的职业态度	5

二、相关知识

（一）反映经营成果的经济指标

经营成果的经济指标是衡量企业经营效益的关键工具，它是反映企业实现的利润水平和上缴利税的综合指标。

1. 毛利率　毛利率反映的是商品销售所能获得的毛利，是销售毛利和销售收入的百分比。其计算公式为：

$$毛利率＝（销售毛利/商品销售收入）×100\%$$

医药企业在落实企业营业利润指标计划时，财务部门会先根据销售的相关资料给部门核定一个毛利率，这是确定部门目标利润的基础。

2. 销售扣率　销售扣率是指实际进价与售价的比值，对于医药批发企业则为实际的进价与批发价的比值，对于医药零售企业和医疗单位则为进价与零售价的比值，能够直观地反映商品的毛利水平。其计算公式为：

$$销售扣率＝（进价/售价）×100\%$$

3. 经营利润额　经营利润额指商品销售收入扣除进货成本费用和税金后的余额。经营利润额是医药企业利润的主要来源，它是医药企业在销售医药商品、提供劳务等日常经营

1+X药品购销

反映经营成果的经济指标

活动中产生的利润。经营利润额也指主营业务利润和其他业务利润扣除期间费用后的余额，主营业务利润为主营业务收入减去主营业务成本和主营业务所产生的税金，通常为销售毛利，其他业务利润是其他业务收入减去其他业务成本的余额。其计算公式为：

$$经营利润额 = 药品销售额 - 进货成本 - 费用额 - 税金$$

4.经营利润率　经营利润率是指经营利润额与销售额的百分比，经营利润率越高，说明经营效果越好。其计算公式为：

$$经营利润率 = （经营利润额/商品销售额）\times 100\%$$

5.每日利息费用　贷款的每日利息费用是借款人每天需要向贷款机构（如银行、信用社等）支付的利息金额。这个金额是基于贷款的本金、年利率，以及计息方式来计算的。其计算公式为：

$$每日利息费用 = 贷款本金 \times 日利率（日利率 = 年利率/360）$$

6.利润额　利润额指企业经营利润额和营业外净收支之和，是企业的总利润。其计算公式为：

$$利润额 = 经营利润额 + （营业外收入 - 营业外支出）$$

7.销售利润率　销售利润率指销售商品获得利润额与销售额的百分比，它反映企业销售的盈利程度。其计算公式为：

$$销售利润率 = （利润额/商品销售额）\times 100\%$$

8.销售增长率　销售增长率用于衡量医药企业在一定时期内（如年、季度、月）销售收入的增长情况。它反映了医药企业产品或服务的市场需求的变化、营销策略的有效性，以及企业整体经营状况的好坏。主要采用同比增长率和环比增长率来表示，具体公式为：

$$同比增长率 = （本期销量 - 往年同期销量）/上年同期销量 \times 100\%$$

$$环比增长率 = （本期销量 - 上期销量）/上期销量 \times 100\%$$

（二）满足社会需求程度的经济指标

医药企业是经济社会发展中的主体之一，其总体的销售额、经营的品种数、药品适销率和市场占有率等经济指标反映了其在满足社会需求中的重要作用。

1.药品销售额　药品销售额指医药企业在一定时期内销售药品数量的货币表现，是经济核算体系中最基本的指标，是评价经济效益的基础。因此，同一时期内药品销售得越多，反映企业满足社会需求的程度越大，评价时一般用销售计划完成率来表示。其计算公式为：

$$销售计划完成率 = （实际完成销售额/计划销售额）\times 100\%$$

2.经营品种数　经营品种数指企业经营药品的不同品种、规格、剂型的总数，也是反映企业满足社会需求的指标，在同一时期内，企业经营品种数越大，反映社会需求满足程度越高，评价时多用经营品种的完成率表示。其计算公式为：

$$经营品种完成率 = （实际经营品种数/必备目录品种数）\times 100\%$$

3.药品市场占有率　药品市场占有率，指企业经营的某种药品销售量（额）占该药品市场总销售量（额）的百分比。其计算公式为：

药品市场占有率 = ［本企业某种药品实际销售量（额）/同类药品市场实际销售总量（额）］× 100%

即学即练

1+X 证书制度试点药品购销证书配套教材
医药行业职业技能培训教材

药品购销综合实践与训练

药品储存与养护

（中级）

组织编写　第四批职业教育培训评价组织——上海医药（集团）有限公司1+X药品购销办公室
　　　　　中国医药教育协会职业技术教育委员会
主　　审　蒋忠元
主　　编　丛淑芹　钟辉云
副 主 编　李承明　邓　媚　江冬英
编　　者　（以姓氏笔画为序）
　　　　　王　芳（安徽医学高等专科学校）
　　　　　王文文（咸阳医药工业集团有限公司）
　　　　　邓　媚（湖南食品药品职业学院）
　　　　　丛淑芹（山东药品食品职业学院）
　　　　　刘　岩（山东中医药高等专科学校）
　　　　　闫　辉（山东药品食品职业学院）
　　　　　江冬英（福建生物工程职业技术学院）
　　　　　李承明（济南护理职业学院）
　　　　　张　琨（河南医学高等专科学校）
　　　　　张建宝（山东港通深度智能科技有限公司）
　　　　　张颖梅（广东岭南职业技术学院）
　　　　　林素静（深圳职业技术学院）
　　　　　周　冰（鲁南制药集团股份有限公司）
　　　　　赵　欣（黑龙江旅游职业技术学院）
　　　　　钟辉云（四川卫生康复职业学院）

中国健康传媒集团
中国医药科技出版社

内 容 提 要

　　本教材为《药品购销综合实践与训练：中级》的"药品储存与养护"分册，属于"1+X证书制度试点药品购销证书配套教材"，主要围绕"药品收货—验收—储存—养护—盘点"五大核心展开。本教材以企业工作场景为任务载体，嵌入典型案例，通过"任务情境—任务实施—学习评价—相关知识—技能训练"的学习闭环，实现"做中学、学中做"。本教材同时配有数字化教学资源，使教材更加多样化、立体化。

　　本教材适用于1+X药品购销职业技能等级考核（中级）培训，也可作为职业院校医药类相关专业教学参考、医药行业职业技能培训教材及社会人员自学之用。

图书在版编目（CIP）数据

药品购销综合实践与训练：中级. 药品储存与养护 /
第四批职业教育培训评价组织--上海医药(集团)有限公司
1+X药品购销办公室, 中国医药教育协会职业技术教育委
员会组织编写；丛淑芹, 钟辉云主编 . -- 北京：中国
医药科技出版社, 2025.2.--（1+X证书制度试点药品购
销证书配套教材）. -- ISBN 978-7-5214-5197-9

Ⅰ. F763

中国国家版本馆CIP数据核字第2025X9X420号

美术编辑　　陈君杞
版式设计　　友全图文

出版　**中国健康传媒集团** | 中国医药科技出版社
地址　北京市海淀区文慧园北路甲 22 号
邮编　100082
电话　发行：010-62227427　邮购：010-62236938
网址　www.cmstp.com
规格　787 × 1092mm $\frac{1}{16}$
印张　15 $\frac{1}{4}$
字数　369 千字
版次　2025 年 3 月第 1 版
印次　2025 年 3 月第 1 次印刷
印刷　北京印刷集团有限责任公司
经销　全国各地新华书店
书号　ISBN 978-7-5214-5197-9
定价　**48.00元**（全书 3 册）

获取新书信息、投稿、为图书纠错，请扫码联系我们。

版权所有　盗版必究
举报电话：010-62228771
本社图书如存在印装质量问题请与本社联系调换

1+X证书制度试点药品购销证书配套教材
丛书编委会

主　任　季　敏　蒋忠元

副主任　王冬丽　沈　敏

委　员　（以姓氏笔画为序）

丁　立　丁　静　王　莉　王志亮　王建成

龙跃洲　叶　真　丛淑芹　兰作平　曲壮凯

吕　洁　朱伟娜　朱照静　刘志娟　阳　欢

苏兰宜　李琼琼　李榆梅　杨树峰　杨晓波

吴　迪　张　晖　张一鸣　张轩平　张建宝

张炳烛　张健泓　陈　凯　虎松艳　罗少敏

罗国生　罗晓清　袁荣高　徐一新　韩忠培

程　敏　魏　骏

专　家　吴阎云　徐建功　谢淑俊　潘　雪

出版说明

近年来，我国职业教育改革取得了巨大的进展与成就，尤其是《国家职业教育改革实施方案》《关于深化现代职业教育体系建设改革的意见》等指导性文件的出台，为职业教育的发展指明了道路与方向。

本丛书为"1+X证书制度试点药品购销证书配套教材"，由上海医药（集团）有限公司1+X药品购销办公室、中国医药教育协会职业技术教育委员会组织编写。上海医药（集团）有限公司被教育部授权为1+X证书制度试点第四批职业教育培训评价组织之一，承接药品购销职业技能等级证书试点项目的组织实施工作，旨在通过培训和考核，提升医药行业从业人员的专业技能和知识水平，以适应医药行业的发展需求。

本丛书的编写和出版旨在贯彻落实《关于在院校实施"学历证书＋若干职业技能等级证书"制度试点方案》等相关文件精神，更好地开展1+X药品购销职业技能等级证书制度试点工作。本丛书依据《1+X药品购销职业技能等级标准3.0》编写，分为初级、中级两个系列。初级包括药品服务（初级）、药品购销（初级）、药品储存与养护（初级）3个分册。中级包括药品服务（中级）、药品营销（中级）、药品储存与养护（中级）3个分册。各分册又依次分为若干项目、任务，并根据教学实际设置学习目标、任务情境、任务实施、相关知识、即学即练、技能训练等内容，条理清晰、内容丰富，能充分满足职业技能的学习需求。

本丛书适用于1+X药品购销职业技能等级考核（初级、中级）培训，可供职业院校医药类相关专业教学参考；也可作为医药行业职业技能培训教材，助力药品流通企业高效开展员工培训，提升员工职业素养；还可作为自学者医药职业技能系统化学习的路径参考。

　　随着我国医药卫生事业的快速发展和人民群众健康需求的日益增长，药品作为保障生命健康的重要特殊商品，其流通与使用安全已成为社会关注的焦点。药品储存与养护作为药品流通环节中的核心工作之一，直接关系到药品质量安全、企业运营效率及公众用药安全。为深入贯彻落实国家职业教育改革实施方案关于"1+X证书制度"的部署要求，推动药品购销领域高素质技术人才的培养，依据《1+X药品购销职业技能等级标准3.0》，编者们结合行业实际需求与职业教育特点编写本教材。

　　本教材以"岗课赛证"融通为核心理念，紧密对接药品收货、验收、保管等岗位的职业能力要求，系统梳理药品储存与养护的关键技能点与知识体系，旨在为职业院校学生、药品行业从业人员提供一本理论与实践深度融合的指导用书。教材依据药品经营质量管理规范（GSP），以真实工作任务为载体，围绕"药品收货""药品验收""药品储存""药品养护""药品盘点管理"五大模块展开，涵盖了药品收货验收检查要点与异常情况处理、药品在库储存管理、特殊药品储存规范、温湿度监控等核心内容。

　　教材编写严格遵循《1+X药品购销职业技能等级标准3.0》的要求，理论与实践一体，案例驱动。每个项目设置任务情境、任务实施、学习评价、相关知识、技能训练，通过真实企业案例、常见问题分析与虚拟仿真操作，强化学生解决实际问题的能力。配套微课视频和在线题库，帮助学习者直观理解复杂流程，突破传统教学的时空限制。通过系统学习，学习者能够掌握药品储存与养护的核心技术，胜任药品收货验收、在库养护、出库复核、质量管控等岗位的工作，并为获取药品购销职业技能等级证书（中级）奠定坚实基础。

　　本教材的编写工作得到了中国医药教育协会职业技术教育委员会、1+X药品购销办公室以及各院校领导的鼎力支持，在此表示诚挚的感谢！由于编者学识能力有限，教材中难免会有疏漏之处，敬请广大读者批评指正！

编　者

2024年10月

项目一

药品收货

🎓 **学习目标**

1.熟悉药品收货工作流程。

2.掌握药品收货的工作内容。

3.掌握冷链药品温度状况检查要点。

4.能够按照规范要求进行采购到货药品和销后退回药品的收货操作。

5.能够规范填写和录入药品收货记录。

6.能够准确判断药品收货中的异常情况并做出相应的处理。

7.在收货工作中培养实事求是的工作作风。

任务1-1　采购到货药品收货

🏛 **任务情境**

　　晨阳医药有限公司X年Y月Z日从江南医药有限公司采购的药品送达仓库收货场地。随货有江南医药有限公司药品随货同行单、药品检验报告书、冷链交接单。收货员陈某对运输车辆封闭状况、运输过程温度、到货药品外包装进行检查，均符合要求。

　　备注：X年Y月Z日为开展本实践项目活动的当年当月当日。

　　任务要求：

　　1.请按照药品收货流程对采购到货药品进行收货操作，在随货同行单和冷链交接单上签字，并加盖收货专用章。

参考答案

　　2.填写收货记录，收货记录表见表1-1-5。

　　3.若有异常情况，写明问题和处置措施。

一、任务实施

（一）工作准备

1.2～3层药品储存货架。

2.标识牌：收货区、待处理区、冷库（内设待处理区）。

3.采购记录，见表1-1-1。

到货药品包装图

4.包装箱：整件包装箱若干。

5.模拟采购到货药品：打印到货药品包装图片，粘贴到包装箱上，具体图片见"到货药品包装图"二维码。

6.到货药品单据：到货药品随货同行单见表1-1-2，冷链交接单见表1-1-3，运输过程温度记录见表1-1-4。

7.印章：晨阳医药有限公司收货专用章。

表1-1-1 采购记录

单据日期	供货单位	采购经办人	预计到货日期	药品通用名称	规格	单位	生产企业	药品上市许可持有人	数量	单价/元	金额/元
X年Y月Z-3日	江南医药有限公司	王某	X年Y月Z日	盐酸布替萘芬乳膏	10g：0.1g	支	鲁南贝特制药有限公司	鲁南贝特制药有限公司	1920	8.20	15744.00
X年Y月Z-3日	江南医药有限公司	王某	X年Y月Z日	荆防颗粒	15g	盒	山东新时代药业有限公司	山东新时代药业有限公司	936	23.50	21996.00
X年Y月Z-3日	江南医药有限公司	王某	X年Y月Z日	小儿消积止咳颗粒	3g	盒	鲁南厚普制药有限公司	鲁南厚普制药有限公司	1440	25.60	36864.00
X年Y月Z-3日	江南医药有限公司	王某	X年Y月Z日	聚乙二醇化人粒细胞刺激因子注射液	1.0ml：3.0mg	瓶	山东新时代药业有限公司	山东新时代药业有限公司	20	170.00	3400.00
X年Y月Z-3日	江南医药有限公司	王某	X年Y月Z日	奥利司他胶囊	60mg	盒	山东新时代药业有限公司	山东新时代药业有限公司	600	80.00	48000.00

表1-1-2 到货药品随货同行单

江南医药有限公司随货同行单

单位名称：晨阳医药有限公司　　　　单位编号：P973994377738338　　　　单据编号：XSGD00433892
收货地址：威海市环翠区初村镇　　　　　　　　　　　　　　　　　　　　发货日期：X年Y月Z日

商品编号	商品品名	单位	商品规格	药品上市许可持有人	生产厂家	数量	单价/元	金额/元	包装数	批号	批准文号	生产日期有效期至	剂型
8373662	盐酸布替萘芬乳膏	支	10g：0.1g	鲁南贝特制药有限公司	鲁南贝特制药有限公司	1920	8.20	15744.00	4	55（X-1）0903	国药准字H20031310	X-1年09月21日 X+1年09月20日	膏剂
8373783	荆防颗粒	盒	15g	山东新时代药业有限公司	山东新时代药业有限公司	288	23.50	6768.00	4	278（X-1）10001	国药准字Z37020357	X-1年10月18日 X+1年10月17日	颗粒剂

江南医药有限公司
出库专用章

续表

商品编号	商品品名	单位	商品规格	药品上市许可持有人	生产厂家	数量	单价/元	金额/元	包装数	批号	批准文号	生产日期 有效期至	剂型
8373783	荆防颗粒	盒	15g	山东新时代药业有限公司	山东新时代药业有限公司	648	23.50	15228.00	9	278（X-1）10002	国药准字Z37020357	X-1年10月20日 X+1年10月19日	颗粒剂
8373775	小儿消积止咳颗粒	盒	3g	鲁南厚普制药有限公司	鲁南厚普制药有限公司	1440	25.60	36864.00	9	20（X-1）08052	国药准字Z20060159	X-1年08月28日 X+1年08月27日	颗粒剂
8736366	奥利司他胶囊	盒	0.12g	山东新时代药业有限公司	山东新时代药业有限公司	400	80.00	32000.00	4	085（X-1）1101	国药准字H20143119	X-1年11月02日 X+1年11月01日	胶囊剂

金额合计（小写）：106604.00　　　　金额合计（大写）：壹拾万陆仟陆佰零肆元整

开票员：李某某　　　　　　　发货员：王某　　　　　　　复核人：刘某某

注：1.非质量问题，一个月后概不退货；2.季节性药品及需特殊储藏药品售后概不退货；3."√"标记药品请您与配送员当面点清。

江南医药有限公司随货同行单

单位名称：晨阳医药有限公司　　　单位编号：P973994377738338　　　单据编号：XSGD00433893

收货地址：威海市环翠区初村镇　　　　　　　　　　　　　　发货日期：X年Y月Z日

商品编号	商品品名	单位	商品规格	药品上市许可持有人	生产厂家	数量	单价/元	金额/元	包装数	批号	批准文号	生产日期 有效期至	剂型
8373663	聚乙二醇化人粒细胞刺激因子注射液	瓶	1.0ml：3.0mg	山东新时代药业有限公司	山东新时代药业有限公司	20	170.00	3400.00	1	022（X-1）11005	国药准字S20210011	X-1年11月22日 X+1年11月21日	注射剂

（表中标注：江南医药有限公司 出库专用章）

金额合计（小写）：3400.00　　　　金额合计（大写）：叁仟肆佰元整

开票员：李某某　　　　　　　发货员：李某　　　　　　　复核人：王某某

注：1.非质量问题，一个月后概不退货；2.季节性药品及需特殊储藏药品售后概不退货；3."√"标记药品请您与配送员当面点清。

表1-1-3　冷链交接单

客户名称：晨阳医药有限公司　　　　　　　　　　　　单据编号：1000394
业务员：于某某　　　　　　　　　　　　　　　　　　单据类型：销售

序号	品名/规格/生产厂商	单位	数量	批号	有效期至	备注
1	聚乙二醇化人粒细胞刺激因子注射液/1.0ml：3.0mg/山东新时代药业有限公司	瓶	20	022（X-1）11005	X+1年11月21日	冷链

江 南 医 药 有 限 公 司
出 库 专 用 章

温控措施：保温箱（√）、冷藏车（　　）、冷藏箱（　　）
启运时间：X年Y月Z日8:40　　　启运温度：3.8℃　　　发货人：赵某某
车辆车牌号：鲁KXXXXX　　配送员：刘某某　　到货时间：　年　月　日　到货温度：
收货人：

表1-1-4　运输过程温度记录

采集时间	温度/℃	湿度/%
X年Y月Z日 08:40	3.8	44.4
X年Y月Z日 08:45	3.8	44.5
X年Y月Z日 08:50	3.8	44.8
X年Y月Z日 08:55	3.9	45.7
X年Y月Z日 09:00	4.0	46.0
X年Y月Z日 09:05	4.1	46.3
X年Y月Z日 09:10	4.3	46.8
X年Y月Z日 09:15	4.5	47.5
X年Y月Z日 09:20	4.6	48.1
X年Y月Z日 09:25	4.8	48.6
X年Y月Z日 09:30	5.0	49.1
X年Y月Z日 09:35	5.3	49.7
X年Y月Z日 09:40	5.5	50.3
X年Y月Z日 09:45	5.8	51.6
X年Y月Z日 09:50	6.0	52.4
X年Y月Z日 09:55	6.2	53.8
X年Y月Z日 10:00	6.4	54.2
X年Y月Z日 10:05	6.5	54.9
X年Y月Z日 10:10	6.6	55.3
X年Y月Z日 10:15	6.7	56.0
X年Y月Z日 10:20	6.8	56.5

表1-1-5　药品收货记录表

晨阳医药有限公司一般药品收货记录

收货记录编号＿＿＿＿＿＿＿＿

序号	收货日期	供货单位	通用名称	商品名称	剂型	规格	单位	生产厂商	药品上市许可持有人	批准文号	到货数量	收货数量	生产批号	生产日期	有效期至	收货员	备注

晨阳医药有限公司冷链药品收货记录

收货记录编号＿＿＿＿＿＿＿＿

序号	收货日期	供货单位	通用名称	商品名称	剂型	规格	单位	生产厂商	药品上市许可持有人	批准文号	到货数量	收货数量	生产批号	生产日期	有效期至	收货员

备注	是否冷链：　□是　　□否	在途温度记录：　□有　　□无
	运输单位：	发运地点：
	启运温度：	到达温度：
	启运时间：	到达时间：
	运输工具：	

（二）操作过程

序号	步骤	操作方法与说明
1	检查运输工具	查运输工具：常温条件下储存的药品，普通厢式货车运输即可；冷链药品运输，配送方人员需要现场打印在途温度记录，温度记录时间间隔不超过5分钟，温度在2~8℃
2	核对单据	（1）检查印章和单据样式与首营备案资料是否一致 （2）检查随货同行单与采购记录是否一致 （3）检查冷链药品交接单上启运时间和温度与过程温度记录是否一致
3	核对、检查药品	（1）依据随货同行单逐批核对药品实物，核对内容包括药品的名称、剂型、规格、生产厂家、上市许可持有人、产品批号、生产日期、有效期至、批准文号 （2）检查药品外包装是否完好，有无破损、污染、标识不清等情况
4	收货	将符合收货要求的药品按品种特性放于相应待验区域，或者放置状态标志，通知验收
5	单据签字	收货人在随货同行单上签字，加盖收货专用章，对有问题药品做出标注；冷链药品需在冷链交接单上填写到货时间、到货温度等
6	填写收货记录表	收货人员根据收货检查情况，填写收货记录，内容包括：收货日期、供货单位、通用名称、剂型、规格、单位、生产厂商、批准文号、收货数量、生产批号、生产日期、有效期、收货员等
7	交接单据和药品	收货人员将随货同行单、检验报告单等相关证明性文件，以及药品转交给验收人员

（三）注意事项

1.核对过程要细致、认真，随货同行单、采购订单、药品三者信息必须一致。

2.随货同行单、出库专用章样式要与留存版一致，确保合法性。

3.随货同行单为药品流通过程中的原始记录凭证，有异常情况须在随货同行单上做标注、签字。

4.核对无误的药品按照其特性放置相应待验库（区）。

5.到货温度应为具体的温度。

6.必须仔细、全面地检查在途温度记录，与冷链交接单和保温箱状态进行核对，三者信息必须一致。

（四）学习评价

采购到货药品收货评价表

序号	评价内容	评价标准	分值（总分100）
1	票据查验	随货同行单、印章样式要与备案进行核对	10
2		随货同行单要与采购记录进行核对	10
3	收货程序操作	操作程序完整、规范	25
4		操作熟练	5

续表

序号	评价内容	评价标准	分值（总分100）
5	异常情况处置	拒收原因合理、正确	10
6		处置措施合理、规范	10
7	收货记录填写	记录填写规范、准确	10
8	交接记录	随货同行单标注清晰	10
9		随货同行单签字	10

二、相关知识

药品收货

（一）药品收货的类型

根据收货药品的来源，分为采购到货收货和销后退回收货。企业通过收货环节对采购渠道及退货渠道把关，防止假劣药品流入企业。

采购到货收货是根据药品采购记录，核对供货单位的随货同行单，审核药品来源。目的是核实采购渠道。

销后退回收货是依据销后退回的相关审批手续，核对退货记录，审核药品退回来源。目的是核实退回渠道。

（二）收货异常情况及处理

1.货单不符　随货同行单或到货药品与采购记录不相符的，通知采购部门，由采购部门负责与供货单位核实情况，作如下处理。

（1）对于随货同行单中，除数量以外的其他内容与采购记录、药品实物不符的，经供货单位确认并提供正确的随货同行单后，方可收货。

（2）对于随货同行单与采购记录、药品实物数量不符的，经供货单位确认后，应当由采购部门确定并调整采购数量后，方可收货。

（3）供货单位对随货同行单与采购记录、药品实物不相符的内容，不予确认的，应当拒收；存在异常情况的，报质量管理部门处理。

2.资料不全

（1）对于到货药品无随货同行单的，或在计算机系统中无与随货同行单相关的采购记录的，应当拒收。

（2）随货同行单中供货单位、生产厂商、药品的通用名称、剂型、规格、生产批号、数量、单位名称、收货地址、发货日期等内容不齐全，或未加盖供货单位药品出库专用章的，收货人员应通知采购部门处理，内容补齐无误后方可收货。

（3）随货同行单上的"出库专用章"与企业备案的样式不一致的，报质量管理部门处理，更换备案资料后方可收货。

3.外包装异常　对外包装出现破损、污染、标识不清等情况的药品，应当拒收。

知识链接

药品经营质量管理规范（2016年修订）

第七十三条　药品到货时，收货人员应当核实运输方式是否符合要求，并对照随货同行单（票）和采购记录核对药品，做到票、账、货相符。

随货同行单（票）应当包括供货单位、生产厂商、药品的通用名称、剂型、规格、批号、数量、收货单位、收货地址、发货日期等内容，并加盖供货单位药品出库专用章原印章。

（三）冷链药品

冷链药品包括冷藏、冷冻药品，是具有高风险的药品，要求对其全过程冷链储存，运输情况应具有可追溯性，保证冷藏、冷冻药品的运输温度符合要求，避免因温度过高影响药品质量。运输冷藏、冷冻药品的冷藏车及车载冷藏箱、保温箱应当能够满足药品运输过程中对温度控制的要求。按照药品经营质量管理规范要求，冷藏、冷冻药品到货时，应当对其运输方式、运输温度、运输时间等质量控制条件进行重点检查并记录。不符合温度要求的应当拒收。

1.查验到货温度　查看到货时冷藏车或冷藏箱、保温箱的温度数据并记录。如果使用保温箱或冷藏箱运输，要查看蓄冷剂是否直接接触药品，温度监测记录系统的温度探头是否在药品附近等；冷藏车运输的，要多点测量货物外表温度、车箱温度，还要抽样开箱测量货物内部温度，防止药品出现外冷内热情况。

2.查验运输过程温度　采用冷藏车配送的，应向运输人员索取在途温度数据，当场打印温度记录；采用冷藏箱或保温箱配送的，收货人员应立即将其转移到冷库待验区，打开冷藏箱或保温箱，取出温度记录仪，关闭开关，导出温度记录仪中的在途温度记录，并打印保存，确认运输全过程温度是否符合规定。

即学即练

三、技能训练

情景：晨阳医药有限公司X年Y月Z日从江南医药有限公司采购的药品送达收货仓库。随货有江南医药有限公司药品随货同行单、药品检验报告书、冷链交接单。收货员对运输车辆封闭状况、运输过程温度、到货药品外包装进行检查。检查发现以下问题：①荆防颗粒包装上的生产厂家与采购记录里的不一致，但是与随货同行单一致；②小儿消积止咳颗粒来货数量是采购记录数量的一半，但是与随货同行单数量一致。

任务要求：
请回答：当遇到情景中的问题时，应如何合理地处置。

参考答案

任务1-2 销后退回药品收货

🏛 任务情境

X年Y月Z日，晨阳医药有限公司销售给市立医院的药品，客户要求退货。负责市立医院的销售员李某某，经向销售经理请示后同意退货。开票员查阅"销售记录"系统内容，确认为本企业销售的药品后开具"销后退回药品通知单"，收货员王某根据"销后退回药品通知单"收货并对退回药品外包装进行检查，符合要求交验收员验收。

备注： X年Y月Z日为开展本实践项目活动的当年当月当日。

任务要求：

1.请按照销后退回药品收货流程对退货药品进行收货操作。

2.填写收货记录，销后退回药品收货记录表见表1-2-3。

参考答案

一、任务实施

（一）工作准备

1.包装箱若干，模拟退回的药品。

2.标识牌：退货收货区。

3.模拟药品包装图片，见退回药品包装图二维码，打印后贴包装箱上。

退回药品包装图

4.退回药品单据：销后退回药品申请单见表1-2-1，销后退回药品通知单见表1-2-2。

表1-2-1 销后退回药品申请单

退货单位	市立医院		发货日期	X年Y-1月02日		
发货人	李某		退货日期	X年Y月Z日		
退货明细						
品名	规格	剂型	生产企业	批号/有效期至	单位	数量
首荟通便胶囊	0.35g	胶囊剂	鲁南厚普制药有限公司	26（X-1）0361/X+2年10月30日	盒	80
退货原因	挤压破损				申请人：李某某	
业务部门意见	同意退货				签字：王某某	
质量管理部门意见	同意退货				签字：何某某	
质量负责人意见	同意退货				签字：赵某某	

表1-2-2 销后退回药品通知单

品名	规格	剂型	生产企业	批号	有效期至	单位	数量	退货单位	运输方式	发运地点	运输单位	收货数量	拒收数量	收货人	收货日期
首荟通便胶囊	0.35g	胶囊剂	鲁南厚普制药有限公司	26（X-1）0361	X+2年10月30日	盒	80	市立医院	汽车	威海	晨阳医药有限公司				

表1-2-3 销后退回药品收货记录表

收货记录编号_____

序号	到货日期	通用名称	商品名称	生产厂商	退货单位	批准文号	生产批号	剂型	规格	到货数量	单位	生产日期	有效期至	退货原因	收货数量	拒收数量	收货员

备注	退货凭证：□有　　□无	售出期间温度控制数据：□有　　□无
	是否冷链：□是　　□否	在途温度记录：□有　　□无
	启运温度：	到达温度：
	启运时间：	到达时间：

（二）操作过程

序号	步骤	操作方法与说明
1	销后退货申请	（1）开票员查阅"销售记录"，确认销售药品的品种、批号、销售时间 （2）销售员填写销后退回药品申请单，依次经过业务部门、质量管理部门批准，签字 （3）开票员凭批准的销后退回药品申请单开具销后退货单
2	销后退回收货	收货员依据销后退回药品通知单中的信息与到货药品进行核对，确认为本企业销售的药品后，将其放置于退货区
3	收货检查	收货员检查药品外包装是否完好，有无破损、污染、标识不清等情况

续表

序号	步骤	操作方法与说明
4	填写收货记录	收货员填写收货记录，与采购到货药品收货记录填写要求一致
5	退回药品存放	应将其暂存于符合药品储存条件的待验区，并做标示，待验收合格后再入库

（三）注意事项

1.为保证退回药品质量，应该严格按照销售退回程序进行申请和审批。

2.收货员要依据销售部门确认的退货通知对销后退回药品进行核对。

3.对于销后退回的冷冻、冷藏药品，客户如果不能提供证明或超出温度控制要求的，按不合格药品处理。

（四）学习评价

销后退回药品收货评价表

序号	评价内容	评价标准	分值（总分100）
1	票据查验	销后退回药品申请单要与销后退回药品通知单进行核对	50
2	收货程序操作	操作程序完整、规范	20
3		操作熟练	20
4	收货记录填写	记录填写规范、准确	10

二、相关知识

销后退回的药品经过流通环节的周转，其质量已经脱离本企业质量体系的监控，在外部运输储存环节造成巨大的质量风险，因此在退回过程中，应该严格按照销后退回程序进行申请和审批，并在退回收货环节严格按照收货流程操作。收货人员除按照一般药品收货流程进行"检查运输工具和运输情况，核对随货同行单，检查药品外包装，核对药品实物、单据签字，填写退货药品收货记录，码放药品，交接单据"操作外，还应符合如下要求。

1.退回药品来源的核实要求　收货人员应依据销售部门确认的"销后退回药品通知单"对销后退回药品进行核对，确认为本企业销售的药品。

2.冷链药品销后退回的收货要求　收货人员应先检查运输方式和到货温度，核实退货方提供的温度控制说明文件和售出期间温度控制的相关数据，确认是否符合规定的条件，然后再按销后退回药品和冷链药品收货的相关规定收货。

3.销后退回特殊管理药品的收货要求　销后退回的是特殊管理药品，除应符合销后退回药品收货操作要求，还应遵守特殊管理药品的收货规定。

4.退回药品收货后的存放要求　符合收货要求的销后退回药品，收货人员应将其暂存于符合药品储存条件的待验区，并做标示，待验收合格后再入库。

即学即练

三、技能训练

情景：晨阳医药有限公司X年Y月Z日将市立医院退回的首荟通便胶囊送达收货仓库。

收货员依据销后退回药品通知单的信息与到货药品进行核对，确认为本企业销售的药品后，将其放置于退货区进行检查。检查发现以下问题：通知单上退货数量为100盒，市立医院实际退回80盒。

任务要求：

请回答：当遇到情景中的问题时，应如何合理地处置。

参考答案

项目二

药品验收

学习目标

1. 掌握药品验收流程，能够对异常问题进行合理处置。
2. 掌握药品票据及检验报告书的检查要点。
3. 掌握药品的抽样规则及检查内容。
4. 能正确地检查药品的性状、外观、标签、说明书等。
5. 能规范填写药品验收记录。
6. 能够准确判断药品验收中的异常情况并做出相应的处理。
7. 在验收工作中培养严谨认真的工作态度。

任务2-1 采购到货药品验收

任务情境

接续任务1-1：收货员将收货检查过程中出现的异常问题反馈给采购部门，采购员张某某联系供应商。4日后，供应商按照要求重新发来更新后的随货同行单和药品。经收货员检查后反馈：本次到货的药品收货检查全部合格，已放置相应待验区，交接给验收员进行验收。验收员刘某查验药品包装和外观质量后表示药品是合格的。

任务要求：
1. 请按照药品验收流程进行验收操作。
2. 验收检查完后填写验收记录表。
3. 若有异常情况，写明问题和处置措施。

参考答案

一、任务实施

（一）工作准备

1. 标识牌：待验区（2套）、冷库。
2. 待验收药品和单据：收货环节合格的药品和单据流转到验收环节，有问题更换后的随货同行单见表2-1-1。
3. 药品验收记录表，见表2-1-2。
4. 药品检验报告书，扫描"药品检验报告书"二维码。

药品检验报告书

表2-1-1　有问题更换后的随货同行单

江南医药有限公司随货同行单

单位名称：晨阳医药有限公司　　　　单位编号：P973994377738338　　　单据编号：XSGD00433897
收货地址：威海市环翠区初村镇　　　　　　　　　　　　　　　　发货日期：X年Y月Z+4日

商品编号	商品品名	单位	商品规格	药品上市许可持有人	生产厂家	数量	件数	单价/元	金额/元	包装数	批号	批准文号	生产日期有效期至	剂型
8373662	盐酸布替萘芬乳膏	支	10g：0.1g	鲁南贝特制药有限公司	鲁南贝特制药有限公司	1920	4	8.20	15744.00	4	55（X-1）0903	国药准字H20031310	X-1年09月21日 X+1年09月20日	膏剂
8373783	荆防颗粒	盒	15g	山东新时代药业有限公司	山东新时代药业有限公司	216	3	23.50	5076.00	3	278（X-1）10001	国药准字Z37020357	X-1年10月18日 X+1年10月17日	颗粒剂
8373783	荆防颗粒	盒	15g	山东新时代药业有限公司	山东新时代药业有限公司	720	10	23.50	16920.00	10	278（X-1）10002	国药准字Z37020357	X-1年10月20日 X+1年10月19日	颗粒剂
8373775	小儿消积止咳颗粒	盒	3g	鲁南厚普制药有限公司	鲁南厚普制药有限公司	1440	9	25.60	36864.00	9	20（X-1）08052	国药准字Z20060159	X-1年08月28日 X+1年08月27日	颗粒剂
8736366	奥利司他胶囊	盒	60mg	山东新时代药业有限公司	山东新时代药业有限公司	600	6	80.00	48000.00	6	085（X-1）1101	国药准字H20143119	X-1年11月02日 X+1年11月01日	片剂

金额合计（小写）：122604.00　　金额合计（大写）：壹拾贰万贰仟陆佰零肆元整
开票员：李某某　　　　　发货员：王某　　　　　复核人：刘某某
注：1.非质量问题，一个月后概不退货；2.季节性药品及需特殊储藏药品售后概不退货；2."√"标记药品请您与配送员当面点清。

表2-1-2 药品验收记录表

晨阳医药有限公司药品验收记录

收货记录编号_____

序号	验收日期	到货日期	通用名称	商品名称	生产厂商	药品上市许可持有人	供货单位	剂型	规格	批准文号	批号	生产日期	有效期	到货数量	单位	验收合格数量	验收结果	验收不合格数量	不合格事项	处置措施	验收人	备注

（二）操作过程

序号	步骤	操作方法与说明
1	核对药品	将随货同行单与药品进行核对，确定票、货相符，核对药品名称、剂型、规格、生产企业、上市许可持有人、产品批号、生产日期、有效期至、批准文号
2	检查、检验报告书	按照药品批号查验同批号药品的检验报告书 （1）检验药品名称、批号、生产企业、规格 （2）印章：若供应商是生产企业，提供检验报告书原件（加盖生产企业质检章原印章）；若供应商是批发企业，提供检验报告书复印件并加盖供货企业质检章原印章
3	抽取样品，检查质量	对每次到货药品进行逐批抽样验收，抽取的样品应当具有代表性；从每整件的上、中、下不同位置随机抽样，检查至最小包装；每整件药品中至少抽取3个最小包装
4	封箱还原	验收结束后，药品验收人员将抽样检查后的完好样品放回原包装，用专用封箱带和封签进行封箱，并在抽验药品的整件包装上标明抽验标志
5	填写验收记录	（1）验收记录包括药品的通用名称、剂型、规格、批准文号、批号、生产日期、有效期、生产厂商、供货单位、到货数量、到货日期、验收合格数量、验收结果等内容 （2）验收人员在验收记录上签署姓名和验收日期

（三）注意事项

1.将验收完后的药品按照验收结果放置相应区域内［验收合格药品放合格品库（区），验收不合格药品放不合格库（区）］。

2.如果属于特殊管理药品，需要双人验收，并逐件验收至每一个最小包装；如果是蛋白同化制剂和肽类激素（胰岛素除外），需要专人验收。

3.验收合格与不合格都要填写验收记录。

（四）学习评价

采购到货药品验收评价表

序号	评价内容	评价标准	分值（总分100）
1	验收程序操作	操作程序完整、规范	20
2		操作熟练	10
3	异常情况处置	处置措施合理、规范	20
4	验收记录填写	记录填写规范、准确	30
5	验收结论	验收结论准确	20

二、相关知识

药品验收

（一）一般药品验收

1.核对药品　验收人员按照随货同行单再次核对药品实物，核对内容包括：品名、规格、批号、有效期至、数量、生产企业等，并检查随货同行单是否加盖供货单位"出库专用章"原印章。

2.查验合格证明文件　药品验收人员应按照批号逐批查验药品合格证明文件是否齐全，是否符合规定的要求。

（1）查验检验报告书　检验报告书上的批号应与实际药品一致。从生产企业购进的药品，须查验是否有加盖供货生产企业质量检验专用章原印章的检验报告书原件或复印件；从批发企业购进的药品，须查验是否有加盖供货批发企业质量管理专用章原印章的检验报告书复印件。印章应与备案样章一致。从批发企业采购的药品，检验报告书的传递和保存可以采用电子数据形式，但应当保证其合法性和有效性。

（2）查验生物制品批签发合格证　对实施批签发管理的生物制品进行验收时，需查验是否有加盖供货单位药品检验专用章或质量管理专用章原印章的生物制品批签发合格证复印件。

（3）查验进口药品相关证明文件　对进口药品进行验收时，需查验是否有加盖供货单位质量管理专用章原印章的相关证明文件：①进口药品注册证或医药产品注册证；②进口蛋白同化制剂、肽类激素需有进口准许证；③进口药材需有进口药材批件；④进口药品检验报告书或注明"已抽样"字样的进口药品通关单；⑤进口国家规定的实行批签发管理的生物制品，须有批签发证明文件和进口药品检验报告书。

3.抽取样品　药品验收人员应按照规定的验收方法，对每次到货药品逐批抽取样品，抽取的样品应该具有代表性，能准确地反映被验收药品的总体质量。验收抽样原则与方法如下。

（1）对同一批号的整件药品，按照堆码情况随机抽取，抽样数量见表2-1-3。整件数量在2件及以下的，要全部抽样检查；整件数量在2件以上至50件及以下的，抽样检查至少3件；整件数量在50件以上的，每增加50件，抽样检查至少增加1件，不足50件的，按50件计。

表2-1-3 整件药品的抽样件数

整件数量（ N ）	抽取的整件数量
$N \leq 2$	全部抽样检查
$50 \geq N > 2$	抽样检查至少3件
$N > 50$ ，每增加50件	每增加50件，在3件的基础上抽样检查至少增加1件，不足50件的，按50件计

（2）对抽取的整件药品需开箱抽样检查，从每整件的上、中、下不同位置随机抽取3个最小包装进行检查，对存在封口不牢、标签污损、明显重量差异或外观异常等情况的，应当加倍抽样检查。

（3）对整件药品存在破损、污染、渗液、封条损坏等包装异常的，要开箱检查至最小包装。

（4）对到货的非整件药品、拼箱的药品要逐箱检查，对同一批号的药品，随机抽取至少一个最小包装进行检查。

（5）外包装及封签完整的原料药、实施批签发管理的生物制品，可不开箱检查。

4.检查样品 药品验收人员应对抽样药品的外观、包装、标签、说明书等逐一进行检查、核对，确认是否符合规定的验收标准。

（1）检查药品运输储存包装和最小包装。

1）药品验收人员应检查运输储存包装的封条有无损坏，包装上是否清晰注明药品通用名称、规格、生产厂商、生产批号、生产日期、有效期、批准文号、贮藏、包装规格、储运图示标志，以及外用药品、非处方药的标识等。外用药品和非处方药的专有标识：外用药品的标识是红白相间的"外"字样；甲类非处方药的标识是红底白字的"OTC"字样，乙类非处方药的标识是绿底白字的"OTC"字样。

2）药品验收人员应检查最小包装的封口是否严密、牢固，有无破损、污染或渗液，包装及标签印字是否清晰，标签粘贴是否牢固。

3）检查运输储存包装上标识的药品信息与最小包装上标识的药品信息是否一致。

4）整件药品的每件包装中，应有产品合格证。合格证的内容一般包括药品的通用名称、规格、生产企业、生产批号、检验单号、出厂日期、包装人、检验部门和检验人员签章。

（2）检查药品标签和说明书 药品验收人员应检查每一个最小包装的标签、说明书是否符合以下规定。

1）标签有药品通用名称、成分、性状、适应证或者功能主治、规格、用法用量、不良反应、禁忌、注意事项、贮藏、生产日期、产品批号、有效期、批准文号、生产企业等内容；对注射剂瓶、滴眼剂瓶等因标签尺寸限制无法全部注明上述内容的，至少标明药品通用名称、规格、产品批号、有效期等内容；中药蜜丸蜡壳至少注明药品通用名称。

2）化学药品与生物制品说明书列有以下内容：药品名称（通用名称、商品名称、英文名称、汉语拼音）、成分［活性成分的化学名称、分子式、分子量、化学结构式（复方

17

制剂可列出其组分名称）］、性状、适应证、规格、用法用量、不良反应、禁忌、注意事项、妊娠期妇女及哺乳期妇女用药、儿童用药、老年人用药、药物相互作用、药物过量、临床试验、药理毒理、药代动力学、贮藏、包装、有效期、执行标准、批准文号、生产企业（企业名称、生产地址、邮政编码、电话和传真）。

3）中药说明书列有以下内容：药品名称（通用名称、汉语拼音）、成分、性状、功能主治、规格、用法用量、不良反应、禁忌、注意事项、药物相互作用、贮藏、包装、有效期、执行标准、批准文号、说明书修订日期、生产企业（企业名称、生产地址、邮政编码、电话和传真）。

4）处方药和非处方药的标签和说明书上有相应的警示语，非处方药的警示语是"请仔细阅读药品使用说明书并按说明使用或请在药师指导下购买和使用"，处方药的警示语是"请仔细阅读说明书并在医师指导下使用"。非处方药的包装有国家规定的专有标识；外用药品的包装、标签及说明书上均有规定的标识和警示说明；特殊管理药品的包装、标签及说明书上应有规定的标识和警示说明；蛋白同化制剂和肽类激素及含兴奋剂成分的药品应标明"运动员慎用"警示标识。

5）进口药品的包装、标签以中文注明药品通用名称、主要成分以及注册证号，并有中文说明书。

6）中药饮片的包装或容器与药品性质相适应并符合药品质量要求。中药饮片的标签需注明品名、包装规格、产地、生产企业、产品批号、生产日期；整件包装上有品名、产地、生产日期、生产企业等，并附有质量合格的标志。实施批准文号管理的中药饮片，还需注明批准文号。

7）中药材有包装，并标明品名、规格、产地、供货单位、收购日期、发货日期等；实施批准文号管理的中药材，还需注明批准文号。

（3）检查药品外观性状　药品验收人员应按有关标准与规定进行非破坏性的外观检查，通过观察药品外观有无变色、沉淀、分层、吸潮、结块、熔化、挥发、风化、生霉、虫蛀、异臭、污染等情况，判断药品质量是否符合规定。常见药品剂型外观性状检查标准如下。

1）片剂：色泽均匀，大小一致，无斑点、异物、麻面、裂片、松片，不得有粘连、熔化、发霉、变色现象。

2）胶囊剂：色泽均匀、大小均匀一致，硬胶囊药物应干燥疏松，无吸潮结块、熔化、变色、生霉等现象，软胶囊不得有粘连，变形，破裂等现象。

3）颗粒剂、干糖浆：干燥，粒径应均一，色泽一致，大小符合要求；无吸潮、软化、结块、潮解等现象。

4）散剂：色泽均匀、干燥疏松，无吸潮结块、熔化等现象，无异臭和生霉。

5）丸剂：色泽均匀，大小一致，不得有吸潮、粘连、熔化、发霉、变色现象。

6）注射剂和滴眼剂：粉针剂外观疏松、均一，不得有变色、熔化、粘瓶、结块等异常现象，不得有纤维、玻璃屑等异物；冻干粉可呈块状，不得有变色、熔化现象；水针剂溶液不得有可见异物、浑浊、结晶、沉淀、变色、长霉等现象；滴眼剂不得有可见异物、浑浊、结晶、沉淀、变色、长霉等现象。

7）糖浆剂：一般应澄清，无浑浊、沉淀或结晶析出（中成药允许有少量沉淀），不得有霉变、酸败、产气、异臭现象。

8）软膏剂：均匀细腻，色泽一致，具适当的黏稠性，不得有熔化、发硬、泛油、分层、霉变等现象。

9）栓剂：外形光滑完整并有适宜的硬度，无软化、变形、干裂等现象，不得有酸败和霉变。

10）水剂类药品和含乙醇药剂：水剂类药品药液内无杂质、异物，无变色、异味、异臭、霉变现象，溶液型制剂应无浑浊、沉淀；含乙醇药剂澄清、色泽一致，无明显变色、挥发、浑浊（流浸膏剂允许有轻微浑浊），不得有异臭、结晶、异物。

对生产企业有特殊质量控制要求或打开最小包装可能影响质量的药品，在保证质量的前提下，可不打开最小包装。

（4）抽样药品封箱复原　验收结束后，药品验收人员将抽样检查后的完好样品放回原包装，用专用封箱带和封签进行封箱，并在抽验药品的整件包装上标明抽验标志。

5.填写验收记录　药品验收人员对照药品实物在计算机系统中录入药品的批号、生产日期、有效期、到货数量、验收合格数量、验收结果等内容，确认后系统自动生成验收记录。验收记录包括药品的通用名称、剂型、规格、批准文号、批号、生产日期、有效期、生产厂商、供货单位、到货数量、到货日期、验收合格数量、验收结果、验收人员姓名和验收日期等内容。

6.验收药品处置

（1）对已经验收完毕的药品，验收人员应当及时调整药品质量状态标识。

（2）在计算机系统中输入药品验收信息后确认，计算机系统按照药品的管理类别，自动分配库位，仓库保管员根据计算机系统的提示，经复核确认后将验收合格药品入库至指定位置。

7.资料整理　药品验收人员将每日收到的随货同行单和检验报告书等合格证明文件分别进行整理，按月装订，存档。

（二）冷链药品验收

冷链药品验收除按照一般药品验收流程"核对药品、查验合格证明文件、抽取样品、检查样品、填写验收记录、进行验收合格药品处置、扫描上传、资料整理"操作外，还需注意以下几个方面。

1.药品经营企业的冷链药品待验区必须设置在冷库内，药品验收人员应在冷库内完成冷链药品的验收。

2.冷链药品验收应快速及时，一般随到随验，在60分钟内完成验收。在规定时间内，因各种原因不能进行验收的，冷链药品必须放置在冷库待验区待验。

即学即练

三、技能训练

情景：X年Y月Z日，收货员将到货的药品全部收货进行检查，合格后，放置相应待验区，交接给验收员进行验收。验收员刘某检查发现：从某个整箱取出的药品最小包装有裂片的情况，其他整箱抽取的样品正常。

　　任务要求：

　　请回答：当遇到情景中的情况时，刘某该如何处置。

参考答案

任务2-2　销后退回药品验收

🏛 **任务情境** ....○

　　接续任务1-2：X年Y月Z日，收货员王某将市立医院退回药品数量不符的情况反馈给销售员李某某。当天，李某某与客户联系后确认全部退货，客户重新提交了退货申请。收货员根据"销后退回药品通知单"收货并对退回药品外包装进行检查，符合要求后交验收员刘某验收。

　　备注： X年Y月Z日为开展本实践项目活动的当年当月当日。

　　任务要求：

　　1.请按照药品验收流程进行验收操作。

　　2.验收检查完后填写销后退回验收记录，见表2-2-1。

参考答案

一、任务实施

（一）工作准备

　　1.包装箱若干，模拟退回药品扫描"销后退回药品图"二维码。

　　2.标识牌：待验区。

　　3.退回药品单据：销后退回药品申请单及销后退回药品通知单。

销后退回药品图

表2-2-1　销后退回药品验收记录

记录编号

序号	验收日期	退货日期	通用名称	商品名称	生产厂商	退货单位	批准文号	生产批号	剂型	规格	数量	单位	生产日期	有效期至	退货原因	验收结果	验收员
备注																		

（二）操作过程

序号	步骤	操作方法与说明
1	核对药品，查验合格证明文件	将随货同行单与药品进行核对，查验同批号的检验报告书
2	抽取样品，检查质量	对于整件包装完好的销后退回药品，按照采购到货药品验收原则加倍抽样检查；对无完好包装的销后退回药品，每件应当抽样检查至最小包装，零货药品应逐个包装检查，必要时应抽样送检验部门检验
3	封箱还原，填写验收记录表	与一般药品验收流程一致

（三）学习评价

销后退回药品验收评价表

序号	评价内容	评价标准	分值（总分100）
1	票据查验	销后退回药品申请单要与销后退回药品通知单进行核对	30
2	验收程序操作	操作程序完整、规范	30
3		操作熟练	20
4	验收记录填写	记录填写规范、准确	20

二、相关知识

销后退回药品的验收除按照一般药品验收流程"核对药品、查验合格证明文件、抽取样品、检查样品、填写验收记录、进行药品处置"操作外，还需注意以下几个方面。

1.销后退回药品验收的抽样原则与方法　药品验收人员应逐批检查销后退回药品，并开箱抽样检查。

（1）整件包装完好的，应按照常规药品验收原则加倍抽样检查，即整件数量在2件及以下的，要全部抽样检查；整件数量在2件以上至50件及以下的，抽样检查至少6件；整件数量在50件以上的，每增加50件，抽样检查至少增加2件，不足50件的，按50件计。

（2）抽样检查应当从每整件的上、中、下不同位置随机抽取6个最小包装进行检查，对存在封口不牢、标签污损、明显重量差异或外观异常等情况的，至少再加一倍抽样数量进行检查。

（3）对无完好外包装的销后退回药品，每件应当抽样检查至最小包装，零货药品应逐个包装检查，必要时应抽样送检验部门检验。

2.核实退货原因　药品验收人员应根据销售部门确认的销后退回药品通知单进行验收，对于质量原因导致的退货，应查看药品实货是否与审批的退货原因相符。

3.冷链药品销后退回的验收　药品验收人员应按销后退回药品和冷链药品验收的相关规定进行药品验收。

4.特殊管理药品销后退回验收　除应符合销后退回药品验收操作要求外，还应遵守特殊管理药品的验收规定。

5.销后退回药品验收记录内容　药品验收人员应按规定填写销后退回药品验收记录（表2-2-1），记录包括退货单位、退货日期、通用名称、规格、批准文号、批号、生产厂商（或产地）、有效期、数量、验收日期、退货原因、验收结果和验收人员等内容。

即学即练

项目三

药品储存

🎓 **学习目标** .... ○

1.掌握药品入库流程。

2.能够进行药品在库储存。

3.能够完成出库发货操作，并做好单据交接管理工作。

4.能够规范进行拆零药品的拼箱操作。

5.会用保温箱装箱发货，并规范填写冷链药品交接单据。

6.能够对近效期药品进行催报。

任务3-1　药品入库存放

🏛 **任务情境** .... ○

　　X年Y月Z日，有一批已经收货检查合格的药品放置于收货区，需要按照药品特性和储存条件，将药品转移到待验区，经验收检查合格（无需检查，默认验收合格），保管员按验收员签字的"药品验收入库通知单"，使用相应的现代物流设施和设备完成入库操作，将药品转移到相应库房的合格品区，按照货位摆放。

　　备注：X年Y月Z日为开展本实践项目活动的当年当月当日。"/"处不用填写。

　　任务要求：

　　1.按照药品的管理类别及储存特性，将验收合格药品转移到相应储存库（区），并存放到具体货位上。

　　2.填写药品入库通知单（表3-1-1）。

参考答案

一、任务实施

（一）工作准备

1.药品入库通知单，见表3-1-1。

2.药品包装图片，见"入库药品图1"二维码。

3.库房标识牌：常温库（整库、零库）、阴凉库（整库、零库）、冷库。

入库药品图1

22

表3-1-1　药品入库通知单

药品名称	规格	剂型	批准文号	生产企业	仓库名称	货位号	生产日期	批号	有效期至	单位	数量
盐酸布替萘芬乳膏	/	/	/	/			/	/	/	支	
荆防颗粒	/	/	/	/				01	/	盒	
荆防颗粒	/	/	/	/				02	/	盒	
小儿消积止咳颗粒	/	/	/	/				/	/	盒	
奥利司他胶囊	/	/	/	/			/	/	/	盒	
聚乙二醇化人粒细胞刺激因子注射液	/	/	/	/			/	/	/	瓶	

（二）操作过程

序号	步骤	操作方法与说明
1	核对药品	保管员要对照入库通知单核对药品，检查药品外包装
2	查看药品储存条件选择库区	将已经收货检查合格的药品根据其特性和储存条件，放置于库区
3	确认仓库和货位号	根据已验收合格药品的特性和储存条件，将药品分别放置于合格品区的货位上
4	入库上架	堆放药品时注意轻拿轻放，勿倒置；按照品种、批号分开堆码，避免混淆；包装箱药品信息面朝外，便于识别
5	填写药品入库单	确认仓库是否正确；选择货位号；保管员签字

（三）注意事项

1.保管员要对照入库通知单核对药品，检查药品外包装，这是把好药品入库质量的最后一关。

2.堆放药品时注意轻拿轻放，勿倒置；按照品种、批号分开堆码，避免混淆；包装箱药品信息面朝外，便于识别。

3.要秉持强烈的责任感和良好的职业修养，核对过程要细致、认真，注意检查药品包装是否存在不牢或破损、标志模糊、质量异常等情况。

4.注意与验收员及质量管理部门保持良好的沟通。

（四）学习评价

药品入库存放评价表

序号	评价内容	评价标准	分值（总分100）
1	检查药品	检查药品包装是否存在不牢或破损、标志模糊、质量异常等情况	20
2	药品信息核对	核对入库药品与入库通知是否具有一致性	20
3	选择适宜的库区和货位	能按照药品的管理类别及储存特性正确分配各药品相应的储存库（区）	20
4	入库上架	能正确地将药品从待验区放到符合储存要求的合格品库（区），并分类存放到具体货位	20
5	填写药品入库通知单	能在药品入库通知单上正确填写药品储存的库区、货位号	20

二、相关知识

药品入库是指药品经过验收合格后，移入合格库区上架存放并完成交接与记录的过程。

（一）药品入库流程

1.**核对入库药品信息** 保管员接收到入库任务，按验收员签字的"药品验收入库通知单"或计算机系统中的入库任务信息，核对药品名称、规格、生产企业、数量、批号、有效期等内容，并检查药品是否有包装不牢或破损、标志模糊、质量异常等情况。当发现货与单不符、质量异常、包装破损或不牢、标志模糊等情况与验收结论不一致时，不能入库并报告质量管理部处理。质量管理部确认后，将药品移入不合格药品区。

2.**按验收结论及存储条件选择适宜的库区和货位**

（1）药品信息核对无误后，保管员按验收结论，将药品存放于合格库（区）或不合格库（区）、退货库（区）。

（2）按药品包装标示的温度要求，将药品存放于相应区域内，如常温库、阴凉库、冷库等。

零货药品上架

（3）根据待入库药品的数量选择适宜的货位。实行计算机系统管理的现代化仓库，可根据待入库药品的温度要求、上架数量自动分配库区和货位。

3.**入库上架** 保管员通过扫码完成药品入库上架操作，在系统中确认后系统会自动生成库存及入库记录。

药品库区与货位规划

（二）药品在库储存

1.**库房温湿度要求** 保管员应按包装标示的温度要求合理储存药品。包装无具体温度要求的，按《中国药典》规定的贮藏要求进行储存："阴凉处"指不超过20℃；"凉暗处"指避光且不超过20℃；"冷处"指2~10℃；"常温"指10~30℃；除另有规定外，储存项下未规定贮藏温度的系指常温。储存药品库房内的相对湿度应为35%~75%。冷冻库一般为-25~10℃。冷库温度需要验证，并按验证确认的条件合理使用。

2.**色标管理** 在人工作业的库房储存药品，按质量状态实行色标管理。

（1）**绿色标识** 发货区、合格品储存区为绿色。

（2）**红色标识** 不合格区为红色。

温湿度管理及调控

（3）**黄色标识** 待验区、退货区为黄色，质量存疑、质量不明确等状态待确认的药品，应当放置于黄色色标标识的区域。

（三）搬运和堆码要求

1.按外包装标示规范操作，如易碎、轻拿轻放、禁止倒置、堆垛高度要求等。无高度要求的堆垛一般不超过2m，要注意保证药品包装得完好。

2.药品按品种、批号堆码，便于先产先出、近期先出、按批号发货，近效期药品应有明显标志。不同批号的药品不得混垛。

3.垛位间距不小于5cm，与库房内墙、顶、温度调控设备及管道等设施间距不小于30cm，与地面间距不小于10cm。库房内主通道宽度不小于2m，照明灯具下方不准堆放物品，其垂直下方与储存物品水平间距不得小于50cm。

4.药品码放不应阻挡温度调控设备出风口，避免影响温度调控效果。

5.冷库内制冷机组出风口100cm范围内，以及高于冷风机出风口的位置，不得码放药品。

6.物料单独存放。

（四）分类存储

药品合理储存

1.药品与非药品分开存放，药品与保健品、医疗器械等分开存放，严禁存放员工生活用品、食品等。

2.外用药单独存放，与其他药品分库或分区储存。

3.中药饮片应分库存放。对于易虫蛀、霉变、泛油、变色的品种，应选择密封、干燥、凉爽、洁净的库房；对于经营量较小且易变色、挥发及熔化的品种，应配备避光、避热的储存设备，如冰箱、冷柜。

4.拆零药品由于在储存过程中容易遗漏、造成混乱，同一品种、同批号的拆零药品需集中储放，放置于零货区，并有明显标识。

5.容易串味、性质相互影响的药品应分开存放。品名、外包装相似，容易混淆的药品需分开存放。

（五）特殊管理药品的储存

1.麻醉药品和一类精神药品　应设立专库，双人双锁管理，安装自动报警系统，与公安部门报警系统联网。

2.二类精神药品　应设置专柜或专库，加锁保管，专人管理，专账记录。

3.医疗用毒性药品、放射性药品、危险品　应分别设立专库或专柜存放。

4.放射性药品　须采取有效的安全防护措施。

5.蛋白同化制剂（胰岛素除外）、肽类激素　应设立专区存放。

6.特殊管理药品　应专账记录，记录保存期限应当自药品有效期满之日起不少于5年。

（六）防护措施

储存作业区实行人员进入控制管理制度，不得有危害药品安全的行为。货架和托盘应保持清洁，无破损和杂物堆放。

即学即练

三、技能训练

情景：X年Y月Z日，有一批已经收货检查合格的药品放置于收货区（见"入库药品图2"二维码），需要按照药品特性和储存条件，将药品转移到待验区，经验收检查合格（无需检查，默认验收合格），保管员按验收员签字的"药品验收入库通知单"，使用相应的现代物流设施和设备完成入库操作，将药品转移到相应库房的合格品区，按照货位摆放。

入库药品图2

备注：X年Y月Z日为开展本实践项目活动的当年当月当日。"/"处不用填写。

任务要求：
请填写药品入库单，参考表3-1-1。

参考答案

表3-1-1 药品入库单

药品名称	规格	剂型	批准文号	生产企业	仓库名称	货位号	生产日期	批号	有效期至	单位	数量
盐酸阿比多尔颗粒	/	/	/	/		/	/	/	/		
阿普唑仑片	/	/	/	/		/	/	/	/		
胰岛素注射液	/	/	/	/		/	/	/	/		
盐酸哌罗匹隆片	/	/	/	/		/	/	/	/		
乳酶生片	/	/	/	/		/	/	/	/		

任务3-2 药品出库发货

任务情境

X年Y月Z日，晨阳医药有限公司向漱玉平民大药房销售了山东新时代药业有限公司生产的奥利司他胶囊2件，开票员根据客户需求开具了药品销售出库单，保管员李某接到配货发货任务。

备注：X年Y月Z日为开展本实践项目活动的当年当月当日。

任务要求：

1.仓库保管员根据药品销售出库单按照规范要求完成拣货配货操作，复核员张某复核后填写出库复核记录。

2.保管员在随货同行单发货联和客户联加盖企业出库专用章。

3.发货员与配送员做好货物、随货同行单、运输配送单据交接工作，发货员与配送员分别在运输配送单上签字，发货员留存运输配送单。

参考答案

一、任务实施

（一）工作准备

1.模拟药品图片，见任务3-1"入库药品图1"二维码。

2.出库复核记录表，见表3-2-1。

3.晨阳医药有限公司出库专用章。

表3-2-1 出库复核记录

药品名称	剂型	规格	单位	数量	生产批号	生产厂商	质量状况	购货单位号	出库日期	有效期至	发货人	复核人	备注

续表

药品名称	剂型	规格	单位	数量	生产批号	生产厂商	质量状况	购货单位号	出库日期	有效期至	发货人	复核人	备注

（二）操作过程

序号	步骤	操作方法与说明
1	保管员拣货	保管员根据计算机系统里的药品出库通知单，到相应仓库进行药品拣选；核对药品的通用名、剂型、规格、生产厂家、批号、有效期、数量无误后，在拣货单上签字或计算机系统中确认，并将货物集中到复核区域
2	复核	复核员对照出库复核记录中的复核项，对保管员拣好的药品进行逐一复核，复核完成后，在出库复核记录中签字确认
3	打印随货同行单	根据销售记录生成的随货同行单，加盖药品出库专用章原印章
4	移至发货区，交接单据	将药品由复核区移至发货区，并与配送员交接相关单据

（三）注意事项

1.注意单据与实物不一致的禁止出库。

2.出库药品为特殊管理的药品时，由两位复核员共同进行现场复核。

3.随货同行单一式四联：第一联发货联；第二联客户联；第三联存根联；第四联财务联。

4.要秉持强烈的责任感和良好的职业修养，核对过程要细致、认真，与质量部门保持良好的沟通。

（四）学习评价

药品出库发货评价表

序号	评价内容	评价标准	分值（总分100）
1	拣货	正确按照药品销售出库单拣取相应品种、数量的药品	20
2	复核	复核药品的通用名、剂型、规格、生产厂家、药品上市许可人、批号、有效期、数量等	10
3		麻醉药品、第一类精神药品、毒性药品需要双人复核	10
4		存在破损、污染、封口不牢、衬垫不实、封条损坏、包装异常响动或液体渗漏、标志脱落、字迹模糊等异常情况的禁止出库	10
5	完成出库复核记录	能够正确完成出库复核记录，并在出库复核记录上签字、填写出库日期	20
6	转移至发货区	复核完毕后的药品放至发货区	10

续表

序号	评价内容	评价标准	分值（总分100）
7	出库	打印随货同行单，签名并加盖企业出库专用原印章	10
8	运输配送交接	能够正确完成运输配送交接	10

二、相关知识

（一）药品出库原则

药品出库应遵循先产先出、近期先出、按批号发货的原则。

（二）药品出库流程

出库药品
拣选配货

1.**拣货** 保管员接到发货任务，按发货清单或计算机系统提示，到指定货位上拣取相应数量的药品，核对药品的通用名、剂型、规格、生产厂家、批号、有效期、数量无误后，在拣货单上签字或计算机系统中确认，并将货物集中放置到复核区域。

2.**复核** 复核员按照发货清单或出库指令，对药品逐品种、逐批号进行复核。核对药品的通用名、剂型、规格、生产厂家、批号、有效期、数量、质量状况。

复核时发现以下情况不得出库，并报告质量管理部门进行处理：药品包装出现破损、污染、封口不牢、衬垫不实、封条损坏等问题；包装内有异常响动或者液体渗漏；标签脱离、字迹模糊不清或者标识内容与实物不符；药品已经超过有效期；其他异常情况。

麻醉药品和第一类精神药品、毒性药品需要双人复核。

药品出库复核应当建立记录，包括购货单位、药品的通用名称、剂型、规格、数量、批号、有效期、生产厂商、出库日期、质量状况和复核人等内容。

3.**填写出库复核记录** 复核完成后，复核员确认，由计算机管理系统自动生成出库复核记录。

4.**转移至发货区** 复核完毕的药品转移至发货区，准备装车配送。

如果是无运输包装的零货，应选用洁净的代用包装进行拼箱发货。

5.**出库** 药品出库时，要附有加盖企业出库专用章原印章的随货同行单，直调药品出库时，由供货单位开具两份随货同行单，分别发往直调企业和购货单位。随货同行单上应当标明直调企业名称。

即学即练

三、技能训练

情景： X年Y月Z日，晨阳医药有限公司向康健大药房销售了山东新时代药业有限公司生产的奥利司他胶囊50盒，开票员根据客户需求开具了药品销售出库单，保管员李某拣完货，放置于复核区，复核员陈某发现，有2盒药品有明显挤压。

任务要求：

请回答：当遇到情景中的情况时，陈某该如何处置。

参考答案

任务3-3　拆零药品拼箱发货

🏛 任务情境

X年Y月Z日，晨阳医药有限公司仓库有1张爱康诊所的药品销售出库单，为零货药品，保管员已拣选、复核员复核完毕，要进行零货拼箱。

备注： X年Y月Z日为开展本实践项目活动的当年当月当日。

任务要求：

1. 请按规范要求完成拼箱操作。

2. 在拼箱专用箱或代用包装箱上粘贴拼箱标识。

一、任务实施

（一）工作准备

1. 模拟药品（见任务3-1"入库药品图1"二维码中包装样式）。

2. 药品出库复核记录，见表3-3-1。

3. 塑料袋、瓦楞纸、药品拼箱专用箱或代用包装（3～5号箱）。

表3-3-1　药品出库复核记录

药品名称	剂型	规格	单位	数量	生产批号	生产厂商	质量状况	购货单位	出库日期	有效期至	发货人	复核人	备注
盐酸布替萘芬乳膏	膏剂	10g：0.1g	支	20	55（X-1）0903	鲁南贝特制药有限公司	合格	爱康诊所	X年Y月Z日	X+1年09月20日	**	**	
荆防颗粒	颗粒剂	15g	盒	30	278（X-1）10001	山东新时代药业有限公司	合格	爱康诊所	X年Y月Z日	X+1年10月17日	**	**	
小儿消积止咳颗粒	颗粒剂	3g	盒	10	20（X-1）08052	鲁南厚普制药有限公司	合格	爱康诊所	X年Y月Z日	X+1年08月27日	**	**	

（二）操作过程

序号	步骤	操作方法与说明
1	移库	开票员开具内部移库单，整库发货员发货，零库发货员收货，并将整件药品放至拆零工作区，拆开包装，检查有无合格证明，按照药品销售单拣货至出库复核区，填写出库复核记录

续表

序号	步骤	操作方法与说明
2	复核	复核员对照实物进行数量、项目核对和药品质量检查，并核对药品购货单位、药品出库复核记录中的出库信息。药品名称、剂型、规格、数量、批号、有效期、药品上市许可持有人、生产厂商、质量情况、出库日期、发货人等。复核无误，签字；复核有误，由发货员重新拣货
3	拼箱	复核员对经复核的药品按不同属性、剂型归类，拼装、打包，放入随货同行单，并贴上颜色鲜明的拼箱标志
4	发货	拼箱药品送至发货区，交运输部门装车配送

（三）注意事项

1.拼箱过程中注意药品与非药品分开、特殊管理药品与普通药品分开、外用药品与其他药品分开、药品液体制剂与固体制剂分开。

2.放置时注意药品摆放整齐，拼箱完成注意检查拼箱是否晃动，未满箱时需要填充物填充。

3.注意注明拼箱状态，防止混淆。

4.要秉持强烈的责任感和良好的职业修养，拼箱过程要细致、认真，要防止搬用和运输过程中因摆放松散出现晃动或挤压。

（四）学习评价

拆零药品拼箱发货评价表

序号	评价内容	评价标准	分值（总分100）
1	选择拼箱专用箱或代用包装箱	选用的包装箱大小合适、质量完好、干净卫生	20
2	正确拼箱	能够按要求将药品有效分开	30
3		要采用无污染的纸板或泡沫分隔	30
4	药品拼箱标识	粘贴药品拼箱标识	10
5	放至发货区	拼箱完毕后的药品放至发货区	10

二、相关知识

拼箱原则

尽量将同一品种的不同批号或规格的药品拼装在同一箱内；若为多个品种，尽量按剂型进行拼箱；遵循"重不压轻""整不压零"的原则码放。

1.拼箱的代用包装箱上应有醒目的拼箱标识，注明拼箱状态，防止混淆。

2.应按照药品的质量特性、储存要求、运输温度要求进行拼箱，药品与非药品分开、特殊管理药品与普通药品分开、冷藏和冷冻药品与其他药品分开、外用药品与其他药品分开、液体药品与固体制剂分开。

3.拼箱的冷藏、冷冻药品温度要求应一致。

4.拼箱药品应防止在搬运和运输过程中因摆放松散出现晃动或挤压，可采用无污染的纸板或泡沫等进行填充。

普通药品出库复核装箱

即学即练

任务3-4 冷链药品装箱发货

任务情境

X年Y月Z日，仓库有1张东南医院药品销售出库单，需配送药品为冷藏零货药品，保管员田某已拣选、复核完毕，用保温箱进行装箱发货。发货时间为10:15，启运温度为4.3℃。

备注： X年Y月Z日为开展本实践项目活动的当年当月当日。

参考答案

任务要求：

1.在预冷后符合温度要求的保温箱底部、内部四周各放置1块已释冷冰排。

2.将发货药品按规范要求放置于保温箱内，并完成封箱操作。

3.填写冷链药品交接单，并在冷链药品交接单上盖出库专用章。

一、任务实施

（一）工作准备

1.模拟药品（该药品为任务3-1已入库药品）。

2.冷链药品交接单，见表3-4-1。

3.保温箱、冰排。

4.屏显温度：3.6℃。

表3-4-1冷链药品交接单

客户名称：东南医院　　　　　　单据编号：1000394　　　　　　第1联：共1联
业务员：刘某某　　　　　　　　单据类型：销售

序号	品名/规格/生产厂商	单位	数量	产品批号	有效期至	备注
1	聚乙二醇化人粒细胞刺激因子注射液/1.0ml：3.0mg/山东新时代药业有限公司	瓶	5	022（X-1）11005	X+1年11月21日	冷链

温控措施：保温箱（　　）、冷藏车（　　）、冷藏箱（　　）
启运时间：　　年　　月　　日　　　　　启运温度：
发货人：　　　　车辆车牌号：　　　　　配送员：
到货时间：　　年　　月　　日　　　　　到货温度：　　　　收货人：

（二）操作过程

序号	步骤	操作方法与说明
1	预冷处理	确认使用的冰排应在冰柜或冷冻库内预冷至少48小时，使蓄冷剂充分冻结，确保冰排冻结完全 将冰排取出时，放入相应温度范围的冷库释冷区，对冰排进行释冷，释冷至冰排表面的霜化完、冰排与冷库温度一致为止，释冷时间不得低于24小时

续表

序号	步骤	操作方法与说明
2	加入冰排与隔离设施	将经预冷释冷的冰排在保温箱底部、内部四周各放置1块，并在冰排周围放置纸板/塑料板等隔离设施
3	放入药品	将核对无误的药品放入保温箱中央，必须在药品和冰排之间加隔离设施
4	封闭箱体	装箱完毕后，盖好箱盖，屏显温度低于4℃
5	填写冷链交接单	注意记录启运时间和屏显温度

（三）注意事项

1.冷藏药品的装箱、封箱等操作，应由专人负责。

2.注意装箱前要将保温箱预冷至符合药品包装标示的温度范围。

3.注意要在冷藏环境下完成冷藏药品的装箱工作。

4.要秉持强烈的责任感和良好的职业修养，药品装箱后，保温箱要及时启动温度监测设备。

（四）学习评价

冷链药品装箱发货评价表

序号	评价内容	评价标准	分值（总分100）
1	预冷保温箱	需要对保温箱进行预冷操作，将温度预冷至包装标示的温度范围	10
2	选择冰排	选择适合的冰排类型及数量，按照要求进行摆放	20
3	放入隔离设施	保温箱如果没有隔离装置，需要在冰排的周围放置隔离设施、温度探头	20
4	放置药品及温度探头	放置药品时，不能与冰排直接接触，温度探头放置于药品上	10
5	封箱	装箱完毕后，盖好保温箱箱盖	10
6	填写冷链药品交接单	冷链药品交接单填写要完整，启运时间、启运温度及发货人等不要遗漏	20
7	冷链交接单上盖章	需要在冷链药品交接单上盖出库专用章	10

二、相关知识

冷链药品装箱发货原则

冷藏、冷冻药品的装箱、装车等作业，应由专人负责，并符合以下要求：车载冷藏箱或保温箱在使用前应达到相应的温度要求；在冷藏环境下完成冷藏、冷冻药品的装箱、封箱工作；装车前应当检查冷藏车辆的运行状态，达到规定温度后方可装车；启运时应当做好运输记录，内容包括运输工具和启运时间等。

冷链药品出库
复核装箱

1.使用冷藏箱、保温箱运输冷藏药品的，应当按照标准操作规程进行药品包装和装箱的操作。

（1）装箱前将冷藏箱、保温箱预热或预冷至符合药品包装标示的温度范围。

（2）按照验证确定的条件，在保温箱内合理配备与温度控制及运输时限相适应的蓄冷剂。

（3）保温箱内使用隔热装置将药品与低温蓄冷剂进行隔离。

（4）药品装箱后，冷藏箱启动动力电源和温度监测设备，保温箱启动温度监测设备，检查设备运行正常后，将箱体密闭。

2.使用冷藏车运输冷藏、冷冻药品，启运前应当按照标准操作规程进行操作。

（1）提前打开温度调控和监测设备，将车厢内预热或预冷至规定温度。

（2）开始装车时关闭温度调控设备，并尽快完成药品装车。

（3）药品装车完毕，及时关闭车厢厢门，检查厢门密闭情况，并上锁。

（4）启动温度调控设备，检查温度调控和监测设备运行状况，运行正常方可启运。

即学即练

三、技能训练

情景：X年Y月Z日，仓库有1张东南医院药品销售出库单，配送药品为冷藏零货药品，保管员田某已拣选、复核完毕，用保温箱进行装箱发货。图3-4-1为装箱情况。

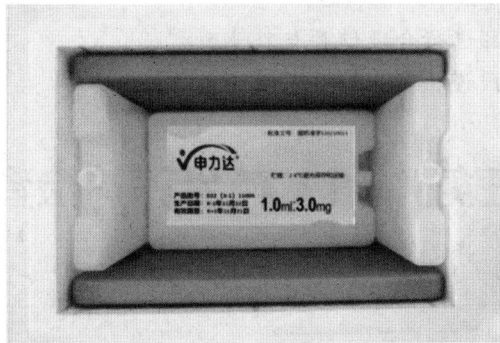

图3-4-1　装箱情况图

任务要求：

请回答：图中装箱是否符合规范要求，应如何放置？

参考答案

项目四
药品养护

🎓 学习目标

1. 能根据重点养护品种确定原则，准确找出需要重点养护的品种。
2. 能按照养护工作要求，对库存药品进行养护检查。
3. 能按照养护异常情况处置程序要求，对发现的异常情况进行合理处置。
4. 能按照不合格药品处理程序要求，对不合格药品进行合规处理。
5. 能对药品储存养护情况进行信息汇总及合理分析，减少异常情况发生，为企业节省储存成本。
6. 能指导保管员对药品进行合理储存与作业。
7. 在养护工作中养成严谨扎实、精益求精的工作态度。

任务4-1 药品养护检查

🏛 任务情境

假如你是晨阳医药有限公司的一名养护员，正在进行库区养护巡视检查和存储区温湿度自动监控系统检查，没有发现异常情况。今天，要按照养护工作要求，从计算机系统中导出并打印今日（X年Y月Z日）的养护计划表，即药品养护检查记录表，到库房内对表中的品种逐一进行养护检查。

备注：X年Y月Z日为开展本实践项目活动的当年当月当日。"/"标识部分不需检查。

任务要求：

1. 根据库区巡视和温湿度检查情况填写药品养护巡查记录表。
2. 根据药品养护检查情况填写药品养护检查记录表。

参考答案

一、任务实施

（一）工作准备

1. 药品包装箱粘贴养护检查品种图片，见"养护检查品种图1"二维码。
2. 药品养护巡查记录表，见表4-1-1。
3. 药品放置要求，见表4-1-2。
4. 药品养护检查记录表1，见表4-1-3。
5. 模拟药品仓库环境。

养护检查品种1

表4-1-1 药品养护巡查记录表

日期： 年 月 日   养护员：

仓库卫生环境是否符合要求	□是 □否	阴凉库温度/湿度		冷库温度/湿度				仓库储存条件是否符合要求	□是 □否
药品分类分库存放是否符合要求	□是 □否	库存药品堆放是否符合要求	□是 □否	防护措施是否齐全	□是 □否	仓库设施设备是否运行正常	□是 □否	养护检查数量	（ ）个品种 共（ ）批次

表4-1-2 药品放置要求

品名	放置仓库	放置要求
劳拉西泮片	特殊管理库合格品区	正放在独立货位上，正面朝外
银屑颗粒	常温库合格品区	正放在独立货位上，正面朝外
马来酸依那普利片	阴凉库合格品区	正放在独立货位上，正面朝外
氯霉素滴眼液	常温库合格品区	正放在独立货位上，正面朝外
乳酶生片	阴凉库合格品区	正放在独立货位上，正面朝外
奥拉西坦胶囊	阴凉库合格品区	正放在独立货位上，正面朝外

表4-1-3 药品养护检查记录表1

日期：X 年 Y 月 Z 日   养护员：

品名	规格	生产企业	上市许可持有人	批号	有效期至	单位	数量	仓库	养护问题	处置措施
劳拉西泮片	1mg	/	/	/	/	盒	360	特殊管理库		
银屑颗粒	6g	/	/	/	/	盒	240	常温库		
马来酸依那普利片	10mg	/	/	/	/	盒	300	阴凉库		
氯霉素滴眼液	8ml：20mg	/	/	/	/	盒	200	常温库		
乳酶生片	0.3g	/	/	/	/	盒	300	阴凉库		
奥拉西坦胶囊	0.45g	/	/	/	/	盒	200	阴凉库		

（二）操作过程

序号	步骤	操作方法与说明
1	查看今日养护计划表	查看今日养护计划表（表4-1-3），按照养护检查内容要求，手持养护计划表到现场对药品进行养护检查，注意不须开箱检查，箱内包装和药品的外观性状等情况会以图片形式贴在包装箱上面
2	填写养护问题	检查完毕后，在今日养护计划表上填写养护问题。若有问题，如实填写问题情况，并写出处置措施；若没有问题，养护问题和处置措施处填"无"

（三）注意事项

1.养护员对零货区药品进行养护检查时，重点检查药品外包装是否有挤压、破损、漏液、变色、封签不牢等情况；对整件药品进行养护检查时，养护员需要按照抽样原则对整垛药品进行抽检，检查内容与验收要求一致。

2.养护员检查需要作好记录，做到边检查边整改，发现问题及时处理，切实履行养护员工作职责。

（四）学习评价

药品养护检查评价表

序号	评价内容	评价标准	分值（总分100）
1	库区养护巡查	药品养护巡查项目全面	25
2		药品养护巡查记录表填写规范、准确	25
3	药品养护检查	药品养护检查项目全面	25
4		药品养护检查记录表填写规范、准确	25

二、相关知识

（一）日常工作

1.指导和督促储存人员对药品进行合理储存与作业。对保管员不规范的储存与作业行为给予纠正，并督促改进。如药品是否分类储存、堆垛码放是否合理、垛位间距是否合适、药品是否倒置、色标管理是否正确、环境卫生是否合格等。

养护工作计划
与实施

2.日常养护中对药品储存条件进行检查和调控，包括库内温湿度，药品储存设施、设备的适宜性，药品避光、遮光、防鼠等措施的有效性，安全消防设施的运行状态，库内的卫生环境等。

3.每天检查温湿度监测系统中各测点终端实时数据的采集、传送和记录是否正常，是否可以安全有效地进行数据备份。对温湿度超标情况应及时排查原因，采取相应的调控措施，使库房温湿度保持在正常范围内。

（二）药品检查

1.按照计算机系统提示的在库药品养护计划，按规定对库存药品进行养护检查，重点检查药品的外观（见任务2-1中"检查药品外观性状"内容）、包装等质量状况。

2.对重养护品种至少一个月检查一次，一般性养护品种至少3个月检查一次，按季节进行在库药品的循环检查。

3.养护中发现有问题的药品应当及时在计算机系统中锁定和记录，暂停发货，对问题药品做色标标识，并通知质量管理部门处理。发现设施、设备出现损坏、故障等，应当及时更换、报修并记录。

4.养护应当做好记录，包括养护日期、养护药品基本信息（品名、规格、生产企业、批号、批准文号、有效期、数量）、质量状况、有关问题的处理措施、养护员等。计算机系统应自动生成养护记录。

5.中药材、中药饮片所采取的养护方法不得对药品造成污染。

中药饮片养护

（三）温湿度监测

1.温湿度监测系统的组成及功能 温湿度监测系统由测点终端、管理主机、不间断电源以及相关软件等组成。各测点终端能够对周边环境温湿度进行数据的实时采集、传送和报警；管理主机能够对各测点终端监测数据进行收集、处理和记录，并具备发生异常情况时的报警功能。

2.温湿度记录及报警 温湿度监测系统每隔1分钟更新一次测点温湿度数据，在药品储存过程中，至少每隔30分钟自动记录一次实时温湿度数据。当监测的温湿度值超出规定范围时，系统至少每隔2分钟记录一次实时温湿度数据。

当监测的温湿度值达到设定的临界值或者超出规定范围，监测系统能够实现就地和在指定地点进行声光报警的功能，同时采用短信通讯的方式，向至少3名指定人员发出报警信息。

3.测点的安装

（1）测点终端应当牢固安装在经过确认的合理位置，避免储运作业及人员活动对监测设备造成影响或损坏，其安装位置不得随意变动。

（2）平面仓库面积在300m² 及以下的，至少安装2个测点终端；300m² 以上的，每增加300m² 至少增加1个测点终端，不足300m² 的按300m² 计算。测点终端应均匀分布，位置不得低于药品货架或药品堆码垛高的2/3。

（3）高架仓库或全自动立体仓库的货架，层高4.5～8m 的，每300m² 至少安装4个测点终端，每增加300m² 至少增加2个测点终端，并均匀分布在货架上、下位置；货架层高在8m 以上的，每300m² 至少安装6个测点终端，每增加300m² 至少增加3个测点终端，并均匀分布在货架的上、中、下位置；不足300m² 的按300m² 计算。

（4）冷库面积在100m² 及以下的，至少安装2个测点终端；100m² 以上的，每增加100m² 至少增加1个测点终端，不足100m² 的按100m² 计算。测点终端应均匀分布，位置不得低于药品货架或药品堆码垛高的2/3。

4.温湿度监测系统的验证 温湿度监测系统应按要求进行使用前验证和定期验证，测点终端每年至少进行1次校准。

5.温湿度监测记录 温湿度监测系统应当自动生成温湿度监测记录，内容包括温度值、湿度值、日期、时间、测点位置、库区和运输工具类别等。

（四）温湿度的调控

收到系统报警信息时，养护员应通知保管员采取相应措施，进行温湿度的调节。

1.调节温度措施 当库房温度过高时，可采用以下措施。

（1）通风降温 利用库内外空气温度不同而形成的气压差，使库内外空气对流，达到调节库内外温湿度的目的。当库房内温度高于库房外时，可开启通风设备或门窗，通风降温。应注意，通风要考虑湿度，药品往往怕热也怕潮，库外温度和相对湿度低于库内时才可通风，但不宜用于危险品库。

（2）库房遮光降温 在库房外搭天棚或在库顶上30～40cm 外搭席棚，并在日光暴晒的墙外也搭上席棚，减少日光的辐射，使库内温度下降。

（3）加冰降温 适用于密闭、隔热条件较好的库房，放置冰排或冰块吸收室内热量使温度降低。也可用电风扇对准冰块、冰排吹风，以加速对流，提高降温效果。此种方法，会使库房湿度增高，一般用于不易潮解的药品的降温。

（4）设备降温　当采用通风方式仍然无法降温时，通过空调、冷风机组等设备进行降温。

当库房温度过低时，可采用统一供暖、开空调等方法，提高库内温度，保证药品安全过冬。统一供暖应注意暖气管、暖气片离药品一定距离，并防止漏水情况。一些特别怕冻的药物在严寒季节也可存放在保温箱内。

2.调节湿度措施　当库房内湿度过高时，可采用以下措施。

（1）通风降潮法　利用空气自然流动的性质，促使库内外空气加快对流，以达到降潮的目的。通常是打开库房门窗，使室外较干燥的空气进入库内，而库内的潮湿空气被排到室外。自然通风必须在库外天气晴朗，空气干燥时才能采用。在梅雨季节或者阴雨连绵、室外空气含湿量较高时不宜采用。

（2）密封防潮法　密封是通过隔绝外界空气，避免或减少空气中水分对药品的影响，以达到防潮的目的。

（3）除湿机　开启除湿机或者空调的除湿功能，对库房内进行除湿。

（4）人工吸潮　吸潮是利用物理方法，将库内潮湿空气中的部分水分除去，以降低空气湿度，如使用生石灰、硅胶等。

库房湿度过低时，一般采用加湿器和湿拖布擦地的方式提高湿度，禁止向地面直接洒水。

（五）药品养护档案

药品养护档案是记录药品养护信息的档案资料。药品养护档案是在一定的经营周期内，对药品储存质量的稳定性进行连续观察与监控，总结养护经验，改进养护方法，积累技术资料的管理手段。其内容包括药品基本信息、观察周期内对药品储存质量的记录、分析、有关问题的处理情况等。药品养护档案的品种应根据业务经营活动的变化，及时调整，一般按年度调整确定。

即学即练

三、技能训练

情景：你是晨阳医药有限公司的一名养护员。今天，你按照养护工作要求，从计算机系统中导出并打印今日（X年Y月Z日）的养护计划表，到库房内对表中的品种（见"养护检查品种图2"二维码）逐一进行养护检查。

养护检查品种图2

备注："/"标识部分不需检查。

任务要求：

请根据药品养护检查情况填写药品养护检查记录表2，见表4-1-4。

参考答案

表4-1-4　药品养护检查记录表2

日期：X年Y月Z日　　　　　　　　　　　　　　养护员：

品名	规格	生产企业	上市许可持有人	批号	有效期至	单位	数量	仓库	养护问题	处置措施
黄连上清片	0.3g	/	/	/	/	盒	360	常温库		
磷酸奥司他韦胶囊	75mg	/	/	/	/	盒	200	阴凉库		

续表

品名	规格	生产企业	上市许可持有人	批号	有效期至	单位	数量	仓库	养护问题	处置措施
注射用美洛西林钠	1.0g	/	/	/	/	盒	600	阴凉库		
硫酸羟氯喹片	0.1g	/	/	/	/	盒	200	常温库		
蜜炼川贝枇杷膏	345g	/	/	/	/	瓶	25	常温库		
佐匹克隆片	3.75mg	/	/	/	/	盒	300	特殊管理库		

任务4-2　重点养护品种确定

🏛 任务情境

假如你是某医药有限公司的一名养护员。X年Y月Z日，要按照养护工作要求，从计算机系统中导出并打印今日养护计划表，到库房内对表中的品种逐一进行养护检查。

备注： X年Y月Z日为开展本实践项目活动的当年当月当日。上个月养护记录、今日养护计划表和药箱上的批号、生产日期和有效期至等信息均以"/"代替，意为信息一致，无需检查。

任务要求：

1.查看上个月养护记录和今日导出的养护计划表，按照重点养护品种确定原则，在今日养护计划表中找出需要重点养护的品种，在品名处做标记。

2.列出重点养护品种的确定依据。

参考答案

一、任务实施

（一）工作准备

1.今日养护计划表1，见表4-2-1。

2.上个月同日养护记录1，见表4-2-2。

表4-2-1　今日养护计划表1

品名	规格	生产企业	上市许可持有人	批号	有效期至	单位	数量	仓库
多潘立酮片	10mg	/	/	/	/	盒	300	常温库
甘露醇注射液	250ml∶50mg	/	/	/	/	瓶	40	常温库
八珍颗粒	3.5g	/	/	/	/	盒	150	常温库
佐匹克隆片	3.75mg	/	/	/	/	盒	300	特殊管理库

续表

品名	规格	生产企业	上市许可持有人	批号	有效期至	单位	数量	仓库
复方血栓通胶囊	0.5g	/	/	/	/	盒	300	阴凉库
聚桂醇注射液	10ml：100mg	/	/	/	/	盒	100	阴凉库

表4-2-2　上个月同日养护记录1

品名	规格	生产企业	上市许可持有人	批号	有效期至	单位	数量	养护问题
金莲花口服液	10ml	/	/	/	/	盒	280	无
复方鱼腥草合剂	1ml：0.17g	/	/	/	/	盒	160	无
多潘立酮片	10mg	/	/	/	/	盒	600	无
银黄含片	每片重0.65g	/	/	/	/	盒	400	无
连花清瘟胶囊	24粒	/	/	/	/	盒	180	无
布洛芬口服溶液	10ml：0.1g	/	/	/	/	盒	400	无

（二）操作过程

序号	步骤	操作方法与说明
1	查看今日养护计划表	查看今日养护计划表（表4-2-1），按照重点养护品种确定原则，初步判断今日养护计划中的品种是否有近效期药品、特殊管理药品、冷链药品等。若有，在今日养护计划表中相应品名处做标记
2	查看往期养护记录	查看上个月同日养护记录（表4-2-2），找出上个月养护过程中发现有异常情况的品种、近效期品种等。若有，在今日养护计划表中相应品名处做标记
3	对比上个月同日养护记录和今日养护计划	将上个月同日养护记录和今日养护计划表进行再次对比，找出两个表中相同的品种，确定为重点养护品种，在今日养护计划表中相应品名处做标记
4	列出重点养护品种的确定依据	在今日养护计划表上标为重点养护品种的品名处，列出该品种被确定为重点养护品种的依据

（三）注意事项

1.填写药品信息时需要仔细核对药品名称、规格、生产企业、数量、批号、有效期等详细信息。

2.认真贯彻执行企业制定的质量管理制度，坚持"预防为主"的原则，按照药品性能和储存条件的要求，准确确定重点养护品种，便于采取正确有效的养护措施，确保储存中药品的质量。

3.加强对药品养护专业知识及技能的学习和积累，正确完成重点养护品种确定工作。

（四）学习评价

重点养护品种确定评价表

序号	评价内容	评价标准	分值（总分100）
1	确定重点养护品种	能准确标记出重点养护品种	50
2		能准确写出所有重点养护品种的确定依据	50

二、相关知识

（一）确定重点养护品种的原则

重点养护品种一般包括：主营品种、首营品种、集采品种、贵细品种、质量不稳定药品、特殊管理药品、冷藏和冷冻药品、蛋白同化制剂和肽类激素、有效期12个月的品种、储存时间较长的品种、中药饮片、近期内发生过质量问题的品种及药监部门重点监控的品种等。重点养护的具体品种应由养护员按年度制定及调整，报质量管理部审核后实施。计算机系统自动生成重点养护计划。

（二）药品养护档案

药品养护档案是记录药品养护信息的档案资料。建立药品养护档案是在一定的经营周期内，对药品储存质量的稳定性进行连续观察与监控，总结养护经验，改进养护方法，积累技术资料的管理手段。其内容包括药品基本信息、观察周期内对药品储存质量的记录、分析、有关问题的处理情况等。药品养护档案的品种应根据业务经营活动的变化，及时调整，一般按年度调整。

即学即练

三、技能训练

情景：假如你是某医药有限公司的一名养护员。X年Y月Z日，你按照养护工作要求，从计算机系统中导出并打印今日养护计划表2（表4-2-3），到库房内对表中的品种逐一进行养护检查。

备注：X年Y月Z日为开展本实践项目活动的当年当月当日。上个月同日养护记录2（表4-2-4）、今日养护计划表和药箱上的批号、生产日期和有效期至等信息均以"/"代替，意为信息一致，无需检查。

任务要求：

请查看上个月养护记录和今日导出的养护计划表，按照重点养护品种确定原则，在今日养护计划表中找出需要重点养护的品种，在品名处做标记。

参考答案

表4-2-3　今日养护计划表2

品名	规格	生产企业	批号	有效期至	单位	数量	仓库
黄连上清片	0.3g	/	/	/	盒	360	常温库
磷酸奥司他韦胶囊	75mg	/	/	/	盒	200	阴凉库
注射用美洛西林钠	1.0g	/	/	/	盒	600	阴凉库
硫酸羟氯喹片	0.1g	/	/	/	盒	200	常温库

续表

品名	规格	生产企业	批号	有效期至	单位	数量	仓库
蜜炼川贝枇杷膏	345g	/	/	/	瓶	25	常温库
佐匹克隆片	3.75mg	/	/	/	盒	300	特殊管理库

表4-2-4　上个月同日养护记录2

品名	规格	生产企业	批号	有效期至	单位	数量	养护问题
富马酸阿奇霉素片	0.25g	/	/	/	盒	400	无
头孢丙烯颗粒	0.125g	/	/	/	盒	300	无
头孢克肟胶囊	100mg	/	/	/	盒	360	无
注射用美洛西林钠	1.0g	/	/	/	盒	1200	无
乙酰螺旋霉素片	0.2g	/	/	/	盒	180	无
头孢羟氨苄胶囊	0.125g	/	/	/	盒	240	无

任务4-3　养护检查异常情况处理

🏛 任务情境

　　你是晨阳医药有限公司的一名养护员。今天，你按照养护工作要求，从计算机系统中导出并打印今日（X年Y月Z日）的养护计划表，到库房内对表中的品种逐一进行养护检查，检查中发现某整件元胡止痛片里有5盒出现裂片情况，其他无问题。

　　备注：X年Y月Z日为开展本实践项目活动的当年当月当日。

　　任务要求：

1. 排查裂片原因。

2. 采取相应措施，填写异常品种的药品移库单。注意"/"处不用填写。

参考答案

一、任务实施

（一）工作准备

1. 药品异常情况处理所需的药品移库单，见表4-3-1。

2. 一个整件药品箱，贴药品外包装图片、养护检查记录表，具体情况见"破损药品"图二维码。

破损药品图

表4-3-1　药品移库单

药品名称	规格	生产企业	批号	单位	数量	原仓库名称	质量状态	转移至库区	签字	日期
	/	/	/				/			/
	/	/	/				/			/
	/	/	/				/			/

（二）操作过程

序号	步骤	操作方法与说明
1	隔离	将破损药品隔离，防止污染其他药品
2	锁定，上报	计算机锁定药品不能销售，上报质量部门
3	填写药品移库单	填写药品移库单并签字

（三）注意事项

1.针对温湿度出现的异常情况，应查明原因，制定预防措施，确保储存药品质量。

2.养护员应对发现的问题进行认真的分析，按照质量管理部的要求采取措施，对质量管理过程实施改进。

（四）学习评价

养护检查异常情况处理评价表

序号	评价内容	评价标准	分值（总分100）
1	排查药品裂片原因	能正确找到药品裂片原因	25
2	采取养护措施	能采取正确的养护措施	25
3		完成复查的操作	25
4	填写药品移库单	能正确、规范填写记录表	25

二、相关知识

（一）养护异常情况处理

养护员在日常养护检查中发现药品质量异常，应暂停发货，并在计算机系统中锁定，同时报告质量管理部。有疑问的药品应存放于标志明显的专用场所，并有效隔离，不得销售。对怀疑为假药的，应及时报告药品监督管理部门。

经确认为合格药品的，在计算机系统内解除锁定，恢复药品的销售。经确认为不合格药品的，应将不合格药品存放于不合格库（区），停止销售。如果是涉及整批药品都不合格的，如外观性状、内在质量，应追回已销售的不合格药品。不合格药品的处理过程应当有完整的手续和记录，包括报损审批手续、销毁记录等。

（二）不合格药品确认

出现以下问题的药品可被确认为不合格药品。

1.包装破损、残损、污染，不能使用的。

2.销售包装内药品数量短少的。

3.药品无标签、标签模糊，或包装标签不符合规定的。

4.外观性状发生改变的。

5.过期失效的。

6.药品检验机构检验不合格的。

7.药品监督管理部门通知或质量公报为不合格药品的。

8.冷链药品储存或运输过程中温度超标时长超过厂家稳定性试验范围的。

9.《中华人民共和国药品管理法》定义为假药、劣药的药品。

即学即练

任务4-4　近效期药品催报

🏛 任务情境

X年Y月Z日，养护员在进行每月在库养护检查时发现，有1批次药品有效期还剩5个月，养护员需要对该批药品进行预警，并完成近效期药品催报工作。

备注：X年Y月Z日为开展本实践项目活动的当年当月当日。

任务要求：

1.检查近效期药品的外观有无异常，见"近效期药品图"二维码。

2.填写近效期药品催销月报表，一式四份，上报质量管理部、采购部、销售部、财务部。

3.悬挂近效期药品警示牌或在计算机系统中设置颜色。

4.催销后按照间隔周期每月跟进，检查近效期药品质量和销售情况。

近效期药品图

参考答案

一、任务实施

（一）工作准备

近效期药品催销月报表，见表4-4-1。

表4-4-1　近效期药品催销月报表

年　　月　　日

品名	规格	剂型	生产厂家	药品上市许可持有人	单位	数量	单价	金额	批号	有效期至	货位名称	备注

保管员：　　　　　　　储运部负责人：　　　　　质管员：

（二）操作过程

序号	步骤	操作方法与说明
1	检查外观	检查药品外观质量
2	填写近效期药品催销月报表	在计算机系统中进行近效期预警，填写近效期药品催销月报表
3	上报	导出并打印近效期药品催销日报表，一式四份，上报质量管理部、采购部、销售部、财务部

（三）注意事项

1.对近效期药品要及时预警并开展近效期药品催报工作，确保药品质量。

2.对近效期药品需悬挂醒目警示牌，避免药品过期。

3.杜绝因将过期药品销售给购货单位而产生的质量责任事故的发生。

（四）学习评价

近效期药品催报评价表

序号	评价内容	评价标准	分值（总分100）
1	检查近效期药品质量	能正确规范地检查药品外观质量	40
2	近效期药品催销	能正确填写近效期药品催销月报表	40
3		能准确地向相关部门进行催报	20

二、相关知识

1.**药品有效期的概念**　药品有效期是指药品在规定的储存条件下能保持其质量的期限，药品的有效期从生产日期开始算起。

2.**药品有效期的表示方法**　药品标签中的有效期应当按照年、月、日的顺序标注，年份用四位数字表示，月、日用两位数字表示。其具体格式为"有效期至××××年××月"或者"有效期至××××年××月××日"；也可以用数字和其他符号表示为"有效期至××××.××"或者"有效期至××××/××/××"等。

预防用生物制品有效期的标注按照国家药品监督管理局批准的注册标准执行，治疗用生物制品有效期的标注自分装日期开始计算，其他药品有效期的标注自生产日期开始计算。

有效期若标注到日，药品可以使用到标注日期当天；若标注到月，药品可以使用到所标注月份的最后1天。例如：有效期至2020年7月，则表示该药品可以使用到2020年7月31日；有效期至2020/07/08，则表示该药品可使用至2020年7月8日。超过有效期的药品按劣药处理，不能再使用。

3.**药品有效期管理措施**

（1）采购管理　合理的、科学的采购计划是防止药品过期失效的首要和关键环节。采购部门要掌握客户购货动态，并根据上一年或上一期药品销售情况，做好本期乃至下期药品的需求预测，确定合理的采购计划。对有效期短的药品或季节性药品，少进勤进，以免积压过期。同时，充分发挥计算机在近效期药品管理上的作用，用计算机设定每一种药品的适当库存量，通过计算机预警的方法为采购计划的制定提供参考。

（2）入库管理　在药品入库验收时，除检查药品的一般项目外，需特别注意药品的有效期。对已超过1/2有效期的药品谨慎入库，对近效期药品，原则上不得入库（有特殊需求的除外）。在药品上架摆放过程中，同种药品按有效期远近次序分开摆放。

（3）储存管理　根据药品的有效期相对集中存放，按效期远近依次堆码，不同批号的药品不得混跺，存放在货位上的近效期药品应有近效期标志或标牌。

（4）出库管理　在药品出库时，严格按照"先产先出、近期先出、按批号发货"的原则开单、发放药品。

（5）近效期预警　在计算机系统中设置"近效期预警及超效期停销"功能，对确定了预警期限的药品，计算机系统对药品的有效期进行自动跟踪和监控。对已到近效期的药品，系统能及时预警或自动锁定停销；对超过有效期的药品，系统能自动锁定，停止销售。

（6）近效期催销　养护员在计算机系统中按月汇总、生成"近效期药品预警表"，分别传递给企业负责人、质量管理部、采购部、销售部。采购部门对"近效期药品预警表"所列药品品种，及时采取有效方式与厂家进行退换货，以避免药品过期造成的损失；销售部门根据采购部门意见（退或继续销售），按"近效期药品预警表"所列药品品种，及时采取有效方式组织促销活动。

即学即练

任务4-5　不合格药品处理

🏛 **任务情境** ··○

X年Y月Z日，连续两周高温天气，公司养护员在进行在库养护检查中发现，阴凉库零库中1个批次的奥利司他胶囊中有5盒发霉（库存数量90盒）。经查因屋顶局部渗水，导致该药品受潮发霉。

品名：奥利司他胶囊　商品名：舒尔佳

规格：0.12g

药品上市许可持有人/生产企业：山东新时代药业有限公司

产品批号：085（X-1）1101

有效期至：X+1年11月01日

备注：X年Y月Z日为开展本实践项目活动的当年当月当日。

任务要求：

1.养护员对发现质量问题的药品立即悬挂醒目的黄色标牌，并在计算机中锁定。

2.填写药品质量复查通知单，上报质量管理部门核实。

3.质量部门经核实将存在质量问题的药品移入不合格区。

4.按不合格药品处理过程进行报损和销毁处理。

参考答案

一、任务实施

（一）工作准备

1.模拟发霉药品。

2.色标管理标识牌：不合格区、暂停发货。

3.不合格药品处理表单，见不合格药品报损审批单（表4-5-1）。

表4-5-1　不合格药品报损审批表

通用名称			商品名称	
药品上市许可持有人			生产单位	
供货企业				
规格		有效期至		批号
单价		数量		总额

续表

不合格原因：

报告人： 年 月 日

仓储负责人签字：	保管员签字：

业务部门意见：

签字： 年 月 日

质量管理部门意见：

签字： 年 月 日

财务部门意见：

签字： 年 月 日

企业负责人审批意见：

签字： 年 月 日

备注	

（二）操作过程

序号	步骤	操作方法与说明
1	不合格药品报告与确认	（1）根据在不同环节发现的不合格药品，组织讨论如何报告 （2）各相关部门负责人审核报告单 （3）质量部门负责人接收不合格品报告单 （4）根据不合格情况描述，对不合格药品情况进行确认
2	不合格药品标识与处理	（1）分析不合格药品的确认结果 （2）对不同确认结果分别标识和处理
3	不合格药品报损	（1）分析不合格药品的来源 （2）填写不合格药品报损审批表（表4-5-1）

（三）注意事项

1.养护员对养护过程中发现的药品质量问题，应当及时在计算机系统中锁定药品并记录，暂停发货，上报质量管理部进行处理。

2.不合格药品处理涉及多岗位，应分清不同岗位的责任。

（四）学习评价

不合格药品处理评价表

序号	评价内容	评价标准	分值（总分100）
1	处置措施	能够正确选择标识牌并悬挂	20
2		能够正确上报质量管理部门	20
3		能够正确进行药品存储区域转移	20
4	岗位职责判断	能够分清不同环节所归属的岗位	20
5	记录填写	能够正确、规范填写不合格药品处理过程中涉及的表单	20

二、相关知识

（一）不合格药品的报告与确认

　　企业在经营过程中所有涉及不合格药品的问题应立即填写相关材料报质量管理部门，由质量管理部门予以确认。如验收人员在验收时发现药品的外观质量、包装质量及包装标识不符合规定，检验报告书内容存在问题；养护检查中发现在库药品的质量不合格；零售药店在经营过程中发现药品过期、裂片、霉变、被污染、包装破损；药店营业员或销售部门发现药品存在质量问题或有疑问等。不合格药品报告与确认程序如图4-5-1所示。

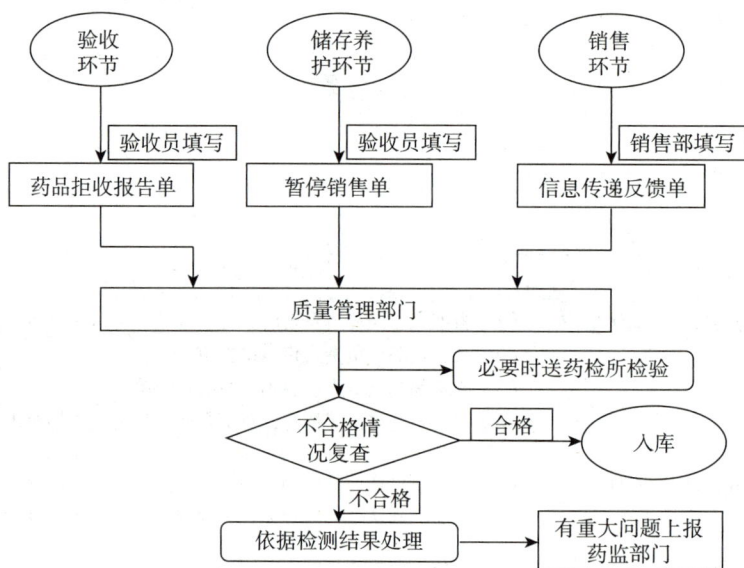

图4-5-1　不合格药品报告与确认程序

（二）不合格药品的标识与处理

　　在验收入库、在库储存养护、销售三个环节发现的不合格药品标识与处理程序如图4-5-2所示。

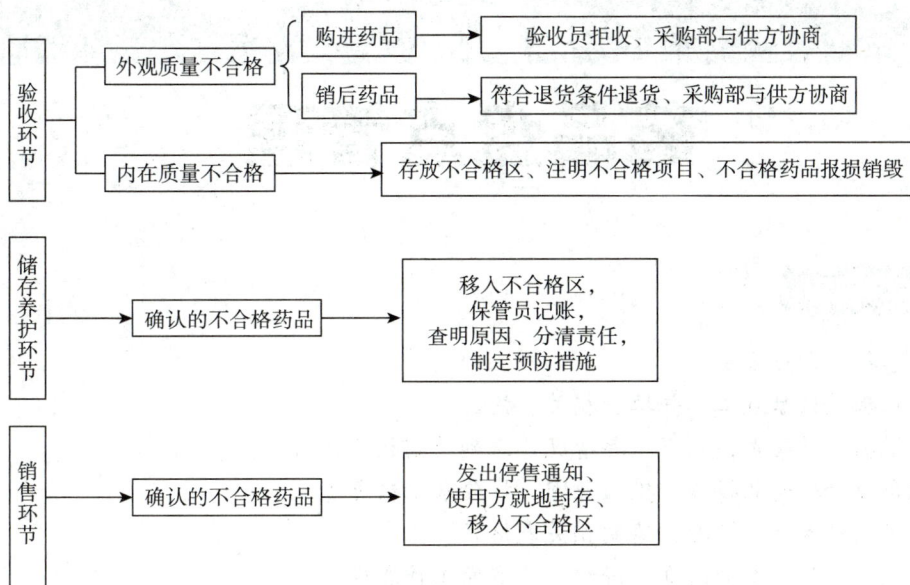

图4-5-2　不合格药品标识与处理程序

（三）不合格药品的报损销毁

1.报损销毁的不合格药品包括：①因企业在库储存保管与养护不善而导致质量变化的不合格药品；②因药品供货方在药品生产环节或储运环节的质量隐患而导致质量不合格且供货方同意并委托本公司进行销毁的不合格药品。

2.进货环节确认的不合格药品和在库不合格药品的报损销毁审批程序是不同的。不合格药品报损销毁审批程序如图4-5-3所示。

即学即练

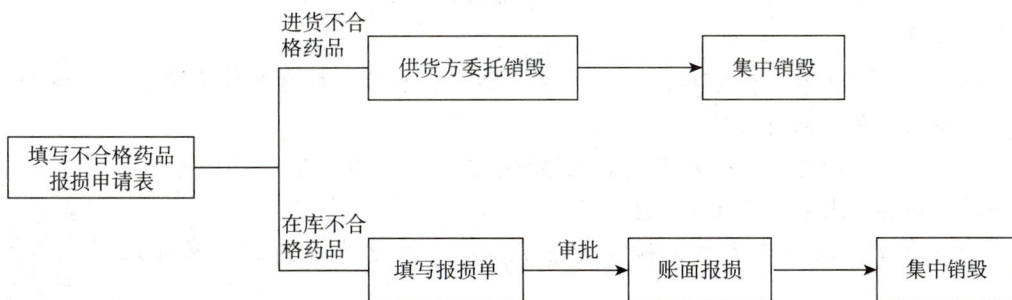

图4-5-3　不合格药品报损销毁审批程序

项目五

药品盘点管理

🎓 学习目标

1. 熟悉各种盘点方法。
2. 能正确进行盘点工作并填制相关表格。
3. 能根据盘点结果，判断差异情况，正确填制相关表格。
4. 能合理分析药品报损、报溢原因，按要求上报负责人。
5. 能根据盘点损溢情况，填制相关表格。
6. 在盘点工作中本着认真、仔细、务实的工作态度。

任务5-1 药品库存盘点

🏛 任务情境

X年Y月底，仓库进行年底库存盘点。按照公司要求本次盘点采取地毯式盘点方法，需要进行初点（盘）、复点（盘）、抽点（盘）。

备注：X年Y月Z日为开展本实践项目活动的当年当月当日。

任务要求：

1. 确定盘点负责人，划分盘点人员位置，初盘、复盘、抽盘人员名单，每位参加盘点的人员明确自己的盘点责任区。

2. 两人一组，按照盘点的要求及盘点操作规范进行初盘、复盘、抽盘。

3. 填写药品盘点表，见表5-1-1。

4. 盘点负责人收回盘点表，检查盘点表张数、签名有无遗漏，并加以汇总。

参考答案

一、任务实施

（一）工作准备

1. 模拟药房库区：要求各库区划分明确，标识货位号。

2. 模拟药品，见"盘点药品图"二维码。

3. 药品盘点表，见表5-1-1。

4. 药品库存表，见表5-1-2。

5. 盘点工具：红和蓝色圆珠笔、垫板、计算器。

盘点药品图

表 5-1-1　药品盘点表

年　　　月　　　日

货号	品名	规格	生产企业	所在仓库	批号	数量	复点	抽点	差异

初点：　　　　　　　　　　　复点：　　　　　　　　　　　抽点：

表 5-1-2　药品库存表

药品名称	规格	剂型	批准文号	生产企业	仓库名称	货位号	生产日期	批号	有效期至	单位	数量
盐酸布替萘芬乳膏	10g:0.1g	/	/	鲁南贝特制药有限公司	阴凉库整库	001	/	55（X-1）0903	/	支	1440
盐酸布替萘芬乳膏	10g:0.1g	/	/	鲁南贝特制药有限公司	阴凉库零库	001	/	55（X-1）0903	/	支	150
荆防颗粒	15g	/	/	山东新时代药业有限公司	常温库整库	002	/	278（X-1）10002	/	盒	720
小儿消积止咳颗粒	3g	/	/	鲁南厚普制药有限公司	阴凉库整库	002	/	20（X-1）08052	/	盒	1120
小儿消积止咳颗粒	3g	/	/	鲁南厚普制药有限公司	阴凉库零库	008	/	20（X-1）08052	/	盒	100
奥利司他胶囊	0.12g	/	/	山东新时代药业有限公司	阴凉库整库	003	/	085（X-1）1101	/	盒	300
奥利司他胶囊	0.12g	/	/	山东新时代药业有限公司	阴凉库零库	005	/	085（X-1）1101	/	盒	85
聚乙二醇化人粒细胞刺激因子注射液	1.0ml:3.0mg	/	/	山东新时代药业有限公司	冷库	001	/	022（X-1）11005	/	瓶	12

（二）操作过程

序号	步骤	操作方法与说明
1	选择适合的盘点方法	（1）定期盘点：每隔一定的时间对库存药品进行一次清点 （2）动碰货盘点：在规定的时限内，对发生过购进、销售、退货的药品进行核对，适用于短期、高频率的盘点 （3）对账式盘点：根据电脑系统内的账目逐一核对药品实物，适用于周期性、时间要求短的盘点 （4）地毯式盘点：根据货物的摆放位置逐一清点数量，再与电脑系统内的账目逐一核对，适用于需彻底清点数量、核对账目的盘点
2	盘点操作	盘点过程中，如果存在计算机系统中库存数量与实货有差异的情况，立即进行复查。若复查后，盘点数量确实与计算机系统库存数量有差异，需要填写报损单或报溢单，按照实货数量对计算机系统中的库存数量进行调整，做到账货相符

（三）注意事项

1.盘点时应顺便检查药品的有效期，过期、破损药品应立即取下，并做记录，统一收集以便处理。

2.盘点不同特性的药品时，应注意计量单位不同。

3.每一货架盘点后在合计与单位间的空白栏，从右上至左下画斜线，并在抽点栏签名，以表示确实核对。

4.要秉持严谨的工作态度，盘点表上的数字书写要注意正确性及清晰度，盘点时写错的数字，不能在盘点表上用涂改液等涂抹，可将原数据划掉，重新书写并在修改处签名确认。

（四）学习评价

药品库存盘点评价表

序号	评价内容	评价标准	分值（总分100）
1	工作态度	小组团结合作	10
2	盘点前	盘点人员到位	10
3	盘点作业	盘点顺序按区域逐架、逐排、从左到右、从上到下	20
		初点、复点，分别标记	20
4	盘点后	盘点单全部收回，填写盘点表	10
		检查盘点单签名	10
		检查盘点单上药品数量及单位	10
		进行盘点作业场面清理	10

二、相关知识

在库药品盘点

（一）盘点内容

企业应当定期对全部库存药品进行盘点，以确保实货和计算机系统记录的一致性。库存盘点的范围应包括：合格品库（区）、不合格品库（区）、退货库（区）的全部库存。盘点时应当全面核对药品的名称、生产企业、规格、批号、数量等信息，检查账货符合情况，发现不一致时，应及时查找原因并做相应处理。

（二）盘点方法

企业可根据实际情况制定盘点制度，对盘点方法、盘点频次、处理流程进行规定。常见的盘点方法有以下几种。

1.**定期盘点** 是指每隔一定的时间对库存药品进行一次清点。重点是账物核实，各企业规定时限有所不同，一般每季度对库存药品进行一次全面盘点。

2.**动碰货盘点** 在规定的时限内，对发生过购进、销售、退货的药品进行核对，优点是效率高、针对性强，缺点是不够全面。该方法适用于短期、高频率的盘点。

3.**对账式盘点** 根据电脑系统内的账目逐一核对药品实物，优点是操作性强、相对全面，缺点是出现账外药品则无法监控。该方法适用于周期性、时间要求短的盘点。

4.地毯式盘点　根据货物的摆放位置逐一清点数量，再与电脑系统内的账目逐一核对，优点是盘点完全，无遗漏，缺点是耗时长、人工成本高。该方法适用于需彻底清点数量、核对账目的盘点。

即学即练

任务5-2　药品报损/报溢处理

🏛 **任务情境** ··· ○

接续任务5-1：实物盘点结束，根据盘点表对库存盘点差异进行处理。

备注： X年Y月Z日为开展本实践项目活动的当年当月当日。

任务要求：

1.保管员填写药品报损/报溢报告单。

2.进行报损/报溢审批。

参考答案

一、任务实施

（一）工作准备

1.药品报损/报溢报告单，见表5-2-1。

2.药品盘点表见任务5-1中表5-1-1。

表5-2-1　药品报损/报溢报告单

填表人：　　　　填报日期：　　年　　月　　日　　　　NO：

序号	品名	规格	单位	单价	批号	盘点结果				原因
						盘亏		盘盈		
						数量	金额	数量	金额	

仓储部负责人：　　　　质量部负责人：　　　　企业负责人：

（二）操作过程

序号	步骤	操作方法与说明
1	填写报损/报溢单	保管员将账货不符的药品整理出来，根据不同情况进行处理： （1）填写报溢单：盘点实货数量多于库存账； （2）填写报损单：盘点实货数量少于库存账
2	审批	（1）报损/报溢单统一交由仓库主任审查，有质量问题的经质量负责人签字； （2）所有填写单据经业务经理审批后才可生效
3	确认库存信息	查看库存是否调整，与实货相符

（三）注意事项

1.药品报损/报溢结果只要在合理范围内应视为正常。

2.报损/报溢单经过审批后才会生效。

（四）学习评价

药品报损/报溢处理评价表

序号	评价内容	评价标准	分值（总分100）
1	报损/报溢单填写	表单填写规范	25
2		计算机结果准确	25
3		签字齐全	25
4	库存增减	库存增减准确	25

二、相关知识

报损/报溢处理

盘点完毕，实际盘点数量与账目库存数量不一致称为盘点差异。出现盘点差异，应当查明原因，并按制度对盘点差异进行处理。报损、报溢是差异调整的一种方式。

实际库存小于账目库存，需做报损处理；实际库存大于账目库存，需做报溢处理。报损/报溢时需填写报损/报溢单，列明报损、报溢产品明细表，注明报损、报溢原因。经库房、业务、质量管理、财务等部门批准后，在计算机系统里减、增库存。

即学即练

1+X 证书制度试点药品购销证书配套教材

医药行业职业技能培训教材

药品购销综合实践与训练

药品服务

（中级）

组织编写 第四批职业教育培训评价组织——上海医药(集团)有限公司1+X药品购销办公室

中国医药教育协会职业技术教育委员会

主　审 沈　敏

主　编 张　璨　张　君

副主编 张卫敏　谢淑玲　赵　璇

编　者（以姓氏笔画为序）

王　俊（重庆三峡医药高等专科学校）　　　　王志亮（枣庄科技职业学院）

王秀明（天津生物工程职业技术学院）　　　　年新颖（武汉职业技术学院）

朱丽婷（辽宁农业职业技术学院）　　　　　　朱洪亮（菏泽鸿泰医院）

刘　刚（江苏省连云港中医药高等职业技术学校）　刘群娣（广东江门中医药职业学院）

李　爽（国药控股国大药房沈阳连锁有限公司）　李　群（长春职业技术学院）

李卓恒（重庆医药高等专科学校）　　　　　　李鹏杰（四川卫生康复职业学院）

吴　迪（上海云豐信息技术研究中心）　　　　汪玉玲（滁州城市职业学院）

宋华园（泰山护理职业学院）　　　　　　　　张　君（湖南科技职业学院）

张　璨（天津生物工程职业技术学院）　　　　张卫敏（菏泽医学专科学校）

赵　璇（河北化工医药职业技术学院）　　　　崔立勋（黑龙江科技职业学校）

谢明伟（天津福芝林医药科技有限公司）　　　谢淑玲（辽宁农业职业技术学院）

雷艳青（湖南省第二人民医院）　　　　　　　谭　敏（常德职业技术学院）

戴　玲（湖南科技职业学院）　　　　　　　　魏　骏（上海华氏易美健大药房有限公司）

中国健康传媒集团

中国医药科技出版社

内 容 提 要

　　本教材为《药品购销综合实践与训练：中级》的"药品服务"分册，属于"1+X证书制度试点药品购销证书配套教材"。本教材由"常见病症的药品推介"与"慢病患者服务"两个项目构成，共26个紧密相连的工作任务，并配有情景仿真和即学即练内容，旨在通过理论与实践的紧密结合，全面提升学生的专业素养与服务水平。本教材同时配有数字化教学资源，使教材更加多样化、立体化。

　　本教材适用于1+X药品购销职业技能等级考核（中级）培训，也可作为职业院校医药类相关专业教学参考、医药行业职业技能培训教材及社会人员自学之用。

图书在版编目（CIP）数据

　　药品购销综合实践与训练. 中级. 药品服务 / 第四批职业教育培训评价组织——上海医药(集团)有限公司1+X药品购销办公室，中国医药教育协会职业技术教育委员会组织编写 ; 张璨，张君主编. -- 北京 : 中国医药科技出版社，2025.2. --（1+X证书制度试点药品购销证书配套教材）. -- ISBN 978-7-5214-5197-9

　　Ⅰ. F763

　　中国国家版本馆CIP数据核字第202588CC58号

美术编辑　陈君杞
版式设计　友全图文

出版　**中国健康传媒集团** | 中国医药科技出版社
地址　北京市海淀区文慧园北路甲22号
邮编　100082
电话　发行：010-62227427　邮购：010-62236938
网址　www.cmstp.com
规格　787 × 1092mm $\frac{1}{16}$
印张　15 $\frac{1}{4}$
字数　369千字
版次　2025年3月第1版
印次　2025年3月第1次印刷
印刷　北京印刷集团有限责任公司
经销　全国各地新华书店
书号　ISBN 978-7-5214-5197-9
定价　**48.00元**（全书3册）

版权所有　盗版必究
举报电话：010-62228771
本社图书如存在印装质量问题请与本社联系调换

获取新书信息、投稿、为图书纠错，请扫码联系我们。

1+X证书制度试点药品购销证书配套教材
丛书编委会

主　任　季　敏　蒋忠元

副主任　王冬丽　沈　敏

委　员　（以姓氏笔画为序）

丁　立	丁　静	王　莉	王志亮	王建成
龙跃洲	叶　真	丛淑芹	兰作平	曲壮凯
吕　洁	朱伟娜	朱照静	刘志娟	阳　欢
苏兰宜	李琼琼	李榆梅	杨树峰	杨晓波
吴　迪	张　晖	张一鸣	张轩平	张建宝
张炳烛	张健泓	陈　凯	虎松艳	罗少敏
罗国生	罗晓清	袁荣高	徐一新	韩忠培
程　敏	魏　骏			

专　家　吴阎云　徐建功　谢淑俊　潘　雪

出版说明

近年来，我国职业教育改革取得了巨大的进展与成就，尤其是《国家职业教育改革实施方案》《关于深化现代职业教育体系建设改革的意见》等指导性文件的出台，为职业教育的发展指明了道路与方向。

本丛书为"1+X证书制度试点药品购销证书配套教材"，由上海医药（集团）有限公司1+X药品购销办公室、中国医药教育协会职业技术教育委员会组织编写。上海医药（集团）有限公司被教育部授权为1+X证书制度试点第四批职业教育培训评价组织之一，承接药品购销职业技能等级证书试点项目的组织实施工作，旨在通过培训和考核，提升医药行业从业人员的专业技能和知识水平，以适应医药行业的发展需求。

本丛书的编写和出版旨在贯彻落实《关于在院校实施"学历证书＋若干职业技能等级证书"制度试点方案》等相关文件精神，更好地开展1+X药品购销职业技能等级证书制度试点工作。本丛书依据《1+X药品购销职业技能等级标准3.0》编写，分为初级、中级两个系列。初级包括药品服务（初级）、药品购销（初级）、药品储存与养护（初级）3个分册。中级包括药品服务（中级）、药品营销（中级）、药品储存与养护（中级）3个分册。各分册又依次分为若干项目、任务，并根据教学实际设置学习目标、任务情境、任务实施、相关知识、即学即练、技能训练等内容，条理清晰、内容丰富，能充分满足职业技能的学习需求。

本丛书适用于1+X药品购销职业技能等级考核（初级、中级）培训，可供职业院校医药类相关专业教学参考；也可作为医药行业职业技能培训教材，助力药品流通企业高效开展员工培训，提升员工职业素养；还可作为自学者医药职业技能系统化学习的路径参考。

　　随着医疗技术的不断进步和人们对健康需求的日益提高，药品服务在医疗体系中的地位和作用日益凸显。药品作为治疗疾病、保障健康的重要工具，其合理使用和科学管理对于提高医疗质量、保障患者安全具有重要意义。因此，培养具备扎实药学基础知识、熟练掌握药品服务技能的高素质药学人才，成为当前药学教育的核心任务。

　　本教材在内容设计上精心编排以紧密贴合《1+X药品购销职业技能等级标准3.0》，融入药品购销职业技能等级证书（中级）的考核精髓和药品服务岗位的核心技能。既涵盖了药品购销领域的基础知识，更着重强调了职业技能等级证书所必需的实践操作能力，实现了理论与实践的有机融合。全书划分为"常见病症的药品推介"与"慢病患者服务"两大核心项目，共计26个工作任务。深入剖析了呼吸系统、消化系统、心血管系统、内分泌系统、血液系统等多个领域的常见疾病，详尽阐述了其病因、危险因素、临床表现、诊断方法及治疗方案等。同时，教材以《国家基本药物目录》及临床常用药物为依据，对各类常用治疗药物的药理作用、临床应用、不良反应及用药指导等进行了全面剖析。通过这样系统而全面的学习路径，学生能够扎实掌握药品服务的精髓知识与技能，为顺利获取相关职业技能等级证书铺设坚实的基石。

　　本教材配有数字化教学资源，充分利用多媒体、超链接等先进技术，将文字、图片、视频等多种形式信息有机结合，使得教材内容更加生动、直观、易于理解。

　　本教材注重实践导向，邀请医药职业院校一线教师与企业人员共同编写，以确保教材内容与药学服务岗位工作紧密联系，选取真实案例，将药品服务知识分解为具体的任务，引导学生逐步完成，提高学习的针对性和实效性，帮助学生将理论知识应用于实践。本教材还结合当前药品服务领域的新进展和热点问题，为学生提供了最新、最全面的知识。

　　在本教材的编写过程中，编者们深入参考了最新诊疗指南、专家共识以及众多相关著作和教材，这些宝贵的资源为编写工作提供了坚实的支撑。本教材的编写工作得到了中国医药教育协会职业技术教育委员会、1+X药品购销办公室以及各院校领导的鼎力支持，在此表示诚挚的感谢！然而，编者们的学识水平及专业能力尚存局限，教材中难免存在不足之处。在此，诚挚邀请广大师生在阅读使用过程中不吝赐教，提出宝贵的建议与批评，以便进一步完善教材内容，提升教材质量，更好地服务于教学与学习需求。

编　者
2024年10月

目录
CONTENTS

项目一
常见病症的药品推介

学习目标

1.能与患者进行有效的沟通，根据患者病情资料，准确判断出病症。

2.能根据病症需要，为患者推荐安全、适宜、有效的治疗药物。

3.能根据病症需要，为患者推荐中成药。

4.能向患者介绍治疗药物的作用、特点等。

5.能根据病症特点和患者情况，提供用药指导和健康指导。

6.在药品推介工作中，始终坚守安全用药的职业准则，培养高尚的药学职业道德和情操。

任务1-1　普通感冒的药品推介

任务情境

假如你是某某连锁药房的一名药学服务人员。

某日，你接待一名患者，女性，19岁，某大学二年级学生，因鼻塞、打喷嚏、流稀鼻涕2天，前来药店购买药品。患者自述两天前曾洗冷水澡，转天即出现鼻部不适。经问询，患者除上述症状外，伴有轻微咳嗽、咯稀痰症状，自测体温37.5℃，无周身疼痛。既往身体健康，也无用药过敏史。

任务要求：

1.请与患者进行有效沟通，根据病情信息，对患者所患病症做出判断，并说出判断的依据。

2.请结合疾病症状从药品货架上取出适用的化学药品2个，中成药1个。

3.请为患者准确介绍推荐药物的作用特点，说明推荐理由。

4.请指导患者正确使用推荐的3个药品，并为患者提供健康指导。

情景仿真

一、任务实施

（一）工作准备

1.物品/信息准备：请准备酚麻美敏片、复方氨酚烷胺片、氨麻美敏片（Ⅱ）、维生素C泡腾片、布洛芬缓释胶囊、风寒感冒颗粒、双黄连口服液、杏苏止咳口服液等药品，要求真实药盒并含有说明书，说明书内容完整，药盒无破损。

2.环境和人员准备，见表1-1-1。

3.常见病症的药品推介工作任务单，见表1-1-2。

表1-1-1　环境和人员准备情况一览表

序号	环境和人员	备注
1	药店环境	以真实药店环境为模拟场景，整洁安静
2	药店工作人员	穿戴整齐，应符合药店工作人员的服装要求
3	患者	穿戴整齐，体态、动作、语言符合情境描述

表1-1-2　常见病症的药品推介工作任务单

项目	工作内容
病情沟通	（1）基本情况；（2）主要症状；（3）持续时间；（4）发病原因；（5）症状详情；（6）伴随症状；（7）诊治经过；（8）既往病史；（9）过敏史
病症判断	
推荐药物	
药物用药交代	
用药问题解答	

（二）操作过程

序号	步骤	技能操作与说明
1	病情沟通	与患者进行有效沟通，提炼患者病情信息，包括患者基本情况、主要症状、伴随症状、持续时间、发病原因、就医史、用药史、疾病史、过敏史等
2	病症判断	根据病情信息，进行疾病评估，准确判断患者可能患有的病症；并说明理由
3	为患者推荐化学药品	根据病症防治需要，推荐主要治疗药品和联合用药/医疗器械各1个，并介绍推荐药物的作用、用途和特点等
4	准确进行用药交代	依据药品说明书向患者详细解释如下内容：（1）药物的用法、用量、频次等，确保患者理解并正确操作；（2）用药期间可能出现的不良反应，并告知应对措施；（3）药物的保存方法，避免药物变质失效。同时，结合患者自身情况，进行生活和运动等健康指导
5	为患者推荐中成药	根据病症防治需要，推荐中成药1个
6	填写药品推介工作任务单	根据常见病症药品推介的要求，完成表格的填写

（三）学习评价

常见病症的药品推介评价表

序号	评价内容	评价标准	分值（总分100）
1	病情沟通	能做到耐心、细致、全面地与患者进行有效沟通，准确收集患者患病信息	10
2	病症判断	能根据患者病情信息准确判断患者所患病症，并说明理由	10

序号	评价内容	评价标准	分值（总分100）
3	药品推介	能根据患者病症需要推荐适合的化学药品	20
4		能准确介绍所推荐化学药品的名称、类别、作用、用途	20
5		能根据患者病症需要推荐适合的中成药，能准确介绍所推荐药品的作用	10
6	用药指导	能对患者进行推介的化学药品的用法用量、主要不良反应及注意事项等用药指导	20
7	职业素养	仪表、着装符合要求；语速适中，表达清晰，语言流畅；讲解科学，通俗易懂，沟通顺畅。操作后将药品摆放整齐，清扫场地，保持实训场所干净、整洁	10

二、相关知识

（一）疾病概述

普通感冒是最常见的上呼吸道感染性疾病，由多种病原体感染所致，其中以鼻病毒最为常见。其起病较急，早期主要以鼻部卡他症状为主，可有喷嚏、鼻塞、流清水样鼻涕等，也可有咽部不适或咽干，咽痒或烧灼感。2~3天后变为稠涕，可有咽痛或声嘶，也可出现流泪、味觉迟钝、呼吸不畅、咳嗽、少量咯痰等症状。一般无发热及全身症状，或仅有低热。严重者除发热外，可感乏力不适、畏寒、四肢酸痛和头痛及食欲不振等全身症状。

普通感冒主要依据典型的临床症状诊断，并在排除其他疾病的前提下确诊。感冒为自限性疾病，临床常以对症治疗为主，无并发症的普通感冒一般5~7天后可痊愈。

（二）药物治疗

普通感冒发病急促，症状复杂多样，单一用药不能缓解所有症状，一般多使用复方制剂。临床常用药品有酚麻美敏片、复方盐酸伪麻黄碱缓释胶囊、复方氨酚烷胺片等，分类如下。

（1）解热镇痛药　对乙酰氨基酚为最常用的药物，通过抑制前列腺素的合成，发挥解热镇痛作用。适用于感冒后有微热或流感后出现高热并伴有明显头痛、关节痛、肌肉酸痛或全身酸痛的患者。服用期间不良反应较轻，使用剂量过大可能造成肝损伤甚至肝坏死。

（2）减充血药　伪麻黄碱是最常用的药物，能选择性收缩上呼吸道血管，改善症状。适用于感冒初始阶段出现的卡他症状，如鼻腔黏膜血管充血、喷嚏、流涕、流泪等。伪麻黄碱有较轻的兴奋作用，伴有心脏病、高血压、前列腺增生、青光眼的患者应慎用。

（3）抗组胺药　第一代抗组胺药+伪麻黄碱是缓解鼻部卡他症状的首选，有效缓解喷嚏、流涕等症状。常用的第一代抗组胺药，有氯苯那敏和苯海拉明。因其中枢作用强、选择性差，易引起明显的镇静和抗胆碱作用，因此服药后不宜驾车、从事高空作业，或操作精密仪器等。

（4）镇咳药　常选用非依赖性镇咳药右美沙芬，用于伴有咳嗽的无痰或少痰患者。

（5）中枢兴奋药　常用咖啡因，可增强解热镇痛药的作用，还可对抗嗜睡的不良反应。

（6）中医药治疗　感冒在中医理论中分为风热感冒和风寒感冒，其中风寒感冒是人体感受了风寒邪气，肺气失宣所引起的。其病因通常是劳累，再吹上冷风或者受凉。风寒感冒患者会出现一些典型的表现，如怕冷、轻微发热、无汗、头痛、身痛、鼻塞、流清鼻涕、口不渴、不愿意喝水等。

风寒感冒治疗应以辛温解表的中药为主，常用的中成药有风寒感冒颗粒、感冒冲剂、小柴胡饮、通宣理肺丸等。

三、技能训练

情景1：患者，男性，56岁，公司职员，因近日天气变化受凉，出现鼻塞、流鼻涕、打喷嚏、轻微咳嗽等症状2天，今日出现头痛、畏寒的情况，在家自测体温37.5℃，故来到药店购买感冒药物。经询问，患者每天开车上下班，有5年的高血压病史，无药物过敏史。

情景2：患者，女性，35岁，教师，因头痛、畏寒前来买药，自述3天前出现鼻塞、流清涕、打喷嚏等症状，今天自感病情加重，还伴有头痛、咳嗽、畏寒等现象。经检查，体温38.1℃。经询问，患者每天坐班车上下班，自觉症状较轻未曾就医，无其他疾病，无药物过敏史。

任务要求：

1.请与患者进行有效沟通，结合疾病症状从药品货架上取出适用的化学药品2个，中成药1个。

2.请为患者准确介绍推荐药物的作用特点，说明推荐理由，并提供健康指导。

即学即练

任务1-2　流行性感冒的药品推介

🏛 **任务情境** ⋯⋯⋯⋯⋯⋯⋯⋯⋯⋯⋯⋯⋯⋯⋯⋯⋯⋯⋯⋯⋯⋯⋯○

假如你是某某连锁药房的一名药学服务人员。

冬季某日，你接待一名患者，女性，20岁，大学生。患者昨日出现咽痛、流涕、乏力，伴鼻塞、肌肉疼痛、头痛、发热，最高体温38.5℃，无呕吐、腹泻、腹痛、呼吸困难等不适。患者精神欠佳，饮食欠佳，睡眠可，大小便正常，近期体重无明显变化。既往健康，无特殊疾病史。无家族遗传史。近期班级有甲型流行性感冒同学。否认食物药物过敏，平时运动少。

任务要求：

1.请与患者进行有效沟通，根据病情资料，对患者所患病症做出初步判断，并说出判断的依据。

2.若该患者听从你的就医建议，在医院查血常规，未见明显异常，咽拭子甲型流感病毒抗原检测呈阳性。医生诊断为甲型流感，并开具药物磷酸奥司他韦胶囊。该患者再次来到药店购药、咨询。请根据任务情境，为患者调配药物，并提供用药指导。

3.请结合疾病症状从药品货架上取出适用的关联推介的化学药品1个，中成药1个。

4.请为患者准确介绍关联推介药物的作用特点，说明推荐理由。

5.请为患者提供健康指导。

情景仿真

一、任务实施

（一）工作准备

1. 物品/信息准备：请准备磷酸奥司他韦胶囊、扎那米韦吸入粉雾剂、盐酸阿比多尔片、右美沙芬愈创甘油醚糖浆、布洛芬缓释胶囊、连花清瘟胶囊、银黄口服液、九味羌活丸等药品，要求药盒真实并含有说明书，说明书内容完整，药盒无破损。

2. 环境和人员准备，见任务1-1中表1-1-1。

3. 常见病症的药品推介工作任务单见任务1-1中表1-1-2。

（二）操作过程

流行性感冒的药品推介操作过程同任务1-1中操作过程。

（三）学习评价

评价表见任务1-1中常见病症的药品推介评价表。

二、相关知识

（一）疾病概述

流行性感冒（以下简称流感）是由流感病毒引起的一种急性呼吸道传染病，甲型和乙型流感病毒每年呈季节性流行。流感主要以发热、头痛、肌痛和全身不适起病，体温可达39～40℃，可有畏寒、寒战，多伴全身肌肉关节酸痛、乏力、食欲减退等全身症状，常有咽喉痛、干咳，可有鼻塞、流涕、胸骨后不适、面潮红、眼结膜充血等。流感多为自限性，但是对于老年人、年幼儿童、孕产妇、肥胖者和有慢性基础疾病者等高危人群，可发生重症流感，少数病例进展快，导致急性呼吸窘迫综合征、急性坏死性脑病或多器官功能不全综合征等，病情严重者甚至死亡。无并发症者病程则呈自限性，多于发病3～5天后发热逐渐消退，全身症状好转，但咳嗽改善、体力恢复常需较长时间。

流感主要结合流行病学史、临床表现和病原学检查进行诊断。在流感流行季节，即使临床表现不典型，特别是存在重症流感高危因素或住院的患者，仍需考虑流感可能，应行病原学检测。在流感散发季节，对疑似病毒性肺炎的住院患者，除检测常见呼吸道病原体外，还需行流感病毒检测。

（二）药物治疗

流感一旦诊断，尽早治疗，重视对重症及危重症患者的病情评估。中西医并重，充分发挥中医药特色优势，辨证论治。

（1）对症治疗　轻症流感可对症治疗。对乙酰氨基酚等非甾体抗炎药（NSAIDs）对流感相关的发热和疼痛有缓解作用，可以短期应用。咳嗽、咳痰严重者给予止咳祛痰药物。对于>18岁的患者，若流感相关的急性咳嗽无法耐受，建议选用中药制剂或右美沙芬镇咳。根据缺氧程度采用适当的方式进行氧疗。

（2）抗病毒治疗　重症或有重症流感高危因素的流感样病例，应当尽早给予经验性抗流感病毒治疗。发病48小时内进行抗病毒治疗可减少并发症、降低病死率、缩短住院时间；发病时间超过48小时的重症患者依然可从抗病毒治疗中获益。非重症且无重症流感高危因素的患者，应当充分评价风险和收益，考虑是否给予抗病毒治疗。我国目前上市的药物有神经氨酸酶抑制剂、血凝素抑制剂、RNA聚合酶抑制剂三种，对目前流行的甲型和乙型流感病毒均具有较高的敏感性，且安全性良好。但现有的临床研究数据不支持将三类抗流感病毒药物联合给药或者使用双倍剂量来治疗季节性流感患者。

目前国内已上市的神经氨酸酶抑制剂有奥司他韦、扎那米韦和帕拉米韦氯化钠注射液，对甲型H1N1、甲型H3N2和乙型流感有较高的敏感度，对H5N1和H7N9禽流感有抑制作用。血凝素抑制剂主要为阿比多尔。阿比多尔对甲型流感病毒具有抑制作用。RNA聚合酶抑制剂有玛巴洛沙韦和法维拉韦。

（3）中医药治疗　抗流感病毒的中药或中成药具有多靶点、耐药性低和退热效果佳等特点，根据临床表现辨证论治，在缓解流感症状、减轻重症和缩短住院时间等方面具有一定优势。中医学认为，流感属外感类疾病，其发热为外感发热，以六经辨证或卫气营血辨证治疗。中医治疗流感分轻症、重症和恢复期辨证治疗。中医药可以单独使用，也可与西药联合使用。

（4）预防　接种流感疫苗是预防流感最有效的手段，可降低接种者罹患流感和发生严重并发症的风险。推荐60岁及以上老年人、6月龄至5岁儿童、孕妇、6月龄以下儿童家庭成员和看护人员、慢性病患者和医务人员等重点人群，每年优先接种流感疫苗。药物预防不能代替疫苗接种。建议重症流感高危因素人群的密切接触者（且未接种疫苗或接种疫苗后尚未获得免疫力）在暴露后使用奥司他韦或扎那米韦等预防，建议不要迟于暴露后48小时用药。

保持良好的个人卫生习惯是预防流感等呼吸道传染病的重要手段，主要措施包括勤洗手，保持环境清洁和通风，在流感流行季节尽量减少到人群密集场所的活动，避免接触呼吸道感染患者；保持良好的呼吸道卫生习惯，咳嗽或打喷嚏时，用上臂或纸巾、毛巾等遮住口鼻，咳嗽或打喷嚏后洗手，尽量避免触摸眼睛、鼻或口；出现流感样症状应当注意休息及自我隔离，前往公共场所或就医过程中需戴口罩。

三、技能训练

情景1：患者，女性，9岁，小学生，因昨晚开始发热，体温39℃，伴鼻塞、咳嗽、头痛、头晕、恶心、口苦、纳食减少、口干喜热饮，无咽痒、咽痛等症状，故家长来药店购买感冒药物。经询问，班上多位同学感冒发热，无药物过敏史。

情景2：患者，男性，65岁，因关节疼痛、头痛、咽痛、发烧、咳嗽前来买药，自述3天前感冒，头痛伴关节痛，继而发热。经检查，体温38.3℃；当地流感流行，经询问，患者已服连花清瘟胶囊，无效。患者血压偏高，无药物过敏史。

任务要求：

1.请与患者进行有效沟通，结合病情信息给出患者就医建议；并根据设计情景，为患者调配适用的化学药品2个，中成药1个。

2.请为患者准确介绍推荐药物的作用特点，说明推荐理由，并提供健康指导。

即学即练

任务1-3　咳嗽的药品推介

🏛 **任务情境**

假如你是某某连锁药房的一名药学服务人员。

某日，你接待一名患者，男性，25岁，2天前淋雨受凉后出现流涕、咽痛、咳嗽、咳痰等症状，无恶心、呕吐，无胸闷、气短等情况，无发热，今日咳嗽、咳痰症状加重，自行前来药店购买药品。经问询，患者既往身体健康，也无用药过敏史。

任务要求：

1.请与患者进行有效沟通，根据病情资料，对患者所患病症做出正确判断，并说出判断的依据。

2.请结合病症从药品货架上取出适用的两种化学药品和一种中成药。

3.请为患者准确介绍推荐药品的作用及特点，并说明推荐理由。

4.请对推荐的药品进行用药交代，并为患者提供健康指导。

情景仿真

一、任务实施

（一）工作准备

1. 物品/信息准备：请准备盐酸右美沙芬口服液、氨麻美敏片、盐酸氨溴索口服溶液、喷托维林片、咳速停糖浆、蜜炼川贝枇杷膏、杏苏止咳口服液、双黄连口服液等药品，要求药盒真实并含有说明书，说明书内容完整，药盒无破损。

2.环境和人员准备，见任务1-1中表1-1-1。

3.常见病症的药品推介工作任务单见任务1-1中表1-1-2。

（二）操作过程

咳嗽的药品推介操作过程同任务1-1中操作过程。

（三）学习评价

评价表见任务1-1中常见病症的药品推介评价表。

二、相关知识

（一）疾病概述

咳嗽是一种反射性防御动作，也是一种保护性的呼吸反射，机体通过咳嗽可以清除呼吸道分泌物及气道内异物。通常情况下，轻度的、不频繁的咳嗽，只要能将呼吸道分泌物或异物排出，就可以自然缓解，不需要应用镇咳药。但对于有痰且过于频繁的剧烈性咳嗽，或无痰而剧烈性的干咳，或呼吸道内有感染的患者，应适当使用镇咳药，以缓解患者的咳嗽症状，减轻患者的痛苦，防止并发症的发生。

咳嗽的病因有感染因素、物理因素、化学因素等多个方面。咳嗽通常是呼吸系统疾病所伴发的症状。咳嗽伴随症状不同，疾病类型一般也不同。如咳嗽伴发热，通常为急性上、下呼吸道感染，肺炎，肺结核，胸膜炎等；咳嗽伴胸痛，通常为肺炎、胸膜炎、支气管肺癌、肺梗死和自发性气胸；咳嗽伴呼吸困难，通常为喉水肿、喉肿瘤、支气管哮喘、慢性阻塞性肺疾病、气胸、肺水肿及气管或支气管异物等。

（二）药物治疗

镇咳药仅对症治疗，应注重对因治疗。咳嗽常用的非处方药有中枢性镇咳药、末梢性镇咳药及复方制剂。其中中枢性镇咳药有右美沙芬、喷托维林，末梢性镇咳药有苯丙哌林，复方制剂有复方甘草合剂、盐酸氨溴索、喷托维林氯化铵糖浆、复方贝母氯化铵、复方氨酚沙芬糖浆及桔梗麻黄碱糖浆等。

（1）右美沙芬　通过抑制延髓咳嗽中枢而发挥中枢性镇咳作用。其镇咳强度与可待因相等或略强，无镇痛作用，治疗剂量不抑制呼吸。因右美沙芬的有效时间较长，能缓解夜间咳嗽症状，保证睡眠质量，因此为夜间咳嗽首选。右美沙芬可导致嗜睡，驾车、高空作业或操作机器者应慎用，妊娠期妇女、严重高血压者、有精神疾病史者禁用。

（2）喷托维林　选择性地直接作用于咳嗽中枢，阻断咳嗽反射，并对痉挛的支气管平滑肌有松弛作用。为非成瘾性中枢镇咳药，用于上呼吸道感染引起的无痰干咳和百日咳等。镇咳强度为可待因的1/3，适用于干咳无痰的患者。其常见的不良反应包括便秘、头痛、口干、恶心及腹泻等。青光眼、心功能不全、肺淤血者、妊娠期妇女及哺乳期妇女慎用，5岁以下的小儿不宜应用。

（3）苯丙哌林　起效迅速的非麻醉性镇咳药，是剧烈咳嗽者、刺激性干咳或阵咳患者的首选。苯丙哌林有麻醉作用，会使口腔产生麻木感觉，须整片吞服，不可嚼碎服用。

（4）氨溴索　本品属于黏液溶解剂，能增加呼吸道黏膜浆液腺的分泌、减少黏液腺分泌，可减少黏液的滞留，因而显著促进排痰、改善患者呼吸状况。用于缓解咳嗽、痰黏不易咳出的症状。

（5）感冒引起的咳嗽　常选用含有能缓解感冒症状成分的复方制剂，如右美沙芬复方制剂，也可选用双酚伪麻、美息伪麻、酚麻美敏、美酚伪麻、伪麻美沙芬等复方制剂。

（6）中医药治疗　咳嗽的中医病因有外感和内伤，外感咳嗽又分为风寒袭肺证、风热犯肺证和风燥伤肺证等。中医药治疗咳嗽需要根据病因来选择药物，比如风寒引起的咳嗽可以选择驱寒养肺的杏苏止咳口服液、风寒止咳颗粒等；风热引起的咳嗽则可以选择润肺止咳的蜜炼川贝枇杷膏、桑杏汤；感冒及慢性支气管炎引起的咳嗽可以选择咳速停糖浆等；咳嗽含痰的患者则可以选择清金止嗽化痰丸等止咳化痰药；肝火过旺导致的咳嗽可以选择加减泻白散等顺气降火的药物。

三、技能训练

情景1：患者，男性，26岁，4天前受凉后出现咳嗽、咳痰，阵发性发作，伴咽痒、气急，咳引胸痛、胸闷，咳痰黏白夹黄，肢体酸痛。经询问，患者为高空作业者，无药物过敏史。

情景2：患者，男性，58岁，5天前无明显诱因发热，体温最高达38.4℃，以午后发热为主，伴阵发性咳嗽，咳白色黏痰，量少。经询问，患者有10年高血压病史，长期服用硝苯地平缓释片，血压控制良好，无药物过敏史。

任务要求：

1.请与患者进行有效沟通，结合疾病症状从药品货架上取出适用的化学药品2个，中成药1个。

2.请为患者准确介绍推荐药物的作用特点，说明推荐理由，并提供健康指导。

即学即练

任务1-4 发热的药品推介

🏛 **任务情境**

假如你是某某连锁药房的一名药学服务人员。

某日，你接待一名顾客，为其女儿购买退烧药。患儿3岁，体重约13公斤，近两日出现困乏、食欲不振等症状，并无其他不适表现，家长自行测量患儿体温，达38.7℃。经询问，因近日气温骤降，家长未及时给其增加衣物，导致该儿童受凉。患儿无传染疾病接触史，无药物过敏史。

任务要求：

1.请与患者进行有效沟通，根据病情资料，对患者所患病症做出正确判断，并说出判断的依据。

2.请结合病症从药品货架上取出适用的两种化学药品和一种中成药。

3.请为患者准确介绍推荐药品的作用及特点，并说明推荐理由。

4.请对推荐的药品进行用药交代，并为患者提供健康指导。

情景仿真

一、任务实施

（一）工作准备

1.物品/信息准备：请准备对乙酰氨基酚片、布洛芬混悬液、阿司匹林泡腾片、小儿氨酚烷胺颗粒、小儿氨酚黄那敏颗粒、小儿柴桂退热颗粒、双黄连颗粒、医用退热贴等药品，要求药盒真实并含有药品说明书，说明书内容完整，药盒无破损。

2.环境和人员准备，见任务1-1中表1-1-1。

3.常见病症的药品推介工作任务单见任务1-1中表1-1-2。

（二）操作过程

发热的药品推介操作过程同任务1-1中操作过程。

（三）学习评价

评价表见任务1-1中常见病症的药品推介评价表。

二、相关知识

（一）疾病概述

发热是指机体在致热原作用下或各种原因引起体温调节中枢的功能改变时，体温升高超过正常范围。当腋下温度超过37.0℃、口腔温度超过37.3℃、直肠温度超过37.6℃，或1天内体温波动超过1.2℃时即为发热。以口腔温度为标准，37.3～38℃为低热，38.1～39℃为中度发热，39.1～41℃为高热，41℃以上为超高热。

引起发热的常见原因有细菌、病毒、真菌、寄生虫等引起的感染性疾病；风湿热、肿瘤等非感染性炎症性疾病；严重颅脑创伤、脑炎、脑出血等导致体温调节中枢的病变；癫痫持续状态或剧烈运动后，机体产热过多；严重的皮肤疾病导致散热减少；药物过敏；女性在月经期或排卵期出现低热等。在社区药店前来购买退热药物的患者，如发热同时伴有头痛、肌肉或关节疼痛、咽痛、咳嗽、流涕、乏力等症状，很可能是自限性的上呼吸道感染，这是临床最常见的发热情况。

发热是机体的一种防御性反应，但高热或持续低热可引起中枢神经系统功能紊乱，出现头痛、失眠、谵妄、惊厥和昏迷，严重可危及生命，应及时使用解热药。

（二）药物治疗

发热基本上为对症治疗，可服用退热药物将体温降至正常。常用于退热的药物有对乙酰氨基酚和布洛芬，原则上单药治疗，如果一种药物不起效则换用另外一种，不建议合用或交替使用。解热镇痛药用于退热一般不超过3天，如症状未缓解应及时就医，不得自行长期服用。

（1）对乙酰氨基酚 对中枢神经系统前列腺素合成的抑制作用比对外周前列腺素合成的抑制作用强，解热作用强，镇痛作用较弱，但作用缓和而持久，对胃肠道刺激小。正常剂量下较为安全有效，是首选的退热药，但须注意超量使用可造成肝脏不可逆性损伤。

（2）布洛芬 通过抑制前列腺素的合成，发挥解热镇痛及抗炎作用。用于普通感冒或流行性感冒引起的发热，也用于缓解轻至中度疼痛，如头痛、偏头痛、关节痛、牙痛、肌肉痛、神经痛、痛经等，也可治疗风湿及类风湿关节炎。口服吸收完全，服药后1～2小时血药浓度达峰值。胃肠道反应轻。

三、技能训练

情景1：患者，男性，48岁，自觉困乏，食欲不振，咽痛，腋下温度38.2℃，经询问近日刚从外地出差回来。平时无其他疾病，无药物过敏史。

情景2：患者，女性，11岁，身体困倦，头痛，鼻塞、流清涕，打喷嚏，腋下温度38℃，经询问因近日高温，室内空调温度较低。因孩子正在上学，希望尽快痊愈，家长自行前来药房购买药物。

任务要求：

1.请与患者进行有效沟通，结合疾病症状从药品货架上取出适用的化学药品2个，中成药1个。

2.请为患者准确介绍推荐药物的作用特点，说明推荐理由，并提供健康指导。

即学即练

任务1-5　口腔溃疡的药品推介

🏛 任务情境

假如你是某某连锁药房的一名药学服务人员。

某日，你接待一名患者，女性，29岁，自述半月前发现一处口腔溃疡，疼痛，影响进食，一周后愈合，现又在舌缘部位新发两处圆形溃疡，疼痛难忍。经询问，患者近期工作压力大，作息不规律，自述无其他疾病史，无药物过敏史。

任务要求：

1.请与患者进行有效沟通，根据病情资料，对患者所患病症做出正确判断，并说出判断的依据。

2.请结合病症从药品货架上取出适用的两种化学药品和一种中成药。

3.请为患者准确介绍推荐药品的作用及特点，并说明推荐理由。

4.请对推荐的药品进行用药交代，并为患者提供健康指导。

一、任务实施

（一）工作准备

1.物品/信息准备：请准备0.5%甲硝唑含漱液、西地碘含片、地塞米松粘贴片、复方甘菊利多卡因凝胶、醋酸泼尼松片、牛黄解毒片、桂林西瓜霜散剂、维生素C泡腾片等药品，要求药盒真实并含有药品说明书，说明书内容完整，药盒无破损。

2.环境和人员准备，见任务1-1中表1-1-1。

3.常见病症的药品推介工作任务单见任务1-1中表1-1-2。

（二）操作过程

口腔溃疡的药品推介操作过程同任务1-1中操作过程。

（三）学习评价

评价表见任务1-1中常见病症的药品推介评价表。

二、相关知识

（一）疾病概述

口腔溃疡又称复发性口疮，是慢性口腔黏膜小溃疡，深浅不一，呈圆形或椭圆形损伤，多发生在唇、颊黏膜、舌缘、齿龈等处，常单个出现，也有数个溃疡连成一片。溃疡表浅、边缘整齐，外观呈灰黄色或灰白色，上覆盖黄白色渗出膜，周围黏膜充血、水肿而有红晕，局部呈烧灼样痛，进餐时加重，可影响进食、说话。严重者溃疡直径达 1 ~ 3cm，深及黏膜下层甚至肌肉。

口腔溃疡可以分为复发性溃疡、创伤性溃疡和病变伴发的口腔溃疡三种。复发性口腔溃疡按溃疡的大小、数目又分为轻型、重型和疱疹型。创伤性溃疡是指由机械、物理、化学等局部刺激因素所致的口腔黏膜溃疡性疾病。中医将口腔溃疡按照病因不同分为心脾积热型和脾肾阳虚型。心脾积热型口疮溃疡灼痛明显，常因过食煎、炒、辛辣食物或寐少而发，伴有热证，即临床可见口渴心烦、失眠、小便短赤、大便秘结；溃疡表面有黄白色假膜，周边红肿；舌红，苔黄或腻，脉数有力。脾肾阳虚型口疮疼痛较轻，久难愈合，伴有虚证，即临床可见倦怠乏力，面色白，腰膝或少腹以下冷痛，小便清；溃疡表面色白或暗，周边淡红或不红；舌淡苔白，脉沉迟。

口腔溃疡具有自愈性，病程 7 ~ 10 天，严重者可接连不断产生。口腔溃疡病因复杂，可能与机体免疫功能紊乱、遗传因素、精神因素、胃肠功能紊乱、缺乏维生素或微量元素等相关。

（二）药物治疗

治疗口腔溃疡时应对因与对症治疗相结合，用药同时改变生活方式，注意口腔卫生，提高治疗效果。一般治疗包括多吃蔬菜和水果，适量补充水分，保持口腔湿润，保证充足的睡眠，避免过度疲劳；同时加强体育锻炼，增强自身的免疫力。可使用药物治疗缓解症状，一般多为局部用药和全身用药，常用药物如下。

（1）局部用药　多为一些外用制剂，通常是抗菌药、激素制剂、镇痛类药物以及中药散剂。甲硝唑含漱液和西地碘含片为抗菌消炎类药物，对于口腔当中存在的有害菌具有良好的杀灭作用。

地塞米松粘贴片为局部用激素制剂，抗炎作用强，能减轻炎症，促进溃疡愈合，用于非感染性口腔黏膜溃疡的治疗。频繁应用可引起局部组织萎缩，加重口腔细菌感染，甚至引起口腔真菌感染。

复方甘菊利多卡因凝胶有局部麻醉和镇痛作用，将其涂于溃疡面，仅限在疼痛难忍时使用，以防成瘾。西瓜霜为临床常见的中药散剂，具有清热泻火、消肿止痛的功效，临床常将其吹敷于患处，促进创面愈合。

（2）全身用药　多为内服药物，通常为维生素类、糖皮质激素类药物和中成药。

维生素可维持正常的代谢功能，促进病损愈合。临床上主要使用复合维生素 B 和维生素 C，临床使用时应配合其他药物共同发挥治疗作用。口服糖皮质激素药醋酸泼尼松片可用于长期反复发作的口腔溃疡，但较大剂量易引起糖尿病、消化道溃疡和类库欣综合征，对下丘脑-垂体-肾上腺轴抑制作用较强，并发感染为主要的不良反应。中成药如牛黄解毒片用于心脾积热型的口疮，四神丸用于脾肾阳虚型的口疮，中成药可配合西瓜霜等外用散剂进行共同治疗。

（3）中医药治疗　中医将口腔溃疡称为口疮，口疮在中医理论中需根据病因的不同选择不同性味的药物。心脾积热型口疮由热症引起，多用寒凉的药物进行治疗，如桂林西瓜霜散剂为临床常见的局部用中药散剂，具有清热泻火、消肿止痛的功效，临床常将其吹敷于患处，促进创面愈合。此外，常用于治疗心脾积热型口疮的还有牛黄解毒片等内服药物。脾肾阳虚型口疮由体内脾阳、肾阳不足引起，多用温热补益的药物进行治疗，如四神丸具有温肾健脾的功效，临床常用其治疗脾肾阳虚型口疮。此外，一些内服中成药还可配合桂林西瓜霜等外用散剂进行共同治疗。

轻型口腔溃疡一般以局部用药为主，同时适当调节生活习惯。复发性口腔溃疡主要以局部消炎、缓解口腔疼痛、促进溃疡愈合为原则，全身治疗以延长间歇期。长期或反复发作的口腔溃疡，需要同时进行局部治疗和全身治疗。

三、技能训练

情景1： 患者，女性，43岁，口腔反复溃疡7年，近5天溃疡复发，舌侧缘溃疡灼痛明显，影响说话、进食，口内唾液黏稠。诊断为复发性口腔溃疡。

情景2： 患者，男性，30岁，舌尖出现溃疡，溃疡边缘红肿。经询问，近日多食烧烤、煎、炸食品，舌尖溃疡疼痛，口渴，舌红，舌苔黄腻，且有便秘。诊断为口腔溃疡。

任务要求：

1.请与患者进行有效沟通，结合疾病症状从药品货架上取出适用的化学药品2个，中成药1个。

2.请为患者准确介绍推荐药物的作用特点，说明推荐理由，并提供健康指导。

即学即练

任务1-6　消化不良的药品推介

🏛 **任务情境**

假如你是某某连锁药房的一名药学服务人员。

某日，你接待一名患者，男性，26岁，公司职员，胃痛胃胀不能吃东西，自行前来药店购买药品。患者自述两天前端午节晚饭聚会吃过麻辣火锅，且吃得非常饱，第二天一早又吃了从冰箱里拿出的2个冷粽子，当天就觉得胃痛胃胀，中午和晚上都不想吃饭，只喝点清粥，到第三天仍没有缓解。经问询，患者除上述症状外，还伴有打嗝、反酸的症状；无腹泻，无黑便。既往身体健康，也无用药过敏史。

任务要求：

1.请与患者进行有效沟通，根据病情资料，对患者所患病症做出正确判断，并说出判断的依据。

2.请结合病症从药品货架上取出适用的两种化学药品和一种中成药。

情景仿真

3.请为患者准确介绍推荐药品的作用及特点，并说明推荐理由。

4.请对推荐的药品进行用药交代，并为患者提供健康指导。

一、任务实施

（一）工作准备

1.物品/信息准备：请准备乳酶生片、胃蛋白酶片、乳酸菌素片、枯草杆菌二联活菌颗粒、多潘立酮片、气滞胃痛颗粒、胃康灵胶囊、舒肝和胃丸等药品，要求药盒真实并含有药品说明书，说明书内容完整，药盒无破损。

2.环境和人员准备，见任务1-1中表1-1-1。

3.常见病症的药品推介工作任务单见任务1-1中表1-1-2。

（二）操作过程

消化不良的药品推介操作过程同任务1-1中操作过程。

（三）学习评价

评价表见任务1-1中常见病症的药品推介评价表。

二、相关知识

（一）疾病概述

消化不良表现为上腹部不适、疼痛和上腹胀，常在餐后加重，并伴有早饱、食欲不振、恶心或呕吐等。按照病因划分，消化不良可分为器质性消化不良和功能性消化不良。前者经有关检查能显示相关病因，如消化性溃疡、糜烂性胃炎、食管炎及消化系统恶性肿瘤等。后者主要是由胃和十二指肠功能紊乱引起，无器质性病变，胃镜检查无明显异常，表现为餐后易饱胀、中上腹痛等症状，并可反复、间断发作，不易彻底治愈。本项目的消化不良主要指功能性消化不良。

（二）药物治疗

治疗消化不良的药物主要有三类，一类是由多种消化酶组成的制剂，能促进食物的分解消化，主要用于消化不良和食欲缺乏，本类药物宜用新制产品，并应于暗处储存，密封防潮；一类是活菌制剂，能调节肠道内菌群平衡；还有一类是促进胃肠动力药，能增强并协调胃肠节律性运动。常见药物如下。

（1）乳酶生 该药为乳酸肠球菌的干燥制剂，在肠内分解糖类生成乳酸，抑制乳酸菌的生长繁殖，并防止肠内蛋白质发酵，减少产气，因而有促进消化和止泻作用。用于肠内异常发酵引起的消化不良、腹胀及小儿消化不良性腹泻。不宜与抗酸药、抑菌药合用，送服水温低于40℃。该药未见明显的不良反应。注意贮存条件，不应置于高温处。

（2）胃蛋白酶 该药来自猪、牛、羊等的胃粘膜，能通过分解蛋白质，用于胃蛋白酶缺乏症及过食引起的消化不良。该药未见明显的不良反应，遇碱失效，常与稀盐酸合用。

（3）乳酸菌 该药为乳酸菌素，主要在肠道内形成保护层，阻止病原菌、病毒的侵袭；能刺激肠道分泌抗体，提高肠道免疫力；选择性杀死肠道致病菌，保护促进有益菌的生长；调节肠粘膜电解质、水分平衡；促进胃液分泌，增加消化功能。临床用于肠内异常发酵、消化不良、肠炎和小儿腹泻的治疗。对乳酸菌素、乳糖、半乳糖及乳制品过敏者禁用。铋剂、鞣酸、药用炭等会吸附该药，不宜合用。

（4）枯草杆菌二联活菌　该药含有两种活菌屎肠球菌和枯草杆菌，是健康人肠道中的正常菌群。该药可直接补充正常生理活菌，抑制肠道内有害细菌过度繁殖，调整肠道菌群。临床上可用于消化不良，食欲不振，营养不良，肠道菌群紊乱引起的腹泻、便秘、腹胀、肠道内异常发酵、肠炎，使用抗生素引起的肠粘膜损伤等症。对该药过敏体质者慎用。本品与抗菌药同服疗效会减弱，应分开服用。铋剂、鞣酸、药用炭等会吸附该药，不宜合用。

（5）多潘立酮　该药能选择性阻断外周多巴胺受体，对胃肠选择性高，能增强食管蠕动和食管下部括约肌的张力，防止胃-食管反流；促进胃及肠道上部蠕动，加强胃肠推动作用，防止十二指肠-胃反流；具有胃肠触动和高效止吐作用。主要用于胃排空缓慢导致的功能性消化不良、反流性食管炎、慢性萎缩性胃炎、胆汁反流性胃炎和胃轻瘫。不良反应少见短暂的腹痛、腹泻、口干、皮疹、头痛、乏力等。可升高血清催乳素水平，停药后可恢复正常。不宜与抗胆碱药合用，否则药效降低。

（6）中医药治疗　从中医药理论上看，饮食积滞证多因饮食不节，暴饮暴食，食积不化所致；或因胃气虚弱，稍有饮食不慎，即停滞难化而成。症见脘腹胀满疼痛，拒按，厌食，嗳腐吞酸，呕吐酸馊食物，吐后胀痛得减或腹痛，肠鸣，矢气臭如败卵，泄下不爽，大便酸腐臭秽，舌苔厚腻，脉滑或沉实。消食方药所治病症包括功能性消化不良、胃肠炎、消化性溃疡等，也用于血脂异常及相关疾病的治疗。服药期间饮食宜清淡，忌酒及辛辣、生冷、油腻食物。忌愤怒、忧郁，保持心情舒畅。中药治疗消化不良的药理作用主要包括增加消化功能和促进胃肠运动。常见药物如下。

1）气滞胃疼颗粒　该药为理气剂，具有疏肝理气，和胃止痛之功效。用于肝郁气滞，胸痞胀满，胃脘疼痛。糖尿病患者及高血压、心脏病、肝病、肾病等慢性病严重者应在医师指导下服用。孕妇慎用，儿童、哺乳期妇女、年老体弱者应在医师指导下服用。

2）胃康灵胶囊　该药具有柔肝和胃，散瘀、缓急止痛的作用。用于肝胃不和、瘀血阻络所致的胃脘疼痛、连及两胁、嗳气、泛酸，慢性胃炎见上述证候者。较常见的症状有口干，便秘，出汗减少，口、鼻、咽喉及皮肤干燥，视力模糊，排尿困难（老人）。哺乳期妇女、前列腺肥大者、青光眼患者禁用。

3）舒肝和胃丸　该药具有舒肝解郁、和胃止痛的功效。用于治疗肝胃不和、两胁胀满、胃脘疼痛、食欲不振、呃逆呕吐、大便失调等。肝胃郁火所致胃痛、胁痛者慎用，妊娠期、哺乳期、月经期妇女慎用。

三、技能训练

情景1：患者，女性，26岁，公司职员，称近日胃有饱闷感、没有胃口、不想吃饭，仔细询问得知她曾连续两晚因朋友聚会在自助餐厅吃得过饱，再加上最近工作繁忙劳累，熬夜，休息较差，导致消化不良。患者自觉症状较轻未曾就医，也未服药，无其他疾病，无药物过敏史。

情景2：患者，男性，35岁，出租车司机，称近2个月以来每次饭后总是接连不断地打嗝，感觉胃里有东西塞着，到了饭点也不想吃饭。最近一周情况加重，喝水都觉得饱得厉害。平时自己有吃山楂膏，但效果不好，故自行前来药房购买帮助消化药物。患者自述无其他疾病，无药物过敏史。

任务要求：

1.请与患者进行有效沟通，结合疾病症状从药品货架上取出适用的化学药品2个，中成药1个。

2.请为患者准确介绍推荐药物的作用特点，说明推荐理由，并提供健康指导。

即学即练

任务1-7 腹泻的药品推介

🏛 任务情境

假如你是某某连锁药房的一名药学服务人员。

某日，你接待一名外省患者，男性，13岁，身高150cm，体重50kg。暑假随家人房车旅行到本地，昨日凌晨开始出现腹泻，一天内排便4~5次，粪便稀薄，伴腹部疼痛、恶心，体温36.8℃。经询问，患者否认药物及其他物质过敏史，目前未用药。

任务要求：

1.请与患者进行有效沟通，根据病情资料，对患者所患病症做出正确判断，并说出判断的依据。

2.请结合病症从药品货架上取出适用的两种化学药品和一种中成药。

3.请为患者准确介绍推荐药品的作用及特点，并说明推荐理由。

4.请对推荐的药品进行用药交代，并为患者提供健康指导。

情景仿真

一、任务实施

（一）工作准备

1.物品/信息准备：请准备蒙脱石散、乳酶生片、盐酸小檗碱、胃蛋白酶、多潘立酮、枯草杆菌二联活菌颗粒、小儿速泻停颗粒、醒脾养儿颗粒等药品，要求药盒真实并含有药品说明书，说明书内容完整，药盒无破损。

2.环境和人员准备，见任务1-1中表1-1-1。

3.常见病症的药品推介工作任务单见任务1-1中表1-1-2。

（二）操作过程

腹泻的药品推介操作过程同任务1-1中操作过程。

（三）学习评价

评价表见任务1-1中常见病症的药品推介评价表。

二、相关知识

（一）疾病概述

腹泻是指排便次数增多（＞3次／天），粪便量增加（＞200g/d），粪质稀薄，水分增加（含水量＞85%），大便可伴有黏液、脓血或未消化的食物。患者还可伴有或不伴有腹痛、腹胀、呕吐、发热、消瘦等其他症状，临床可根据大便性状改变作出腹泻诊断，如呈稀水便、糊状便、黏液脓血便和大便次数增多。

腹泻按病程分急性和慢性两类。急性腹泻发病急，见于肠道感染（如沙门菌属、轮状病毒、阿米巴等）、食物中毒、出血性坏死性肠炎、急性局限性肠炎、肠型紫癜等，病程在2~3周内，极少超过8周。根据致病因子不同，急性腹泻又可分为痢疾样腹泻或水泻，痢疾样腹泻可有黏膜破坏，排出脓血便，并伴腹痛，里急后重；水泻不含红细胞、脓细胞，不伴腹痛和里急后重。慢性腹泻起病缓慢，见于阿米巴痢疾、肠结核、血吸虫病、胃肠道肿瘤等，病程常超过8周。

可根据粪便性状、发病季节、发病年龄以及流行情况判断病因。各种腹泻在粪便性状上的表现也不尽相同：如粪便呈稀薄水样且量多，为小肠性腹泻；脓血便或黏液便见于菌痢；暗红色果酱样便见于阿米巴痢疾；血水样便或洗肉水样便见于嗜盐菌性食物中毒和急性出血坏死性肠炎；黄水样便见于沙门菌属或金黄色葡萄球菌性食物中毒；米泔水样便见于霍乱或副霍乱；脂肪泻和白陶土色便见于肠道阻塞或吸收不良综合征；黄绿色混有奶瓣便见于婴儿消化不良；而激惹性腹泻多为水便并伴有粪便颗粒，下泻急促，同时腹部有肠鸣音、腹痛剧烈。从发病季节上每年有2个发病季节高峰，一个高峰为6~8月，主要病原为致泻性大肠埃希菌和痢疾杆菌；另一高峰为10~12月，主要病原为轮状病毒。

腹泻是全球5岁以下儿童感染性疾病死亡第二大病因，儿童急性腹泻通常由胃肠道病毒和细菌感染所致，但无论何种病因所致的急性腹泻，评估患儿有无脱水和电解质紊乱，及时进行补液治疗至关重要，脱水程度的分析与评估见表1-7-1。

表1-7-1 腹泻病患儿在不同脱水程度时的表现

脱水表现	轻度	中度	重度
丢失体液占体重比例（%）	3~5	5~10	＞10
精神状态	稍差	烦躁、易激惹	萎靡、昏迷
皮肤弹性	尚可	差	极差，捏起皮肤恢复≥2s
口唇	稍干、口渴	干燥	明显干燥
前囟、眼窝	稍凹陷	凹陷	明显凹陷
肢端温度	正常	稍凉	四肢厥冷
尿量	稍少	明显减少	无尿
脉搏	正常	增快	明显增快
血压	正常	正常或稍降	降低或休克

（二）药物治疗

临床通过抑制结肠蠕动或减轻肠黏膜刺激，收敛和保护肠黏膜免受刺激，或调节肠道菌群平衡，达到减少排便次数而止泻的目的。儿童腹泻推荐使用低渗口服补液盐（ORS）并进行补锌治疗。

（1）蒙脱石散　双八面体蒙脱石具有层纹状结构及非均匀性电荷分布特性，口服后不被胃肠道所吸收，不进入血液循环，是目前应用较广泛的止泻药。蒙脱石散治疗腹泻机制包括两方面，一方面可吸附肠道内的病毒、细菌及其产生的毒素，将其固定在肠腔表面，而后药物连同其所固定的攻击因子随着消化道自身的蠕动而排出体外；另一方面，蒙脱石对消化道黏膜有覆盖作用，提高黏膜屏障对攻击因子的防御功能，可降低结肠的过分敏感性，恢复胃肠道正常蠕动节律，维护肠道上皮组织的吸收和分泌功能。

常见的用法用量：1岁以下婴儿，每日3g；1~2岁幼儿，每日3~6g；2岁以上，每日6~9g，均分三次服用。成人一次3g，一日3次。治疗急性腹泻时首剂应加倍。食管炎患者宜餐后服用，其他患者餐前服用。蒙脱石可能影响其他药物的吸收，必须合用时应在服用蒙脱石前1小时服用其他药物。

（2）微生态制剂　微生态制剂可以调节肠道的正常菌群，减少致病性菌群的过度生长，国家卫健委批准应用于人体的微生态制剂包括枯草芽孢杆菌、地衣芽孢杆菌、嗜酸乳酸杆菌、保加利亚乳酸杆菌、短双歧杆菌、粪肠球菌、布拉氏酵母菌等，一般来说，多菌株制剂优于单菌株制剂。补充微生态制剂治疗过程中，应注重发挥优势菌株的作用，改善肠道厌氧环境，调控失衡的微生态环境，增加菌群的多样性。临床常见制剂包括枯草杆菌二联活菌颗粒、双歧杆菌乳杆菌三联活菌片、地衣芽孢杆菌活菌胶囊等。微生态制剂需冷藏保存，温开水或温牛奶冲服，尽量避免与抗菌药物同服，必须同服时需间隔3小时以上。此外，胃黏膜保护剂、鞣酸、药用炭能吸附活菌，应分开服用。

治疗腹泻的其他常用药物如表1-7-2所示。

表1-7-2　治疗腹泻的其他常用药物一览表

类别	药名/规格	OTC	用法用量	不良反应
收敛吸附剂	药用炭片（0.3g）	否	成人一次3~10片，一日3次	恶心、长期服用可出现便秘
	鞣酸蛋白片（0.3g）	是	空腹服用，一日3次。1~3岁，每次1片；4~6岁，每次2片；7~9岁，每次3片；成人每次3~6片	过量服用可引起便秘
阿片衍生物	复方地芬诺酯片（每片含地芬诺酯2.5mg，阿托品0.025mg）	否	成人：每次1~2片，每日2~3次，首剂加倍，饭后服。腹泻控制后可减量。小儿：每次1片；8~12岁，每日4次；6~8岁，每日3次；2~5岁，每日2次	不良反应少见，偶见口干、恶心、呕吐、头痛、嗜睡，减量或停药后消失
	盐酸洛哌丁胺胶囊（2mg）	否	起始剂量，成人2粒，儿童1粒，以后每次便不成形后服用1粒，每日最大剂量不超过8粒	便秘、恶心、胃肠胀气等胃肠道反应，头晕、头痛

类别	药名/规格	OTC	用法用量	不良反应
口服补液	口服补液盐（Ⅰ）（14.75g）	是	一袋溶解于500ml温开水中，每日3000ml，直至腹泻停止	溶解浓度过高易导致恶心、刺激感等胃肠道反应
	口服补液盐（Ⅱ）（13.95g）	是	一袋溶解于1000ml温开水中，每日3000ml，直至腹泻停止	溶解浓度过高易导致恶心、刺激感等胃肠道反应
	口服补液盐（Ⅲ）（5.125g）	否	一袋溶解于250ml温开水中，按体重给药，50ml/kg，4小时内服完	水过多易导致轻度恶心呕吐
抗感染药	复方磺胺甲噁唑片（每片含磺胺甲噁唑0.2g+甲氧苄啶40mg）	否	成人一次2粒，每12小时1次；40kg以下儿童，一次磺胺甲噁唑20～30mg/kg及甲氧苄啶4～6mg，每12小时1次	常见恶心、呕吐等胃肠道反应，一般较轻微，警惕黄疸、结晶尿和过敏反应
	诺氟沙星胶囊（0.1g）	否	一次3～4粒，一日2次，疗程5～7日	常见胃肠道反应表现为腹部不适或疼痛、腹泻、恶心或呕吐
解痉药	匹维溴铵片（50mg）	否	每次1片，每日3次，进餐时用水整片吞服，不要在卧位时或临睡前服用	常见胃肠道紊乱和皮肤反应，一般可耐受。应严格规范用药，警惕食管病变
	马来酸曲美布汀片（0.1g）	否	每次1～2片，一日3次	警惕肝功能损伤，发现黄疸等异常时立即停药
其他	消旋卡多曲颗粒（10mg）	否	每次1.5mg/kg，每日3次，每天不超过6mg，连续服用≤7天	偶见嗜睡、皮疹、便秘、恶心和腹痛
	盐酸小檗碱片（0.1g）	是	一日3次；1～3岁，每次0.5片；4～6岁，每次1片；7～9岁，每次1.5片；10～12岁，每次2片；成人每次3片	偶有恶心、呕吐、皮疹和药物热，停药后消失

三、技能训练

情景1：患儿，男性，6岁，体重20kg，身高115cm。1天前出现不明原因腹泻，每天约十余次，为黄色稀水便，蛋花汤样，无黏液及脓血，无特殊臭味，食欲差。查体：体温37.6℃，心率114次/分，呼吸32次/分，眼窝凹陷，皮肤弹性差。经问询，患儿无其他疾病、无药物过敏史。

情景2：患者，女性，26岁，2天前进食不洁食物后出现腹泻，约每日6次，为稀便，无脓血，并伴有阵发性腹部不适和恶心，自服颠茄片对症治疗，未见好转。查体：体温38.5℃。患者自述无疾病史、无药物过敏史。

任务要求：

1.请与患者进行有效沟通，结合疾病症状从药品货架上取出适用的化学药品2个，中成药1个。

2.请为患者准确介绍推荐药物的作用特点，说明推荐理由，并提供健康指导。

即学即练

任务1-8 便秘的药品推介

🏛 任务情境

假如你是某某连锁药房的一名药学服务人员。

某日，你接待一名患者，女性，36岁，外企职员。近年来基本2天、有时甚至3天排便1次，大便干结，如羊粪，排便量少，每次排便困难，排便后有不尽感。患者自述近期工作压力大，精神比较紧张，便秘更严重了，总感觉腹胀，于是前来药店购买药品。经问询，患者平时不爱吃蔬菜，爱吃辣，运动较少。既往身体健康，无用药过敏史。

任务要求：

1.请与患者进行有效沟通，根据病情资料，对患者所患病症做出正确判断，并说出判断的依据。

2.请结合病症从药品货架上取出适用的两种化学药品和一种中成药。

3.请为患者准确介绍推荐药品的作用及特点，并说明推荐理由。

4.请对推荐的药品进行用药交代，并为患者提供健康指导。

一、任务实施

（一）工作准备

1.物品/信息准备：请准备聚乙二醇4000散、乳果糖口服溶液、比沙可啶肠溶片、琥珀酸普芦卡必利片、开塞露、双歧杆菌三联活菌胶囊、麻仁润肠丸、苁蓉通便口服液等药品，要求药盒真实并含有药品说明书，说明书内容完整，药盒无破损。

2.环境和人员准备，见任务1-1中表1-1-1。

3.常见病症的药品推介工作任务单见任务1-1中表1-1-2。

（二）操作过程

便秘的药品推介操作过程同任务1-1中操作过程。

（三）学习评价

评价表见任务1-1中常见病症的药品推介评价表。

二、相关知识

（一）疾病概述

便秘是一种（组）临床症状，表现为排便困难费力，粪便干结，甚至需手法辅助排便，排便次数减少（每周排便少于3次），肛门直肠堵塞感，排便量少或排便后仍有粪便未排尽感等。有些患者可同时出现下腹胀痛或绞痛、食欲减退、疲乏无力、头晕、烦躁、焦虑、失眠等症状。部分患者可在小腹左侧（即下腹乙状结肠部位）摸到包块。

发生便秘的常见诱因有不良的饮食习惯，包括摄入低纤维素食物，水分不足；生活节奏过快、工作压力大、抑郁和焦虑等精神心理因素；缺乏锻炼；生活不规律和不规律的排便习惯等。文化程度低者、低体重指数者、女性、人口密集区生活者等更容易出现便秘。

器质性疾病、功能性疾病及药物等是诱发便秘的主要病因。引起便秘的器质性疾病主要包括内分泌和代谢性疾病、神经源性疾病、结肠原发疾病，如结肠癌等。功能性疾病所致便秘主要由于结肠、直肠肛门的神经平滑肌功能失调所致，包括功能性便秘、功能性排便障碍和便秘型肠易激综合征 IBS-C 等。使用抗胆碱药、阿片类药、钙拮抗剂、抗抑郁药、抗组胺药、解痉药、抗惊厥药等药物也容易诱发药物性便秘。

便秘的诊断主要取决于症状，凡有排便困难、每周排便次数少于3次，同时伴有粪便干结、量少者，可诊断为便秘。病程超过6个月即为慢性便秘。便秘可单独存在，也可以是其他疾病的并发症。当便秘患者出现便血、贫血、消瘦、发热、腹痛持续加剧等报警征象或有肿瘤家族史时应进一步检查。

（二）药物治疗

便秘是一种症状，可由多种疾病引起，因此缓解便秘关键在于积极治疗原发病。切勿长期依赖缓泻药物，一般使用不超过7天。临床用药以缓解症状、恢复正常肠道动力和排便的生理功能为主，并强调个体化综合治疗。基础治疗包括合理膳食、多饮水，增加膳食纤维摄入，适当地活动和锻炼，建立良好的排便习惯。便秘经过4～8周的基础治疗无效，可酌情选用药物治疗，常用治疗药物如下。

（1）渗透性泻药　渗透性泻药通过吸附水分或在肠道内形成高渗透压，增加肠内容物的容积，刺激肠蠕动，使粪便变得松软、易于排出。代表药物有乳果糖、硫酸镁等。

硫酸镁导泻起效快，作用强，适用于急性便秘，宜在清晨空腹服用，并大量饮水，以加速导泻和防止脱水，过量应用可引起电解质紊乱。乳果糖用于慢性或习惯性便秘，除具有渗透性作用，还可以调节肠道菌群的平衡。用药后可引起腹胀、腹痛，长期大剂量服用导致腹泻，患者可能出现电解质紊乱，需减量。乳果糖对糖尿病患者慎用，对乳酸血症患者禁用。

（2）接触性（刺激性）泻药　刺激性泻药作用于肠神经系统，增强肠道动力和刺激肠道分泌，代表药物有比沙可啶、酚酞、蒽醌类药物（番泻叶、大黄、芦荟）等。

本类药物通便起效快，但长期应用可引起不可逆的肠肌间神经丛损害，长期服用蒽醌类药物致结肠黑变病，因此建议短期、间断服用。酚酞会引起尿液变色，动物实验中发现可能有致癌作用，已被撤出市场。急慢性或习惯性便秘可选用比沙可啶肠溶片，须整片吞服，不得压碎或嚼碎，服药前后2小时不得喝牛奶或服用抗酸药。偶可引起明显的腹部绞痛，停药后即消失。

（3）润滑性泻药　本类药物作用温和、安全，局部润滑并刺激肠壁，软化粪便，代表药物有甘油、液状石蜡、开塞露等。甘油栓直肠给药，可用于低张力性便秘，年老体弱者适宜。使用时注意导管开口应光滑，以免擦伤肛门或直肠。

（4）膨胀性泻药　药物在肠内吸收水分后膨胀形成胶体，使肠内容物变软，体积变大，反射性增加肠蠕动使粪便易于排出。代表药物有聚乙二醇4000、羧甲基纤维素。

聚乙二醇不被肠道吸收代谢，不良反应少；大剂量用药可能会出现腹泻，少数有腹胀、腹痛、恶心等不良反应，停药24～28小时即可消失，随后可减少剂量继续治疗。

其他常用治疗便秘药物如表1-8-1所示。

表1-8-1　其他常用治疗便秘药物一览表

制剂名称	规格	适应证	用法用量	不良反应
琥珀酸普芦卡必利片	1mg（以普芦卡必利计）	治疗成年女性患者通过轻泻剂难以充分缓解的慢性便秘症状	口服，餐前餐后均可。成人每日1次，每次2mg；老年患者（>65岁）起始剂量为每日1次，每次1mg，有需要，可增加至每日1次，每次2mg；不建议儿童及小于18岁的青少年使用本品	治疗初期可见头痛、腹泻、腹痛、恶心，通常在继续用药数日后可消失
双歧杆菌三联活菌胶囊	0.21g	肠道菌群失调引起的急、慢性腹泻，便秘，也可用于治疗消化不良、腹胀	口服，成人一次2~4粒，一日2次	尚不明确
枯草杆菌二联活菌颗粒	1g	儿童用药，用于肠道菌群紊乱引起的腹泻、便秘、腹胀、肠道内异常发酵等	用低于40℃的水或牛奶冲服，也可直接服用。二周岁以下一次一袋，一日1~2次；二周岁以上一次1~2袋，一日1~2次	极罕见有便秘次数增加
利那洛肽胶囊	290μg	主要用于成人便秘型肠易激综合征，难治性便秘的治疗	成人推荐每日1粒，至少首餐前30分钟服用	腹泻、腹痛、腹胀、胃肠胀气、病毒性肠炎、头痛头晕等

（5）中医药治疗　便秘从中医角度来讲主要分为实证与虚证，实证多以火毒蕴结为主，可使用一些清热解毒类药物进行治疗；虚证多以气血亏虚为主，可使用一些补中益气类药物进行治疗。

治疗便秘的中成药种类繁多，每种药物都有其特定的适应证和功效。如麻仁润肠丸，具有清热润肠通便的作用，主要适合于肠胃积热型便秘患者，常见症状包括大便秘结、胸腹胀满、小便短赤、口苦等。

苁蓉通便口服液，可补肾滋阴润肠通便。适用于肾精亏虚型便秘患者，常见症状包括大便干结、面色萎黄、腰膝酸软、口干咽燥等。需要注意的是，虽然中成药在治疗便秘方面有一定的疗效，但便秘的原因多种多样，患者在选用药物时应根据自身症状和体质，最好在医生的指导下进行。

三、技能训练

情景1：患者，男性，45岁，便秘3年，3年来大便干结，如羊粪，排便量少，次数减少，每周1~2次，颜色正常，肛门出血。患者平时工作繁忙，晚上睡觉比较晚、饮食不规律，喝水少，不喜欢吃蔬菜和水果，喜欢吃烧烤。经询问，患者平时运动较少，无其他基础疾病，无药物过敏史。

情景2：患者，男性，68岁，大学退休教师，经常熬夜写书，生活方式以静坐为主，常常由于高度集中注意力而不能及时如厕，食量少且较为精细，平均每周大便1次，粪便干硬难以排出，曾在排便时有心绞痛发作病史。

任务要求：

1.请与患者进行有效沟通，结合疾病症状从药品货架上取出适用的化学药品2个，中成药1个。

2.请为患者准确介绍推荐药物的作用特点，说明推荐理由，并提供健康指导。

即学即练

任务1-9　缺铁性贫血的药品推介

🏛 **任务情境** ....○

假如你是某某连锁药房的一名药学服务人员。

一日，你接待一名患者，女性，35岁。近1个月出现头晕、心悸、乏力等症状。查体：体温36.3℃，脉搏82次/分，呼吸18次/分，血压105/70mmHg，自述平日经常感到疲倦，看上去脸色苍白，毛发无光泽，指端苍白。近期体检报告显示：Hb 50g/L，RBC 2.5×10^{12}/L，WBC 9.8×10^9/L，PLT 130×10^9/L，红细胞呈小细胞低色素。既往身体健康，无用药史、无药物过敏史。

任务要求：

1.请与患者进行有效沟通，根据病情诊断及资料，对患者所患病症做出正确判断，并说出判断的依据。

2.请结合病症从药品货架上取出适用的两种化学药品和一种中成药。

3.请为患者准确介绍推荐药品的作用及特点，并说明推荐理由。

4.请对推荐的药品进行用药交代，并为患者提供健康指导。

一、任务实施

（一）工作准备

1.物品/信息准备：请准备多糖铁复合物胶囊、维生素C咀嚼片、叶酸片、复方阿胶浆、健脾生血颗粒、维生素B_{12}片、气血和胶囊、维生素E胶丸等药品，要求药盒真实并含有药品说明书，说明书内容完整，药盒无破损。

2.环境和人员准备，见任务1-1中表1-1-1。

3.常见病症的药品推介工作任务单见任务1-1中表1-1-2。

（二）操作过程

缺铁性贫血的药品推介操作过程同任务1-1中操作过程。

（三）学习评价

评价表见任务1-1中常见病症的药品推介评价表。

二、相关知识

（一）疾病概述

当单位容积的外周血液中，红细胞计数、血红蛋白量或红细胞压积低于正常值称为贫血。正常人血液中的红细胞数，男性为（4.0～5.5）×10^{12}/L，女性为（3.5～5.0）×10^{12}/L；正常人血液中血红蛋白的浓度，男性为120～160g/L，女性为110～150g/L。贫血是一种症状，多种因素可以导致贫血，可归纳为三个方面：一是造血的原料不足；二是人体的造血机能降低（即骨髓的造血机能降低）；三是红细胞受过多的破坏或损失。贫血可分为多种类型，如缺铁性贫血、巨幼细胞性贫血、再生障碍性贫血、溶血性贫血等。其中缺铁性贫血是最常见的类型，缺铁性贫血是指体内可用来制造血红蛋白的铁储存不足造成红细胞生成障碍所致的贫血，特点是骨髓、肝、脾及其他组织中缺乏可染色铁，血清铁蛋白浓度降低，血清铁浓度和血清转铁蛋白饱和度亦降低，表现为小细胞低色素性贫血。缺铁性贫血常见于育龄妇女、婴幼儿、儿童及老年人。

（二）药物治疗

对因治疗是缺铁性贫血最基本和重要的治疗原则，首先要查明引起贫血的病因；其次对于中、重度贫血，需要补铁治疗，补足机体贮存的铁量。急性重度贫血需要输血治疗，一袋红细胞悬液（2个单位）能补充铁500mg，使血红蛋白上升10g/L。

（1）口服铁剂　口服铁剂是治疗缺铁性贫血的首选方法，应根据血红蛋白水平，选择补铁治疗剂量。治疗的目的不仅要纠正缺铁性贫血，还应补足已经耗竭的贮存铁量。临床常用口服铁剂如表1-9-1所示。口服铁剂的常见不良反应有恶心、呕吐、胃部不适、黑便等胃肠道反应，严重可致患者难以耐受而被迫停药。

口服铁剂治疗有效的表现：先是外周血网织红细胞增多，高峰在开始服药后5～10天；2周后血红蛋白浓度上升，监测血红蛋白上升15g/L为治疗有效的标准，一般2个月左右恢复正常。铁剂治疗应在血红蛋白恢复正常后至少再持续4～6个月，待贮存铁指标正常后方可停药。

临床常用的口服铁剂见表1-9-1。

表1-9-1　临床常用的口服铁剂

制剂名称	规格	用法用量	特点
多糖铁复合物胶囊	150mg	成人每日一次，每次口服1～2粒；儿童需在医生的指导下使用	含铁量较高，对于治疗孕、产妇缺铁性贫血的优越性尤为突出
硫酸亚铁片	0.3g	成人预防量0.3g，一日1次；儿童一日3次，每次50~100mg	口服铁剂中的标准制剂，是一种无机化合物的铁剂，胃肠道反应明显，主要有恶心、腹痛或便秘、黑便等
乳酸亚铁片	0.2g	成人一次0.2g，一日3次	饭后服用，吸收率高
葡萄糖酸亚铁片	0.1g	成人一次0.4~0.6g，一日3次；儿童一次0.1g，一日3次	作用温和，起效快，铁利用度高，不良反应较轻
富马酸亚铁混悬液	10ml	成人一次20ml，一日2~4次	含铁量高，起效快，可见胃肠道不良反应

制剂名称	规格	用法用量	特点
琥珀酸亚铁片	0.1g	预防：成人一日1片，孕妇一日2片，儿童一日0.5片。治疗：成人一日2~4片，儿童一日1~3片，分次服用	含铁量高，吸收平稳，有蛋白膜保护，对胃黏膜的刺激小，不良反应少见
复方锌铁钙颗粒	5g	成人，一次1包，一日3次；1~10岁儿童，一次1包，一日2次；6~12个月儿童，一日1包；6个月以下儿童，一日0.5包	适用于锌、铁、钙缺乏引起的各种疾病

（2）静脉注射铁剂　静脉注射铁剂有右旋糖酐铁、蔗糖铁等，适于胃肠道反应重或经胃肠不能吸收，需要快速补铁的情况，一般用于贫血比较严重的患者。有两种给药方式，一种是大剂量给药，每次给药至少500mg，快速补充体内铁的缺乏；另一种是长期小剂量给药，每次给予铁剂100mg，疗程需在10周以上，以增强机体对促红细胞生成素治疗的反应，多见于血液透析患者。

静脉注射铁剂的主要不良反应是过敏，严重的过敏反应可危及生命。首次用药前先给予试验剂量，用0.5ml试验剂量进行深部肌内注射，肾上腺素备用，做好预防过敏反应的应急措施，观察至少1小时，若无过敏反应，再给予足量治疗。注意不要在皮肤暴露部位注射，避免药液溢出引起皮肤染色。

静脉注射铁剂还可产生局部疼痛、局部淋巴结肿痛，可引起低血压、心动过速、荨麻疹和皮肤发黑、色素沉着等不良反应。严重肝、肾功能不全的患者禁用。

（3）维生素类药物　缺铁性贫血一般需要补充维生素C，服用维生素C有助于铁剂的吸收和转化，增强贫血治疗效果。在饮食上还可多吃青菜、青椒、花菜、橘子、橙子等富含维生素C的蔬菜和水果。

（4）中药治疗　复方阿胶浆，补气养血，用于气血两虚，头晕目眩，心悸失眠，食欲不振及贫血。口服，一次20ml，一日3次。

健脾生血颗粒，健脾和胃，养血安神，用于小儿脾胃虚弱及心脾两虚型缺铁性贫血、成人气血两虚型缺铁性贫血。饭后用开水冲服，1岁以内一次2.5g；1~3岁一次5g；3~5岁一次7.5g；5~12岁一次10g；成人一次15g；一日3次或遵医嘱，四周为一疗程。

气血和胶囊，疏肝理气，活血止痛，用于妇女月经过少、经期后错，行经不畅，经色黯红有血块，小腹或少腹疼痛，经前乳房胀痛，或伴有黄褐斑等面部色素沉着。口服，一次4粒，一日3次。

三、技能训练

情景1：患者，女性，22岁，8个月前因父亲去世，心情抑郁而食欲差，饭量减少，挑食，很少吃蔬菜及肉类，随后面色苍黄并逐渐加重，伴疲乏、多汗、不爱活动，无头晕、头痛，无发热、咳嗽、恶心、呕吐、腹痛，无皮肤黏膜出血。曾在当地医院检查，提示血红蛋白低，口服葡萄糖酸亚铁等，症状好转后停药。1个月前上述症状又出现并逐渐加重。发病以来精神差，二便正常，无药物过敏史。今自行到药店购药。

情景2：患儿，1岁，出生后胃肠一直不好，长期腹泻，体弱，脸色苍白，哭闹都有气无力，家长怀疑其贫血，带去就诊，查血常规结果为血红蛋白（Hb）50g/L，红细胞计数（RBC）2×10^{12}/L，诊断为营养型缺铁性贫血，无其他疾病，无药物过敏史。

任务要求：

1.请与患者进行有效沟通，结合疾病症状从药品货架上取出适用的化学药品2个，中成药1个。

2.请为患者准确介绍推荐药物的作用特点，说明推荐理由，并提供健康指导。

即学即练

任务1-10 痛经的药品推介

🏛 任务情境

假如你是某某连锁药房的一名药学服务人员。

某日，你接待一名患者，女性，19岁，两天前出现腰部酸痛、乳房胀痛现象，今日月经来潮，自感小腹痉挛性疼痛、坠胀，继而出现面色苍白、周身乏力、恶心、头晕等症状。经询问，患者处于经期，月经量少，经血色黑有血块，无其他疾病史，无药物过敏史。

任务要求：

1.请与患者进行有效沟通，根据病情资料，对患者所患病症做出正确判断，并说出判断的依据。

2.请结合病症从药品货架上取出适用的两种化学药品和一种中成药。

3.请为患者准确介绍推荐药品的作用及特点，并说明推荐理由。

4.请对推荐的药品进行用药交代，并为患者提供健康指导。

一、任务实施

（一）工作准备

1.物品/信息准备：请准备布洛芬缓释胶囊、阿司匹林肠溶片、益母草颗粒、妇炎康片、乌鸡白凤丸、妇科千金片、元胡止痛片、暖宫贴等药品，要求药盒真实并含有药品说明书，说明书内容完整，药盒无破损。

2.环境和人员准备，见任务1-1中表1-1-1。

3.常见病症的药品推介工作任务单见任务1-1中表1-1-2。

（二）操作过程

痛经的药品推介操作过程同任务1-1中操作过程。

（三）学习评价

评价表见任务1-1中常见病症的药品推介评价表。

二、相关知识

（一）疾病概述

痛经是最常见的妇科症状之一，指行经前后或月经期出现下腹部疼痛、坠胀，伴有腰酸或其他不适，症状严重影响生活质量。痛经分为原发性痛经和继发性两类，原发性痛经指生殖器官无器质性病变的痛经；继发性痛经指由盆腔器质性疾病，如子宫内膜异位症、子宫腺肌病等引起的痛经。

原发性痛经在青春期多见，常在初潮后1~2年内发病。伴随月经周期规律性发作，以小腹疼痛为主要症状。继发性痛经症状同原发性痛经，由于内膜异位引起的继发性痛经常常进行性加重。

原发性痛经临床表现为自月经来潮后开始，最早出现于经前12小时，以行经第1日疼痛最剧烈，持续2~3日后缓解。疼痛常呈痉挛性，一般不伴有腹肌紧张或反跳痛，可伴有恶心、呕吐、腹泻、头晕、乏力等症状，严重时面色发白、出冷汗。在进行妇科检查时表现为无异常。

原发性痛经主要依据典型的临床症状诊断，并在进行妇科检查无异常后确诊。原发性痛经临床应对症治疗，以止痛、镇静为主。继发性痛经需经妇科检查及辅助检查后进行入院治疗。

（二）药物治疗

一般治疗包括保证足够的休息和睡眠，饮食有节，起居有常，进行规律而适度的锻炼，重视心理健康，消除紧张情绪等。缓解症状可使用药物治疗，其常用药物如下。

（1）非甾体抗炎药　前列腺素在痛经中发挥作用，可通过抑制前列腺素合成酶的活性而减少前列腺素的产生，从而减轻或消除痛经。非甾体抗炎药是首选药，月经来潮即开始服用药物效果佳，连续服用2~3日即可缓解。临床上常用于治疗痛经的非甾体抗炎药有布洛芬、阿司匹林。非甾体抗炎药常见的不良反应有胃肠道损伤、血压升高等不良反应，临床上治疗痛经时应避免长时间大剂量服用。

（2）中成药　中医认为经水出诸肾，意思是月经病和肾功能有直接关系，也和脾、肝、气血、冲脉、任脉、子宫相关。痛经主要是肾气亏虚、气血不足，加上各方面的压力，令肝气郁结，以致气血运行不顺，造成痛经。因此，调经治疗以补肾、健脾、疏肝、调理气血为主。中医认为经行腹痛有虚实之分，临床可分气滞血瘀、寒湿凝滞、气血虚弱、湿热下注四个证型。对于不同证型的痛经，常用的中成药多含有香附、郁金、延胡索、乌药、川芎等行气、散瘀止痛的中药，亦或者含有吴茱萸、肉桂、小茴香、益母草、当归、党参等补中益气、散寒止痛的中药。益母草颗粒具有活血调经之功效，主治血瘀所致的痛经及月经不调。妇炎康片、妇科千金片具有清热利湿、理气化瘀的功效，可用于湿热下注所致的痛经。乌鸡白凤丸具有补气养血、调经止带之功效，用于气血两虚所致的痛经。元胡止痛片具有理气、活血、止痛之功效，用于气滞血瘀所致的痛经。温经汤具有温经散寒、祛瘀养血的功效，可用于治疗寒湿凝滞所致的痛经。

（3）暖宫贴　利用热敷理疗以达到为女性暖宫的效用。暖宫贴能产生红外线辐射，刺激穴位深层感受器，通过经络与神经体液的调整，长时间激发经气，使组织温度升高，同时佐以物理温热，使血流加快，起到暖宫散寒、通调气血、化瘀止痛的作用。

其他常用痛经药物如表1-10-1所示。

表1-10-1 其他常用痛经药物一览表

制剂名称	规格	适应证	用法用量	不良反应
地屈孕酮	10mg	用于治疗内源性孕酮不足引起的疾病，如痛经、子宫内膜异位症、继发性闭经、月经周期不规则、功能失调性子宫出血、经前期综合征、孕激素缺乏所致先兆性流产或习惯性流产、黄体不足所致不孕症	月经周期的第5~25天，每日2次，每次1片	常见不良反应有轻微出血、经期血量的改变、闭经、不适、呕吐、腹痛、乳房疼痛、过敏反应、抑郁情绪、头痛、偏头痛、精神紧张、水肿和性欲改变等
屈螺酮炔雌醇	每片含屈螺酮3mg和炔雌醇0.03mg	适用于女性避孕、要求避孕的痛经女性	从月经周期第5天开始服用，每日1片，共服22天	常见的不良反应有不规则阴道出血、恶心、乳房胀痛等类早孕反应，情绪不稳，性欲减弱及丧失，头痛等

三、技能训练

情景1：患者，女性，30岁，经前或经期小腹胀痛，经血量少，行而不畅，经色紫暗有血块，块下则痛减，乳房胀痛，胸闷不舒，舌质紫暗或有瘀点，脉弦。经询问，患者正处经期，无其他疾病史，无药物过敏史。

情景2：患者，女性，25岁，经期或经后小腹隐痛喜按，或小腹空坠不适，月经量少，色淡，质清稀，面色无华，头晕心悸，神疲乏力，舌淡，脉细无力。经询问，患者正处经期，无其他疾病，无药物过敏史。

任务要求：

1.请与患者进行有效沟通，结合疾病症状从药品货架上取出适用的化学药品2个，中成药1个。

2.请为患者准确介绍推荐药物的作用特点，说明推荐理由，并提供健康指导。

即学即练

任务1-11 结膜炎的药品推介

🏛 任务情境

假如你是某连锁药房的一名药学服务人员。

某日，你接待一名患者，女性，25岁，因出现眼睛发红、干涩、眼痒，疼痛3天，自行前来药店购买药品。经问询，患者两天前曾到公共泳池游泳，后即出现上述症状，患者除上述症状外，无发热，无周身疼痛。既往身体健康，也无用药过敏史。

任务要求：

1.请与患者进行有效沟通，根据病情资料，对患者所患病症做出正确判断，并说出判断的依据。

2.请结合病症从药品货架上取出适用的两种化学药品和一种中成药。

3.请为患者准确介绍推荐药品的作用及特点，并说明推荐理由。

4.请对推荐的药品进行用药交代，并为患者提供健康指导。

一、任务实施

（一）工作准备

1.物品/信息准备：请准备红霉素眼膏、磺胺醋酰钠滴眼液、利巴韦林滴眼液、诺氟沙星滴眼液、克霉唑滴眼液、色甘酸钠滴眼液、地塞米松滴眼液、珍珠明目滴眼液等药品，要求药盒真实并含有药品说明书，说明书内容完整，药盒无破损。

2.环境和人员准备，见任务1-1中表1-1-1。

3.常见病症的药品推介工作任务单见任务1-1中表1-1-2。

（二）操作过程

结膜炎的药品推介操作过程同任务1-1中操作过程。

（三）学习评价

评价表见任务1-1中常见病症的药品推介评价表。

二、相关知识

（一）疾病概述

结膜炎是指因为细菌、病毒、衣原体等病原微生物感染，物理和化学刺激及过敏反应等导致结膜出现炎症的一类疾病。根据病因可以分为感染性、免疫性、化学性或者刺激性、全身疾病相关性、继发性和不明原因性的结膜炎。根据结膜炎的发病快慢，可以分为超急性、急性或亚急性、慢性结膜炎。一般将病程少于三周的称为急性结膜炎，超过三周的称为慢性结膜炎。按结膜对病变反应的主要形态，可分为乳头性、滤泡性、膜性或假膜性、瘢痕性和肉芽肿性结膜炎。

结膜炎症状比较明显，不同类型的结膜炎在症状上略有不同，但患者常会出现眼睛发红、干涩、眼痒、疼痛、异物感、怕光、分泌物多、流泪等症状，未波及角膜者其视力一般不受影响。

结膜充血是急性结膜炎患者最常见的体征，表现为结膜的血管扩张，但不会渗血，也不发生细胞浸润。结膜分泌物增多的主要表现是在清晨醒来时眼睑处出现被分泌物粘住的情况，此外还可以通过分泌物的性质来确定疾病，如细菌性结膜炎的分泌物多为黄白色脓性，病毒性结膜炎的分泌物则多为水样或浆液性，而过敏性结膜炎的分泌物可能呈黏稠丝状。

结膜炎患者常感到眼部有异物感，好像眼睛里有东西在摩擦或刺痛，导致患者频繁眨眼或揉眼，还会出现流眼泪的现象，主要发生在白天，夜间较少。

由于炎症损伤了角膜，使患者对光线的敏感度增加，因此结膜炎患者常出现畏光现象，不能面对强光，不能看过亮的电视屏幕、手机屏幕、电脑屏幕等，并可能伴有流泪。

比较严重的患者会出现发热、腹泻、腹痛、恶心、呕吐等症状。

（二）药物治疗

结膜炎一般以局部治疗为主，原则上白天采用滴眼剂滴眼，应反复多次，睡前宜选用眼膏涂敷。一般眼用制剂连用3~4天，药品开启后使用不超过4周，单眼患病时，双眼均需用药，先滴健眼，后滴患眼。

（1）按感染的病原体选用药物

1）对沙眼衣原体感染的结膜炎可选红霉素、利福平、酞丁安、磺胺醋酰钠。

2）对病毒感染的结膜炎可选用碘苷、酞丁安、利巴韦林、阿昔洛韦等。

3）对细菌感染的结膜炎可选用红霉素、四环素、金霉素、妥布霉素、诺氟沙星、氧氟沙星、杆菌肽等。其中铜绿假单胞菌性结膜炎病情较为严重，病变迅速，短期内可致角膜溃破、穿孔和失明，常用多黏菌素B、磺苄西林等。

4）对真菌性结膜炎可选用两性霉素B和克霉唑滴眼剂。

（2）对于过敏性结膜炎选用药物

1）抗组胺药 如奥洛他定、盐酸氮䓬斯汀等局部点眼仅可治疗轻中度过敏性结膜炎。严重或频发者可联合口服抗组胺药，但起效较慢，对于已经发作的过敏性结膜炎疗效欠佳。肥大细胞稳定药如色甘酸钠局部点眼仅可有效减轻Ⅰ型超敏反应中肥大细胞的脱颗粒反应，从而减缓后续嗜酸粒细胞、中性粒细胞和单核细胞的激活和聚集。

2）糖皮质激素 局部点眼能有效抑制多种免疫细胞的活化和炎性反应介质的释放。适用于严重过敏性结膜炎和病情迁延的患者，目前常用的有醋酸可的松、醋酸氢化可的松、地塞米松、氯替泼诺、氟米龙等。

3）免疫抑制药 如环孢素、他克莫司，局部点眼，具有抑制多种炎症介质的作用，并可抑制由肥大细胞和T淋巴细胞介导的结膜过敏性炎性反应。对于重度过敏性结膜炎，尤其不耐受糖皮质激素药物的患者，可考虑使用该类药物的眼用制剂。

4）其他药物人工泪液可稀释结膜囊内的过敏原，润滑眼表，缓解患者症状。非甾体抗炎药（NSAID）如普拉洛芬局部点眼可抑制Ⅰ型超敏反应中前列腺素的产生，适用于部分轻度的季节性过敏性结膜炎。硫酸锌滴眼液或黄降汞眼药膏，同时具有消炎、防腐和收敛的作用，使用此药有助于止痒和缓解眼睛干涩不适的症状。

（3）中药制剂 熊胆滴眼液适用于卡他性结膜炎，珍珠明目滴眼液适用于慢性结膜炎。

三、技能训练

情景1：患者，男性，26岁，学生，因近日天气变化风沙变大，出现结膜充血、眼痛、畏光、眼睛有异物感等症状2天，今日眼睛分泌物增多，晨起眼睛被分泌物糊住。现前往药房购买药物。经询问，无药物过敏史。

情景2：患儿，女性，10岁，因眼痒有异物感来药房买药，自述1天前出现眼痒、频繁眨眼、有白色分泌物等症状，今天自感病情加重。患儿家长未带其就医，患儿无其他疾病，无药物过敏史。

任务要求:

1.请与患者进行有效沟通,结合疾病症状从药品货架上取出适用的化学药品2个,中成药1个。

2.请为患者准确介绍推荐药物的作用特点,说明推荐理由,并提供健康指导。

即学即练

任务1-12　湿疹的药品推介

🏛 任务情境 ···○

假如你是某某连锁药房的一名药学服务人员。

某日,你接待一名患者,女性,28岁,公司职员,脖子及前胸能看见粟粒大小的丘疹、丘疱疹、水疱,部分糜烂渗出且瘙痒不堪,遂自行前来药店咨询并购买药品。患者自述两天前仅前胸皮肤有疏散的小丘疹,近一日来,越长越多,瘙痒加剧,无水疱无破溃渗出。经询问,患者除上述症状外,无发热,既往无类似皮肤病史,无用药过敏史。

任务要求:

1.请与患者进行有效沟通,根据病情资料,对患者所患病症做出正确判断,并说出判断的依据。

2.请结合病症从药品货架上取出适用的两种化学药品和一种中成药。

3.请为患者准确介绍推荐药品的作用及特点,并说明推荐理由。

4.请对推荐的药品进行用药交代,并为患者提供健康指导。

一、任务实施

(一)工作准备

1.物品/信息准备:请准备复方炉甘石洗剂、复方醋酸地塞米松乳膏、3%硼酸溶液、氧化锌糊剂、他克莫司软膏、氯雷他定片、肤痒颗粒、湿毒清胶囊等药品,要求药盒真实并含有药品说明书,说明书内容完整,药盒无破损。

2.环境和人员准备,见任务1-1中表1-1-1。

3.常见病症的药品推介工作任务单见任务1-1中表1-1-2。

(二)操作过程

湿疹的药品推介操作过程同任务1-1中操作过程。

(三)学习评价

评价表见任务1-1中常见病症的药品推介评价表。

二、相关知识

(一)疾病概述

湿疹是一种常见的由多种内外因素引起的表皮及真皮浅层的炎症性皮肤病,常伴有明显瘙痒，且易复发，严重影响患者生活质量。湿疹发生的内因常与免疫功能异常、系统性疾病及遗传性或获得性皮肤屏障功能障碍有关；外因如环境或食品中的过敏原、环境温度或湿度变化、各种化学物质等均可引发或加重湿疹。

根据临床表现可分为急性、亚急性和慢性湿疹。急性湿疹皮损呈多形性，多对称分布，瘙痒剧烈，常在红斑、水肿的基础上出现丘疹、丘疱疹或小水疱，搔抓后可出现点状渗出及糜烂面；合并感染时炎症反应更为明显，可形成脓疱、脓液、脓痂，甚至出现发热等全身表现。当急性湿疹炎症减轻后，或急性期未适当处理可形成亚急性湿疹，皮损以鳞屑、结痂为主，范围缩小，红肿减轻，渗出减少，自觉瘙痒程度有所减轻，但也可阵发性加重，久治不愈者可发展为慢性湿疹。慢性湿疹可发生于体表任何部位，表现为患处皮肤粗糙肥厚、苔藓样变，呈棕红色或略带灰色，可有抓痕、血痂、色素沉着或色素减退，病情时轻时重，当急性发作时可有明显渗出，自觉瘙痒，常呈阵发性。

湿疹的诊断主要根据临床表现，如多形性皮疹，急性发作期有渗出倾向，慢性期皮肤较粗糙肥厚、苔藓样变、瘙痒等，同时须结合必要的实验室检查或组织病理学检查。

（二）药物治疗

湿疹病因复杂，临床形态及发生部位又各有特点，因此，湿疹的治疗大多为对症治疗，治疗的目的是控制症状、减少复发、提高患者生活质量。药物治疗的同时应建立良好的生活习惯和生活环境，保持皮肤清洁，避免外界各种刺激，如搔抓、肥皂洗、热水烫，避免食用辛辣刺激性食物等。

（1）局部治疗　湿疹的主要治疗手段，但应充分遵循外用药物治疗原则，并根据患者的皮损情况选择合适的剂型和外用药物。

1）急性期　无水疱、糜烂及渗出时，宜缓和消炎，避免刺激。可选用炉甘石洗剂、糖皮质激素霜剂；水疱糜烂渗出明显者，宜收敛、消炎，以促进表皮恢复，可选用3%硼酸溶液或0.1%依沙吖啶溶液等冷湿敷，渗出减少后用糖皮质激素霜剂与油剂交替使用。

2）亚急性期　治疗以消炎、止痒、干燥、收敛为主。可选用糖皮质激素乳膏或糊剂、氧化锌油，也可根据渗出糜烂的轻重，皮肤浸润肥厚的有无、瘙痒的程度加入适当的收敛剂、角质促成剂及止痒剂，如3%黑豆馏油、5%紫草，为防止和控制继发性感染，可加用莫匹罗星软膏等抗生素。

3）慢性期　以止痒，抑制表皮细胞增生，促进真皮炎症浸润吸收为主。可选用他克莫司软膏、0.05%~0.1%维A酸软膏，也可根据瘙痒及皮肤肥厚程度加入不同浓度的止痒剂、角质促成剂或角质溶解剂，如5%~10%复方松馏油软膏，2%樟醇等。

（2）全身治疗　治疗目的在于抗炎、止痒，常用药物如下。

1）抗组胺药　咪唑斯汀，每次10mg，口服，一日1次；氯雷他定，每次10mg，口服，一日1次；或西替利嗪，每次10mg，口服，一日1次。

2）糖皮质激素　一般不主张使用，适用于病因明确，短期可祛除病因的患者。如泼尼松，每次20~40mg，口服，一日1次；泼尼松龙，每次30~40mg，口服，一日1次；曲安西龙，每次4mg，口服，一日2次。当症状控制后，在医生的指导下及时减量、停药。

3）抗生素　对伴有广泛感染的患者建议系统应用抗生素7~10天。

4）免疫抑制剂　对某些湿疹患者有一定效果，但在临床应用时应根据患者的病情严重程度权衡利弊后慎用。

5）其他　如维生素C、葡萄糖酸钙等，有一定抗过敏作用，可用于急性发作或瘙痒显著者。

（3）中医药治疗　中医认为体内湿、热、风、燥等相互作用，就可能会导致湿疹的出现，所以需要通过辨证分型，然后选择适合的治疗药物。湿毒清胶囊有清热化湿、止痒、润燥、祛风解毒等功效；肤痒颗粒能祛风活血，除湿止痒，对湿热型湿疹都有一定的治疗效果。

三、技能训练

情景1：患者，女性，32岁，教师，因双手手背和手掌皮肤出现红斑、丘疹，并有散在小疱，瘙痒剧烈，小疱搔抓后有水样渗出，局部无糜烂，故自行前来药房购买药物。经询问，患者上午在家打扫卫生，频繁接触水和洗涤剂后，出现瘙痒加剧，自述有过敏体质，无其他疾病史。

情景2：患者，男性，45岁，工厂员工，因双肘窝部瘙痒剧烈，自行前来药房买药，自述近一月来双肘窝反复出现皮疹，瘙痒，今天自感瘙痒加剧。经检查，李某双肘窝有多形性皮疹，局部皮肤增厚，表面粗糙，覆以少许糠秕样鳞屑，有不同程度的苔藓样变。经询问，患者曾在一个月内陆续使用过复方醋酸地塞米松乳膏，无其他疾病，无药物过敏史。

任务要求：

1.请与患者进行有效沟通，结合疾病症状从药品货架上取出适用的化学药品2个，中成药1个。

即学即练

2.请为患者准确介绍推荐药物的作用特点，说明推荐理由，并提供健康指导。

任务1-13　手足癣的药品推介

🏛 任务情境

假如你是某某连锁药房的一名药学服务人员。

某日，你接待一名患者，男性，22岁，因足底出现群集或散的小疱，针尖或米粒大小，瘙痒，小疱抓后有水样物质流出，前来药店咨询购药。经询问，患者易出汗，无药物过敏史。

任务要求：

1.请与患者进行有效沟通，根据病情资料，对患者所患病症做出正确判断，并说出判断的依据。

2.请结合病症从药品货架上取出适用的两种化学药品和一种中成药。

3.请为患者准确介绍推荐药品的作用及特点，并说明推荐理由。

4.请对推荐的药品进行用药交代，并为患者提供健康指导。

一、任务实施

（一）工作准备

1.物品/信息准备：请准备盐酸特比萘芬乳膏、尿素维E乳膏、硝酸咪康唑散、复方水杨酸甲酯软膏、硼酸洗液、复方醋酸地塞米松乳膏、舒肤止痒酊、炉甘石洗剂等药品，要求药盒真实并含有药品说明书，说明书内容完整，药盒无破损。

2.环境和人员准备，见任务1-1中表1-1-1。

3.常见病症的药品推介工作任务单见任务1-1中表1-1-2。

（二）操作过程

手足癣的药品推介操作过程同任务1-1中操作过程。

（三）学习评价

评价表见任务1-1中常见病症的药品推介评价表。

二、相关知识

（一）疾病概述

手足癣是指发生于手指部或跖趾部皮肤的浅部真菌感染，手癣又称鹅掌风；足癣又称"脚气"，俗名"香港脚"。由于足部表皮细胞更替时间长，角质层厚，汗腺多，又无皮脂腺，且双足经常穿着鞋袜，密不透风，汗液蒸发困难，致使局部温度高，湿度大，角质层常被浸渍变软，表皮酸碱度改变，导致红色毛癣菌等真菌大量繁殖引起足癣。

手足癣的病因很多，尤其以多汗者、妊娠期妇女、肥胖者、足部皮肤损伤者、糖尿病患者、长期服用抗生素、肾上腺糖皮质激素、免疫抑制剂等药物者常见。

手足癣常见的类型及临床表现主要有以下几种。

（1）水疱型足癣　原发损害以小水疱为主，成群或散在分布，水疱壁厚而不易破裂，内容物澄清，若继发细菌感染可形成脓疱，干燥吸收后出现脱屑，常伴瘙痒。

（2）糜烂型足癣　皮损表现为趾间糜烂、浸渍发白，除去浸渍发白的上皮可见其下红色糜烂面，可有少许渗液。患者瘙痒明显，局部容易继发细菌感染，可导致下肢丹毒或蜂窝织炎。多见于足部多汗、经常浸水或长期穿不透气鞋的人。

（3）鳞屑型足癣　以鳞屑为主，伴有稀疏而干燥的小水疱，局部有红斑、丘疹。

（4）角化型足癣　呈弥漫性皮肤粗糙、增厚、干燥，纹理增宽，易发生皲裂、出血、疼痛。

（5）体癣型足癣　皮疹为弧状或环状红斑，表面有鳞屑，边缘有水疱、丘疹，形似体癣。

（二）药物治疗

手足癣的治疗原则是清除病原菌，快速消除症状，防止复发。

（1）咪康唑　本品系广谱抗真菌药。其作用机制是抑制真菌细胞膜的合成并影响其代谢过程，对皮肤癣菌、念珠菌等有抗菌作用。常用乳膏剂，为局部用药，不得口服。外用制剂应避免接触眼睛和其他黏膜（如口、鼻等），不得用于皮肤破溃处。若用药部位有烧灼感、红肿等情况应停药，并将局部药物洗净，在医生指导下更换药物。

（2）特比萘芬　本品为新一类广谱抗真菌药。其作用机制是选择性地抑制真菌合成和繁殖过程中所需的氧化酶，从而达到抑制和杀灭真菌的双重作用。既可外用，又可内服。在外用药物期间，对患部皮肤尽量少用或不用肥皂和碱性药物，仅用温水清洗，以延长抗真菌药在体表停留的时间而巩固和提高疗效。

三、技能训练

情景1：患者，男性，45岁。双手掌皮损10年，每年秋冬较重，夏季稍缓解。查体：双手掌心浸润变厚、干燥、粗糙、裂纹，真菌镜检阳性。来药店咨询购药。

情景2：患者，女性，30岁，近日足部出现水疱成群或散在分布，水疱壁厚而不易破裂，内容物澄清，常伴瘙痒。来药店购药。经询问，患者妊娠3个月左右。

任务要求：

1.请与患者进行有效沟通，结合疾病症状从药品货架上取出适用的化学药品2个，中成药1个。

2.请为患者准确介绍推荐药物的作用特点，说明推荐理由，并提供健康指导。

即学即练

项目二

慢病患者服务

📖 **学习目标** ···○

1. 能与患者进行有效的沟通，收集患者基本信息，建立用药档案。
2. 能根据处方或医嘱为患者调配药品，指导患者正确使用药品。
3. 能为患者解读基本检测指标和药品信息。
4. 能根据疾病特点和患者情况，开展健康教育，推动健康事业的发展。
5. 能在慢病患者服务工作中，始终坚持以患者为中心，树立献身祖国医药卫生事业的信念，培养高尚的药学职业道德和情操。
6. 能做到安全、有效、经济地使用药物，养成严谨扎实、精益求精的工作态度。
7. 能时刻保持爱心、细心和责任心，用科学规范且通俗易懂的话语解释用药问题。

任务2-1 高血压患者用药指导与患者教育

🏛 **任务情境** ···○

假如你是某医院药学部一名药学服务工作人员。

某日，你接待一名患者，男性，53岁，自述5年前在某诊所测量血压为145/90mmHg，因平日工作繁忙，一直未重视，也未进行系统治疗。近期单位组织体检，结果显示血压165/105mmHg，心脏超声左心室肥厚，空腹血糖5.3mmol/L，尿常规蛋白（+）。医生诊断为2级高血压（中度），开具的药物为缬沙坦胶囊和硝苯地平缓释片。

经问询，患者基本情况如下：身高167cm，体重85kg，在某外企工作，吸烟20年，每日10支左右。由于工作原因，外出饮食情况较多。自述本人无其他病史，无药物过敏史。其父亲有高血压、脑出血病史。

任务要求：

1. 请根据任务情境，为患者调配药物，并提供用药指导。
2. 请根据患者的情况，为患者建立慢病管理档案，并提供健康指导。

情景仿真

一、任务实施

（一）工作准备

1. 物品/信息准备，见表2-1-1。
2. 环境和人员准备，见表2-1-2。

3.高血压患者用药教育记录表（表2-1-3）。

表2-1-1　物品/信息准备情况一览表

序号	物品/信息名称	单位	数量	备注
1	缬沙坦胶囊	盒	1	真实药盒并含有药品说明书，说明书内容完整，药盒无破损
2	硝苯地平缓释片	盒	1	真实药盒并含有药品说明书，说明书内容完整，药盒无破损

表2-1-2　环境和人员准备情况一览表

序号	环境和人员	备注
1	医院药房环境	以真实药房环境为模拟场景，整洁安静
2	药房工作人员	穿戴整齐，符合药房工作人员的服装要求
3	患者	穿戴整齐，体态、动作、语言符合情境描述

表2-1-3　高血压患者用药教育记录表

高血压患者用药教育记录表					
姓名		性别	□男　□女	年龄	
身高		体重		BMI	
主要诊断					
辅助检查	心电图检查：＿＿＿＿＿＿　　尿常规：＿＿＿＿＿＿				
临床表现	□头晕、头痛　□胸闷、气急　□疲劳、乏力　□恶心、呕吐 □失眠、耳鸣　□视物模糊、手脚麻木　□其他＿＿＿＿＿				
过敏史	□无　□青霉素　□磺胺　□其他＿＿＿＿＿＿＿				
既往史	疾病	□无　□高脂血症　□冠心病　□糖尿病　□脑卒中　□肝炎 □慢性阻塞性肺疾病　□严重精神障碍　□其他＿＿＿＿＿			
	手术	□无　□有＿＿＿＿＿＿＿＿＿＿＿			
	外伤	□无　□有＿＿＿＿＿＿＿＿＿＿＿			
家族史	□无　　□父亲　　□母亲　　□兄弟姐妹 □高血压　□冠心病　□糖尿病　□脑卒中　□肝炎 □慢性阻塞性肺疾病　□严重精神障碍　□其他＿＿＿＿＿				
职业	□国家机关、党群组织、企业、事业单位负责人 □专业技术人员 □商业、服务业人员 □农、林、牧、渔、水业生产人员 □生产、运输设备操作人员及有关人员 □不便分类的其他从业人员 □其他＿＿＿＿＿ □无职业				
生活方式	饮食情况：□高油饮食　　　□高盐饮食（每天超过6g） 　　　　　□肉类摄入量多　□水果蔬菜摄入量多 　　　　　□家庭就餐较多　□食堂或外卖较多				

续表

	高血压患者用药教育记录表		
生活方式	运动情况：□每天固定时间运动，每次运动30分钟以上 □每周至少3天固定时间运动，每次运动30分钟以上 □无固定时间运动		
	精神压力：□较大　　□一般　　□较轻		
	其他不良嗜好：		

主要治疗药物使用情况			
药品名称	用法用量	开始用药时间	备注
用药教育主要内容			
患者咨询及解答			
参考资料	□药品说明书　□疾病指南　　□药学工具书 □医脉通　　　□用药助手　　□电子期刊研究文献　□其他：		
是否需要回访或跟进	□是，联系方式：　　　　　　　□否		
患者满意度	□非常满意　　　□满意　　　　□一般　　　　□不满意		
患者健康教育方式	□面对面　　　　□电话　　　　□邮件　　　　□网络		
患者健康教育时长		患者健康教育药师	

（二）操作过程

序号	步骤	技能操作与说明
1	收集患者基本情况	与患者进行有效沟通，提炼患者基本信息，包括患者姓名、性别、身高、体重、疾病史、过敏史、家族史、职业、生活方式等
2	明确患者用药情况	（1）准确记录患者使用药物的名称、用法用量； （2）根据患者自述及对其身体状态的初步评估，观察并记录药物治疗的效果，包括症状的改善程度、疾病的控制情况等； （3）建立患者的用药档案，详细记录用药情况
3	准确进行用药交代	依据处方或药品说明书向患者详细解释如下内容： （1）药品的用法、用量、频次等，确保患者理解并正确操作； （2）用药期间可能出现的不良反应，并告知应对措施； （3）药品的贮藏方法，避免药品变质失效
4	根据患者实际情况，进行健康宣教	结合患者自身情况，进行疾病发展与预防、生活和运动指导、饮食管理等健康宣教
5	填写慢病患者用药教育记录表	根据慢病患者用药教育记录表的要求，完成表格的填写

（三）学习评价

慢病患者服务评价表

序号	评价内容	评价标准	分值（总分100）
1	患者基本情况	能准确收集患者基本信息，计算体重指数；梳理身体情况、检查指标，书写临床表现	5
2		能准确收集患者就医史、用药史、过敏史、家族史等	10
3		能准确写出患者职业、生活方式等	5
4	用药指导	能准确为患者说明治疗药物的用法用量	10
5		能准确为患者说明治疗药物的作用	10
6		能准确为患者说明治疗药物的主要不良反应，并告知应对措施	10
7		能准确为患者说明治疗药物使用期间的注意事项	10
8	患者健康教育	能准确为患者讲解疾病发展的危害，以及应如何预防	10
9		能根据患者情况，为患者进行生活和运动指导	10
10		能根据患者情况，为患者进行饮食指导	10
11	职业素养	仪表、着装符合要求；语速适中，表达清晰；语言流畅，讲解科学、通俗易懂，沟通顺畅	10

二、相关知识

（一）疾病概述

高血压是最常见的慢性疾病之一，也是心脑血管疾病最主要的危险因素。脑卒中、心肌梗死、心力衰竭及慢性肾脏疾病是高血压的主要并发症，致残、致死率高，并且严重消耗医疗和社会资源，给家庭和国家造成沉重负担。国内外的实践证明，高血压是可以预防和控制的疾病，降低高血压患者的血压水平，可明显减少脑卒中及心血管事件的发生，显著改善患者的生存质量，有效降低患者的疾病负担。

1.临床表现　不同类型和病情发展不同阶段的高血压，其临床表现轻重不一。高血压起病隐匿，进展缓慢，早期一般无症状，病程长达数年至数十年。常见症状有头痛、头晕、心悸、健忘、乏力、眼底视网膜细小动脉痉挛等。

2.疾病发展与并发症　长期高血压可出现心、脑、肾等一个或多个器官受损。

3.诊断　高血压定义：在未使用降压药物的情况下，非同日3次测量血压，收缩压≥140mmHg和（或）舒张压≥90mmHg（表2-1-4）。

表2-1-4　血压水平分类和定义

分类	收缩压（mmHg）		舒张压（mmHg）
正常血压	＜120	和	＜80
正常高值	120~139	和（或）	80~89
高血压	≥140	和（或）	≥90

续表

分类	收缩压（mmHg）		舒张压（mmHg）
1级高血压（轻度）	140～159	和（或）	90～99
2级高血压（中度）	160～179	和（或）	100～109
3级高血压（重度）	≥180	和（或）	≥110
单纯收缩期高血压	≥140	和	＜90

（二）疾病治疗与健康管理

1. **高血压治疗的基本原则** 高血压是一种以动脉血压持续升高为特征的进行性"心血管综合征"，常伴有其他危险因素、靶器官损害和临床疾患，需要进行综合干预。

高血压的治疗包括非药物和药物两种方式，大多数患者需长期，甚至终身接受治疗。患者需要定期测量血压，规范治疗，提高依从性，尽可能实现降压目标，坚持长期平稳有效地控制血压。

治疗高血压的主要目的是最大程度地降低心脑血管并发症发生和死亡的危险，因此，应在治疗高血压的同时干预所有其他可逆性心血管危险因素（如吸烟、高胆固醇血症或糖尿病等），并适当处理同时存在的各种临床情况。

2. **治疗药物**

（1）降压药物应用的基本原则 降压药物的应用应遵循以下4项原则。

1）小剂量 初始治疗时通常应采用较小的有效治疗剂量，并根据需要，逐步增加剂量。降压药物需要长期或终身应用，因此，药物的安全性和患者对药物的耐受性尤为重要，重要程度不亚于甚至更胜过药物的疗效。

2）尽量应用长效制剂 尽可能使用一天一次给药、有24小时持续降压作用的长效药物，以有效控制夜间血压与晨起血压，更有效预防心脑血管并发症的发生。如使用中短效制剂，则需每天2～3次用药，以平稳控制血压。

3）联合用药 以增加降压效果又不增加不良反应为目的，在低剂量单药治疗效果不满意时，可以采用两种或多种降压药物联合治疗。事实上，2级以上高血压患者为降到目标血压，常需药物联合治疗。对血压≥160/100mmHg（或中危及以上）患者，起始即可采用两种药物小剂量联合治疗，或用小剂量固定复方制剂。

4）个体化 根据患者具体情况和耐受性及个人意愿或长期承受能力，选择适合患者的降压药物。

（2）常用降压药物的种类和作用特点 常用降压药物包括钙通道阻滞剂、血管紧张素转化酶抑制剂（ACEI）、血管紧张素Ⅱ受体阻滞剂（ARB）、利尿剂和β受体阻滞剂，以及由上述药物组成的固定配比复方制剂，以上药物均可作为降压治疗的初始用药或长期维持用药。此外，α受体阻滞剂或其他种类降压药有时亦可应用于某些高血压人群。

1）血管紧张素Ⅱ受体阻滞剂（ARB） 本类药物能特异性与AT1受体结合，抑制血管紧张素Ⅱ的缩血管和促进醛固酮分泌的作用，降低血压；在降压的同时，还具有抑制血管重构和保护肾功能的作用。临床广泛用于各级高血压的治疗，对伴有糖尿病、肾病和慢性心功能不全的患者有良好疗效，长期使用可抑制左心室心肌肥厚和血管壁增厚；亦可用于使用卡托普利等药物发生干咳而不能耐受的高血压患者。常用药物有氯沙坦、缬沙坦、厄贝沙坦等。

本类药物作用选择性较强，故不引起咳嗽和血管神经性水肿；部分患者可出现胃肠道不适、头痛、头晕等；还可引起低血压、高血钾；并能影响胎儿发育，故孕妇禁用。

2）钙通道阻滞剂（CCB） 本类药物能选择性地阻滞钙离子通道，抑制 Ca^{2+} 内流，松弛血管平滑肌，从而产生降压作用；降压的同时不降低重要器官的血流量，不引起脂质代谢紊乱及葡萄糖耐受性的改变。根据化学结构不同，可分为二氢吡啶类和非二氢吡啶类。其中二氢吡啶类常用药物有硝苯地平、氨氯地平、非洛地平、尼群地平等。

本类药物常见不良反应有头痛、面部潮红、眩晕、心悸、踝部水肿、咳嗽等。非二氢吡啶类钙通道阻滞剂主要包括维拉帕米和地尔硫草两种药物，也可用于降压治疗，常见副作用包括抑制心脏收缩功能和传导功能，有时也会出现牙龈增生。

常用降压药的种类及临床选择如表2-1-5所示。

表2-1-5 常用降压药种类的临床选择

分类	适应证	禁忌证	
		绝对禁忌证	相对禁忌证
钙通道阻滞剂（二氢吡啶类）	老年高血压、周围血管病、单纯收缩期高血压、稳定型心绞痛、颈动脉粥样硬化、冠状动脉粥样硬化	无	快速型心律失常、心力衰竭
钙通道阻滞剂（非二氢吡啶类）	心绞痛、颈动脉粥样硬化、室上性心动过速	Ⅱ、Ⅲ度房室传导阻滞	心力衰竭
血管紧张素转化酶抑制剂（ACEI）	心力衰竭、心肌梗死后、左室肥厚、左室功能不全、颈动脉粥样硬化、非糖尿病肾病、糖尿病肾病、蛋白尿/微量白蛋白尿、代谢综合征	妊娠、高钾血症、双侧肾动脉狭窄	—
血管紧张素Ⅱ受体阻滞剂（ARB）	糖尿病肾病、蛋白尿/微量白蛋白尿、心力衰竭、左室肥厚、心房纤颤预防、ACEI引起的咳嗽、代谢综合征	妊娠、高钾血症、双侧肾动脉狭窄	—
噻嗪类利尿剂	心力衰竭、老年高血压、高龄老年高血压、单纯收缩期高血压	痛风	妊娠
袢利尿剂	肾功能不全、心力衰竭		—
利尿剂（醛固酮拮抗剂）	心力衰竭、心肌梗死后	肾功能衰竭、高钾血症	—
β受体阻滞剂	心绞痛、心肌梗死后、快速性心律失常、稳定型充血性心力衰竭	Ⅱ、Ⅲ度房室阻滞、哮喘	慢性阻塞性肺疾病、周围血管病、糖耐量减低、运动员
α受体阻滞剂	前列腺增生、高血脂	体位性低血压	心力衰竭

3. 健康教育（非药物治疗——生活方式干预）

非药物治疗主要指生活方式干预，即去除不利于身体和心理健康的行为和习惯。它不仅可以预防或延缓高血压的发生，还可以降低血压，提高降压药物的疗效，从而降低心血管风险。具体内容简述如下：①减少钠盐摄入，增加钾盐摄入；②合理膳食；③限制饮酒；④控制体重；⑤运动干预（运动方式、运动时间）；⑥禁止吸烟；⑦自我调整，避免心理不平衡产生；⑧管理睡眠，良好的睡眠可以显著提高降压药的药效，降低高血压的发病率和病死率，主要措施包括睡眠评估、睡眠认知行为疗法和必要时进行药物治疗。

三、技能训练

情景1：患者，男性，61岁，近1个月以来反复头痛、头晕，故自行前来药店咨询。患者自述曾在家中多次测量血压，血压为150/95mmHg，药师现场测量血压为155/100mmHg，经询问，患者喜欢食肉类、咸菜及甜食等，不喜欢运动，在过去3年中，体重缓慢增加，身高172cm，体重86kg。该患者未曾到医院就诊，无药物过敏史。

情景2：患者，男性，52岁，近日因情绪激动加之劳累，出现头晕、眼花、耳鸣、失眠、乏力、注意力不集中等症状，药师现场测量血压为160/105mmHg。经询问，患者为某酒店厨师，喜欢食肥肉、动物内脏，不爱食青菜；每天吸烟20支左右，平日几乎无运动。身高172cm，体重92kg。自述无药物过敏史、无用药史、无就医史。

任务要求：

1.请与患者进行有效沟通，结合疾病症状为患者提供就医及用药建议，并根据设计情景调配药物，提供用药指导。

2.请根据患者的情况，为患者提供健康指导。

即学即练

任务2-2　高脂血症患者用药指导与患者教育

🏛 **任务情境** ....○

假如你是某医院药学部一名药学服务工作人员。

某日，你接待一名患者，男性，52岁，近期单位组织体检，显示血液中总胆固醇及甘油三酯偏高，故到医院进行进一步检查。结果显示：总胆固醇（TC）6.25mmol/L，甘油三酯（TG）2.65mmol/L，且眼部有黄色瘤、角膜环。医生诊断为混合型高脂血症，开具药物为阿托伐他汀钙片和非诺贝特片。

经问询，患者身高175cm，92kg。为某企业的销售人员，平日应酬较多，饮食较油腻，喜欢吃肉类，不喜欢吃蔬菜，喜欢饮酒，每天吸烟8~10根，几乎无体育锻炼。

自述其母亲于两年前死于心肌梗死。本人患有高血压5年，服药后血压值130/85mmHg，无其他疾病史，无过敏史。

任务要求：

1.请根据任务情境，为患者调配药物，并提供用药指导。

2.请根据患者的情况，为患者建立慢病管理档案，并提供健康指导。

情景仿真

一、任务实施

（一）工作准备

1.物品/信息准备，见表2-2-1。

2.环境和人员准备，见任务2-1中表2-1-2。

3.高脂血症患者用药教育记录表（表2-2-2）。

表2-2-1　物品/信息准备情况一览表

序号	物品/信息名称	单位	数量	备注
1	阿托伐他汀钙片	盒	1	真实药盒并含有药品说明书，说明书内容完整，药盒无破损
2	非诺贝特片	盒	1	真实药盒并含有药品说明书，说明书内容完整，药盒无破损

表2-2-2　高脂血症患者用药教育记录表

高脂血症患者用药教育记录表					
姓名		性别	□男　□女	年龄	
身高		体重		BMI	
主要诊断					
辅助检查	TC：_____　　　TG：_____				
临床表现	□头晕、头痛　　□胸闷、胸痛　　□疲劳、乏力　　□恶心、呕吐 □双下肢水肿　　□视物模糊　　□其他_____				
过敏史	□无　　□青霉素　　□磺胺　　□其他_____				
既往史	疾病	□无　　□高血压　　□冠心病　　□糖尿病　　□脑卒中　　□肝炎 □慢性阻塞性肺疾病　□严重精神障碍　□其他_____			
	手术	□无　　□有_____			
	外伤	□无　　□有_____			
家族史	□无　　　　□父亲　　　□母亲　　　□兄弟姐妹 □高血压　　□冠心病　　□糖尿病　　□脑卒中　　□肝炎 □慢性阻塞性肺疾病　　□严重精神障碍　　□其他_____				
职业	□国家机关、党群组织、企业、事业单位负责人 □专业技术人员 □商业、服务业人员 □农、林、牧、渔、水利业生产人员 □生产、运输设备操作人员及有关人员 □不便分类的其他从业人员 □其他_____ □无职业				
生活方式	饮食情况：□高油饮食　　　　□高盐饮食（每天超过6g） 　　　　　　□肉类摄入量多　　□水果蔬菜摄入量多 　　　　　　□家庭就餐较多　　□食堂或外卖较多 运动情况：□每天固定时间运动，每次运动30分钟以上 □每周至少3天固定时间运动，每次运动30分钟以上 □无固定时间运动 精神压力：□较大　　□一般　　□较轻 其他不良嗜好：_____				

续表

高脂血症患者用药教育记录表			
主要治疗药物使用情况			
药品名称	用法用量	开始用药时间	备注
用药教育主要内容			
患者咨询及解答			
参考资料	□药品说明书 □疾病指南　□药学工具书 □医脉通　　□用药助手　□电子期刊研究文献　□其他：		
是否需要回访或跟进	□是，联系方式：　　　　　　　□否		
患者满意度	□非常满意　　　□满意　　　□一般　　　□不满意		
患者健康教育方式	□面对面　　　□电话　　　□邮件　　　□网络		
患者健康教育时长		患者健康教育药师	

（二）操作过程

高脂血症患者用药服务操作过程同任务2-1中操作过程。

（三）学习评价

评价表见任务2-1中慢病患者服务评价表。

二、相关知识

（一）疾病概述

血脂异常是指血液中的脂质含量异常，主要包括总胆固醇（TC）、低密度脂蛋白胆固醇（LDL-C）、甘油三酯（TG）等升高和（或）高密度脂蛋白胆固醇（HDL-C）降低。

1.临床表现　多数血脂异常患者无任何症状和异常体征，多于常规血液生化检查时被发现，或因发生心脑血管疾病就医时发现。异常脂质在真皮内沉积可引起黄色瘤，多表现为两眼睑内眦扁平黄色斑块，在角膜沉积引起角膜弓，多见于老年人，若见于40岁以下者则多伴有高脂血症。

2.疾病发展与并发症　长期高脂血症可导致一系列伴随疾病，如引起动脉粥样硬化、增加心脑血管疾病风险，影响胰腺炎患者的胰腺功能，还可导致肝功能不全、视力受损、肾功能不全及高血压等问题。

3.诊断　血脂异常的诊断主要依赖于血脂检查，通过抽取患者的静脉血样本测定其中的胆固醇、甘油三酯等脂质水平。通常建议在空腹或晚上不进食8小时后进行检查。《中国成人血脂异常防治指南》提出的我国人群的血脂合适水平如表2-2-3所示。

表2-2-3　血脂水平一览表

分类	合适范围 （mmol/L）	边缘升高 （mmol/L）	升高 （mmol/L）	降低 （mmol/L）
胆固醇	＜5.18	5.18～6.19	≥6.20	
甘油三酯	＜1.7	1.7～2.25	≥2.26	
低密度脂蛋白胆固醇	＜3.37	3.37～4.12	≥4.13	
高密度脂蛋白胆固醇	≥1.04			＜1.04

（二）疾病治疗与健康管理

血脂异常明显受饮食及生活方式的影响，饮食和生活方式改善是治疗血脂异常的基础措施。药物治疗应根据血脂异常的类型及治疗目的选择合适的调脂药物。目前，临床上可供选择的调脂药物有许多种类，大体上可分为主要降低胆固醇的药物和主要降低甘油三酯的药物。对于严重的高脂血症，常需要多种调脂药物联合应用，才能获得良好疗效。

1.治疗药物

（1）他汀类　是目前临床使用最广泛的一类调血脂药，能显著降低血清TC和LDL的水平，常用药物有阿托伐他汀、瑞舒伐他汀、辛伐他汀、洛伐他汀、普伐他汀、匹伐他汀等。

他汀类药物即三羟基三甲基戊二酰辅酶A（HMG-CoA）还原酶抑制剂，能够竞争性抑制细胞胆固醇合成过程中限速酶的活性，抑制甲羟戊酸形成，阻碍肝脏内源性胆固醇的合成，从而代偿性地促进肝细胞膜上的LDL受体的合成，使血浆中大量的LDL被摄取，经LDL受体途径代谢为胆汁酸排出体外，降低LDL水平。此外他汀类药物还具有抗炎、保护血管内皮功能等作用，可减少冠心病的发生。

他汀类药物不良反应较轻且短暂，大多数人对此类药物的耐受性良好。其副作用包括头痛、失眠、抑郁以及胃肠反应等。有0.5%～3%的病例出现肝脏转氨酶升高，且呈剂量依赖性，引发肝功能衰竭。因此，当转氨酶升高但数值在正常值上限3倍以内者，可在原剂量或减量的基础上进行观察；失代偿性肝硬化及急性肝功能衰竭患者应禁用本类药物。除此之外，他汀类药物偶尔会引起肌病，包括肌痛、肌炎、横纹肌溶解、血清肌酸激酶升高。极少严重者可发生急性肾衰竭，这也是最严重的不良反应。

（2）贝特类　常用药物有苯扎贝特、非诺贝特、吉非罗齐等，能显著降低甘油三酯。

贝特类降脂药除了调节血脂外，还通过防止血液凝固、促进血栓溶解、减少动脉粥样硬化性炎症等途径来发挥抗动脉粥样硬化作用。常见不良反应为少数患者出现一过性肝转氨酶和肌酸激酶升高，他汀类与贝特类或烟酸合用更容易引起肌病，应用时须监测转氨酶和肌酶水平，保证用药安全。

其他常用调血脂药物如表2-2-4所示。

表2-2-4　其他常用调血脂药物一览表

制剂名称	规格	适应证	用法用量	不良反应
烟酸	0.1g	用于防治糙皮病等烟酸缺乏病；也可治疗高脂血症	抗高血脂开始口服2片，一日3次；4～7日后可增加至每次2～4片，一日3次	常见不良反应有颜面潮红、高血糖、高尿酸、上消化道不适等

续表

制剂名称	规格	适应证	用法用量	不良反应
依折麦布	10mg	适用于原发性高胆固醇血症	每日1次，每次1片，可在早晨或晚上随餐或空腹服用	耐受性良好，常见不良反应有腹痛、腹泻、恶心等

2.健康教育

（1）饮食治疗是基本措施，应长期坚持　对于原发性高脂蛋白血症，若为高胆固醇血症者，应限制胆固醇食物的摄入，如动物内脏、蛋黄、奶油、鱼子、全脂牛奶等，宜多食植物油等不饱和脂肪酸含量丰富的食品；对内源性高甘油三酯症者，应限制总热量和糖的摄入，建议饮食中饱和脂肪酸摄入量＜总热量的7%，胆固醇摄入量＜200mg/d，每天补充可溶性膳食纤维10～25g。

（2）增加有规律的体力活动　每日30～60分钟的中等强度有氧运动，每周至少5天。

（3）维持理想体重指数　体重指数在25kg/m² 以下，超重或肥胖者减重的初步目标为体重指数下降10%。BMI指数计算方法：当采用公制单位时，BMI的计算公式为BMI=体重（kg）/身高² （m²）。

（4）控制其他危险因素　戒烟、限盐以及降低血压等。

三、技能训练

情景1：患者，男性，45岁。体检结果显示：身高172cm，体重86kg，血压145/90mmHg，TC 6.82mmol/L，TG 1.94mmol/L，空腹血糖5.1mmol/L。患者为某公司中层管理人员，每天在公司食堂吃饭，喜欢食肥肉、动物内脏，每天吸烟20支左右，每日均饮酒少许，平日几乎无运动。自述无药物过敏史、无用药史、无就医史。

情景2：患者，男性，68岁，身高165cm，体重72kg，无吸烟史。高血压病史10年，每日服用硝苯地平缓释片，每次30mg，每日1次。本次复查进行血生化检查，结果显示：TC 6.36mmol/L，TG 3.96mmol/L，LDL-C 3.88mmol/L。患者母亲56岁时突发急性心肌梗塞死亡，大哥55岁时心梗。平日喜欢食肉类，不喜欢食蔬菜，基本不吃水果，每日饭后走路20分钟左右，无其他体育运动。自述无药物过敏史、无就医史。

任务要求：

1.请与患者进行有效沟通，结合疾病症状为患者提供就医及用药建议，并根据设计情景调配药物，提供用药指导。

2.请根据患者的情况，为患者提供健康指导。

即学即练

任务2-3　冠心病患者用药指导与患者教育

🏛 **任务情境**

假如你是某医院药学部一名药学服务工作人员。

某日，你接待一名患者，男性，65岁，患冠心病三年有余，近日自觉不适前来就诊。

自述在晨跑中出现心前区闷痛，伴有心悸，无头晕目眩，休息后能自行缓解。检查结果：心率90次/分，血压135/85mmHg，总胆固醇5.0mmol/L，甘油三酯1.5mmol/L，高密度脂蛋白胆固醇1.2mmol/L，低密度脂蛋白胆固醇3.0mmol/L，冠状动脉中度狭窄，心电图未见异常，诊断为冠心病。医生给患者开具了酒石酸美托洛尔片，单硝酸异山梨酯片，阿司匹林肠溶片。

经问询，患者喜欢食肥肉、动物内脏，每天吸烟1盒左右，每日均饮酒少许，平日几乎无运动。自述无药物过敏史、无用药史、无家族史。

任务要求：

1.请根据任务情境，为患者调配药物，并提供用药指导。

2.请根据患者的情况，为患者建立慢病管理档案，并提供健康指导。

一、任务实施

（一）工作准备

1.物品/信息准备，见表2-3-1。

2.环境和人员准备，见任务2-1中表2-1-2。

3.冠心病患者用药教育记录表（表2-3-2）。

表2-3-1 物品/信息准备情况一览表

序号	物品/信息名称	单位	数量	备注
1	酒石酸美托洛尔片	盒	1	真实药盒并含有药品说明书，说明书内容完整，药盒无破损
2	单硝酸异山梨酯片	盒	1	真实药盒并含有药品说明书，说明书内容完整，药盒无破损
3	阿司匹林肠溶片	盒	1	真实药盒并含有药品说明书，说明书内容完整，药盒无破损

表2-3-2 冠心病患者用药教育记录表

冠心病患者用药教育记录表						
姓名			性别	□男 □女	年龄	
身高			体重		BMI	
主要诊断						
辅助检查		血压：_____ 心电图：_____ 总胆固醇：_____ 甘油三酯：_____ 高密度脂蛋白胆固醇：_____ 低密度脂蛋白胆固醇：_____				
临床表现		□胸闷、胸痛 □头晕、头痛 □疲劳、乏力 □呼吸困难 □双下肢水肿 □视物模糊 □其他_____				
过敏史		□无 □青霉素 □磺胺 □其他_____				
既往史	疾病	□无 □高血压 □高血脂 □糖尿病 □脑卒中 □肝炎 □慢性阻塞性肺疾病 □严重精神障碍 □其他_____				
	手术	□无 □有_____				
	外伤	□无 □有_____				
家族史		□无 □父亲 □母亲 □兄弟姐妹 □高血压 □冠心病 □糖尿病 □脑卒中 □肝炎 □慢性阻塞性肺疾病 □严重精神障碍 □其他_____				

续表

冠心病患者用药教育记录表	
职业	□国家机关、党群组织、企业、事业单位负责人 □专业技术人员 □商业、服务业人员 □农、林、牧、渔、水利业生产人员 □生产、运输设备操作人员及有关人员 □不便分类的其他从业人员 □其他_____ □无职业
生活方式	饮食情况：□高油饮食　　　　□高盐饮食（每天超过6g） 　　　　　□肉类摄入量多　　□水果蔬菜摄入量多 　　　　　□家庭就餐较多　　□食堂或外卖较多 运动情况：□每天固定时间运动，每次运动30分钟以上 □每周至少3天固定时间运动，每次运动30分钟以上 □无固定时间运动 精神压力：□较大　　　□一般　　　□较轻 其他不良嗜好：_____

主要治疗药物使用情况			
药品名称	用法用量	开始用药时间	备注

用药教育主要内容	
患者咨询及解答	
参考资料	□药品说明书　□疾病指南　　□药学工具书 □医脉通　　　□用药助手　　□电子期刊研究文献　　□其他：
是否需要回访或跟进	□是，联系方式：　　　　　　　　□否
患者满意度	□非常满意　　　□满意　　　□一般　　　□不满意
患者健康教育方式	□面对面　　　□电话　　　□邮件　　　□网络
患者健康教育时长	患者健康教育药师

（二）操作过程

冠心病患者用药服务操作过程同任务2-1中操作过程。

（三）学习评价

评价表见任务2-1中慢病患者服务评价表。

二、相关知识

（一）疾病概述

冠状动脉粥样硬化性心脏病是指冠状动脉发生粥样硬化引起管腔狭窄或闭塞，导致心肌缺血、缺氧或坏死而引起的心脏病，简称冠心病（CHD），归属为缺血性心脏病，是动脉粥样硬化导致器官病变的最常见类型。

1.临床表现　不同患者临床表现不同，有些患者一直都没有冠心病的症状，直到阻塞的冠状动脉变得非常狭窄才发现，因此错过了早期控制和治疗的最佳时机。早期发现对于冠心病的治疗尤为重要，主要临床表现包括以下几个方面。

（1）典型胸痛　是冠心病最常见的症状，也称心绞痛。疼痛位于心前区，多为发作性绞痛或压榨痛，也可有憋闷感，偶尔伴有濒临死亡的恐惧感，可放射至左肩、臂，甚至小指和环指，休息或含服硝酸甘油可缓解。

（2）心律失常　表现为心悸，严重时伴有头晕、黑矇甚至意识丧失。体检可发现脉搏、心率和节律的异常。

（3）劳累后心慌、气短　活动时出现症状，休息后减轻；随着病情的发展，熟睡后也有突然憋醒的现象，坐起来感觉舒服些，提示可能伴有心功能不全。

2.疾病发展与并发症　冠心病是冠状动脉粥样硬化所致，其病因尚不完全明确。流行病学研究发现冠心病的主要危险因素包括年龄、高血压、血脂异常、高血糖/糖尿病、超重或肥胖，不良生活方式如吸烟、不合理膳食，缺乏锻炼等。男性较多见，男女发病比例约为2∶1。有冠心病、高血压、糖尿病、高脂血症家族史者，冠心病发病率增加。冠心病的发作常与季节变化、情绪激动、体力活动增加、大量吸烟等有关。冠心病所引起的并发症包括猝死、恶性心律失常、室间隔穿孔、心室壁的破裂等。

3.诊断　为了更具体地制订治疗策略，可以将冠心病分为两种综合征类型，即慢性心肌缺血综合征和急性冠状动脉综合征（简称冠脉综合征）。慢性心肌缺血综合征又称为稳定型冠心病，包括隐匿型冠心病、稳定型心绞痛及缺血性心肌病等。急性冠状动脉综合征包括ST段抬高型心肌梗死、非ST段抬高型心肌梗死及不稳定型心绞痛。冠心病的实验室检查主要包括血液检查、心电图、X线检查、运动试验检查、心脏超声检查、同位素检查和冠脉造影检查等。冠脉造影属于有创性检查手段，是目前诊断冠心病的金方法。

（二）疾病治疗与健康管理

冠心病的治疗药物主要有两大类：一类为改善心肌缺血、减轻症状的药物，包括硝酸酯类药物、β受体阻滞剂及钙通道阻滞剂；另一类为预防心肌梗死，改善预后的药物，包括抑制血小板聚集的阿司匹林、氯吡格雷，抗凝药物华法林，他汀类药物，血管紧张素转化酶抑制剂（ACEI）和血管紧张素Ⅱ受体阻滞剂（ARB）类药物等。

1.治疗药物

（1）改善心肌缺血、减轻症状的药物　此类药物主要包括β受体阻滞剂、硝酸酯类药物及钙通道阻滞剂。

1）β受体阻滞剂　β受体阻滞剂作为稳定型心绞痛的初始治疗药物，能降低心肌梗死后稳定型心绞痛患者再梗死和死亡的风险。常用药物为琥珀酸美托洛尔、比索洛尔等。

β受体阻滞剂能够抑制心脏肾上腺素能受体，从而减慢心率，减弱心肌收缩力，降低血压，减少心肌耗氧量和心绞痛发作，增加运动耐量。

β受体阻滞剂主要不良反应为心动过缓，消化道不良反应一般较轻，可耐受，无需特殊处理；如患者恶心、呕吐、腹痛等症状明显，需及时就医。

2）硝酸酯类药物　为内皮依赖性血管扩张剂，可改善心绞痛症状。硝酸酯类药物会反射性增加交感神经张力，使心率增快，因此常和负性心率药物如β受体阻滞剂联用。常用药物有硝酸甘油、硝酸异山梨酯、单硝酸异山梨酯等。

舌下含服或喷雾型硝酸甘油既用于心绞痛发作时，缓解症状；也可在活动前数分钟使用，预防心绞痛发作。长效硝酸酯类药物如单硝酸异山梨酯主要用于冠心病的预防和治疗。

硝酸甘油的不良反应主要为头痛、面色潮红、心率反射性加快和低血压等，特别是第一次含服硝酸甘油时，应注意可能发生直立性低血压。长期服药后突然停药可诱发心肌缺血，加重冠心病症状。长效硝酸酯类药物可能会引发头晕，因此患者驾驶和操作机械时应慎用。持续使用单硝酸异山梨酯的患者不能使用含5型磷酸二酯酶抑制剂（如西地那非）的药品，两药同用易增加心绞痛发作的危险。

（2）预防心肌梗死，改善预后的药物

阿司匹林通过不可逆地抑制环氧化酶（COX），阻碍花生四烯酸转化为血栓烷A2（TXA2），从而发挥抗血小板聚集的作用，阻止血栓形成。一般均建议所有冠心病患者长期服用小剂量阿司匹林100mg/d。

阿司匹林的不良反应以胃肠道反应为主，一般程度较轻，可耐受，无需特殊处理。有消化道溃疡或者出血史者应慎用和禁用阿司匹林；哮喘患者应避免使用阿司匹林；病毒性感染伴有发热的儿童不宜使用，可能会出现严重的肝功能不全合并脑病症状。应密切监测有无出血现象，尤其是消化道出血及牙龈出血，定期（3个月）复查血常规与便常规。出现出血情况不可自行减量，应及时就医。

其他预防心肌梗死、改善预后的药物如表2-3-3所示。

表2-3-3　其他预防心肌梗死、改善预后药物一览表

制剂名称	规格	适应证	用法用量	不良反应
氯吡格雷	50mg	用于动脉粥样硬化血栓形成事件的二级预防，用于近期心肌梗死、缺血性卒中患者或急性冠脉综合征的患者	口服，一次50~75mg，一日1次	出血是最常见的不良反应，常见胃肠出血；其他可见腹泻、腹部疼痛、消化不良等
替格瑞洛	90mg	与阿司匹林合用，用于急性冠脉综合征患者或有心肌梗死病史且伴有至少一种动脉粥样硬化血栓形成事件高危因素的患者	口服，一次90mg，一日2次	最常见不良反应为出血和呼吸困难
辛伐他汀	10mg	适用于高脂血症、冠心病合并高胆固醇血症的患者或患有杂合子家族性高胆固醇血症的儿童患者	口服，一次10mg，一日1次	主要不良反应为横纹肌溶解、肝功能损伤

2.健康教育

（1）冠心病是可以预防的，应严格控制危险因素。一旦确诊冠心病，一般要坚持长期药物治疗，控制缺血症状，降低心肌梗死的发生率和死亡率。

（2）硝酸酯类等药物见光易分解，因此需放在棕色瓶中密闭储存，开封后要每6个月更换或刺麻感减弱时更换。硝酸酯类药物连续应用易产生耐药性，不仅疗效减弱或消失，而且可能造成内皮功能损害，因此长期、持续使用硝酸酯类药物时应注意预留足够的无药间期，以减少耐药性的发生。

（3）一旦怀疑为急性心肌梗死，患者应立即嚼服300mg阿司匹林，舌下含服硝酸甘油，并拨打急救电话。同时注意血压、心率等变化。

（4）使用抗血小板药物或抗凝药物时要注意观察有无出血情况，一旦发生建议到医院就诊，根据情况减量或停药。

（5）保持健康的生活方式，如低盐低脂饮食、戒烟限酒、适当地运动锻炼。监测并控制血压、血糖和血脂等指标。

三、技能训练

情景1：患者，女性，50岁，患冠心病5年，高血压10年，因工作与其同事争吵时突然发生心前区疼痛、发闷，伴有颈部、左肩、左臂麻刺感。患者体形较胖，喜欢食肥肉、动物内脏，不喜欢食蔬菜水果；易失眠，平日几乎无运动。自述无药物过敏史。

情景2：患者，男性，62岁，近期出现左侧胸部疼痛，左肩膀也疼，劳累后出现胸口压迫性疼痛。经检查：血压为 130/80mmHg；总胆固醇6.5mmol/L，甘油三酯2.9mmol/L，高密度脂蛋白胆固醇0.72mmol/L，低密度脂蛋白胆固醇4.3mmol/L；冠状动脉狭窄。患者喜欢食肥肉、动物内脏；每天吸烟20支左右，每日均饮酒少许；平日几乎无运动。自述无药物过敏史。

任务要求：

1.请与患者进行有效沟通，结合疾病症状为患者提供就医及用药建议，并根据设计情景调配药物，提供用药指导。

2.请根据患者的情况，为患者提供健康指导。

即学即练

任务2-4　阿尔茨海默病患者用药指导与患者教育

🏛 任务情境 ···○

假如你是某医院药学部一名药学服务工作人员。

某日，你接待一名患者，男性，65岁，右利手，隐匿起病，缓慢进展。9年前开始出现无明显诱因近事遗忘、丢三落四伴迷路情况，性格改变，症状时好时坏；5年前上述症状逐渐加重，并出现幻觉，曾口服普拉克索、帕罗西汀等药物无明显改善；近1年出现步态不稳，向前倾斜，小碎步，伴肢体僵硬、活动减少，病程中存在睡眠呓语、大喊大叫、拳打脚踢，尿急、偶有尿失禁，大便干结。查体：认知功能明显减退，四肢肌力正常，肌张力略高，步态慌张。门诊查：简易智能状态检查量表（MMSE）6分。医生诊断为阿尔茨海默病（重度），开具药物多奈哌齐片和美金刚片。

经问询，患者178cm，75kg，大学文化，退休后在家独居，平日除看电视外，无其他爱好，饮食比较清淡，偶尔外出。其表哥有类似症状，60余岁去世，死因不详。自述无其他疾病，无药物过敏史。

任务要求：

1.请根据任务情境，为患者调配药物，并提供用药指导。

2.请根据患者的情况，为患者建立慢病管理档案，并提供健康指导。

一、任务实施

（一）工作准备

1.物品/信息准备，见表2-4-1。

2.环境和人员准备，见任务2-1中表2-1-2。

3.阿尔茨海默病患者用药教育记录表（表2-4-2）。

表2-4-1 物品/信息准备情况一览表

序号	物品/信息名称	单位	数量	备注
1	多奈哌齐片	盒	1	真实药盒并含有药品说明书，说明书内容完整，药盒无破损
2	美金刚片	盒	1	真实药盒并含有药品说明书，说明书内容完整，药盒无破损

表2-4-2 阿尔茨海默病患者用药教育记录表

阿尔茨海默病患者用药教育记录表						
姓名		性别	□男　□女	年龄		
身高		体重		BMI		
主要诊断						
辅助检查	认知心理评估：_____　血液化验：_____					
临床表现	□认知功能下降　□记忆力障碍　□语言下降　□执行力下降 □学习力下降　□错觉或幻觉　□其他_____					
过敏史	□无　□青霉素　□磺胺　□其他_____					
既往史	疾病	□无　□高血压　□冠心病　□糖尿病　□脑卒中　□肝炎 □慢性阻塞性肺疾病　□严重精神障碍　□其他_____				
	手术	□无　□有_____				
	外伤	□无　□有_____				
家族史	□无　　□父亲　□母亲　□兄弟姐妹 □高血压　□冠心病　□糖尿病　□脑卒中　□肝炎 □慢性阻塞性肺疾病　□严重精神障碍　□其他_____					

续表

阿尔茨海默病患者用药教育记录表	
职业	□国家机关、党群组织、企业、事业单位负责人 □专业技术人员 □商业、服务业人员 □农、林、牧、渔、水利业生产人员 □生产、运输设备操作人员及有关人员 □不便分类的其他从业人员 □其他_____ □无职业
生活方式	饮食情况：□高油饮食　　　　□高盐饮食（每天超过6g） 　　　　　□肉类摄入量多　　□水果蔬菜摄入量多 　　　　　□家庭就餐较多　　□食堂或外卖较多
	运动情况：□每天固定时间运动，每次运动30分钟以上 □每周至少3天固定时间运动，每次运动30分钟以上 □无固定时间运动
	精神压力：□较大　　　□一般　　　□较轻
	其他不良嗜好：_____

主要治疗药物使用情况			
药品名称	用法用量	开始用药时间	备注

用药教育主要内容	
患者咨询及解答	
参考资料	□药品说明书 □疾病指南　□药学工具书 □医脉通　　□用药助手　□电子期刊研究文献　□其他：
是否需要回访或跟进	□是，联系方式：　　　　　　　　□否
患者满意度	□非常满意　　　□满意　　　□一般　　　□不满意
患者健康教育方式	□面对面　　　□电话　　　□邮件　　　□网络
患者健康教育时长	患者健康教育药师

（二）操作过程

阿尔茨海默病患者用药服务操作过程同任务2-1中操作过程。

（三）学习评价

评价表见任务2-1中慢病患者服务评价表。

二、相关知识

（一）疾病概述

阿尔茨海默病（AD）是一种中枢神经系统的退行性疾病，主要发生在老年。疾病的主要特征包括进行性的认知功能障碍和行为损害。AD是痴呆症最常见的形式，约占病例数的60%～70%。AD的危险因素包括年龄增加、受教育程度低、易感基因APOE-84、家族史、心房颤动、抑郁、头部外伤、高血压及高脂血症等，女性患病风险更高。随着病程进展患者生活自理能力会逐渐丧失，给患者及其家人带来生活上和精神上的压力。

1.临床表现　起病隐匿，初始表现为记忆力逐渐下降，不能记住新的信息，这是因为大脑记忆形成脑区的功能异常。随着损害范围扩大和加重，逐渐出现其他功能异常。根据最新的AD分类：AD患者在临床症状出现前10～20年已经发生病理改变，虽然无临床症状，但此时是药物治疗AD的理想时期，称为临床前AD。AD出现症状后，根据认知功能损害情况和临床表现，AD的分期如下。

（1）AD-轻度认知障碍（MCI）期　轻度认知功能损害，患者自觉有认知功能下降，或客观检查提示患者存在近期记忆力障碍，轻度的空间构造、语言或执行能力下降，但对日常生活无明显影响。

（2）AD早期　轻度功能障碍，即患者出现症状的第1～3年。除了记忆力障碍之外，表现为时间定向力障碍、命名障碍、社交能力下降、易激惹、情绪改变、理财困难。MMSE 20～26分。

（3）AD中期　中度功能障碍，即患者出现症状的第2～8年。表现为时间、地点定向力障碍，理解困难伴失语、学习能力下降，在熟悉的环境中迷路，计算力下降，妄想、幻觉，易激惹、有攻击性、烦躁不安、焦虑、抑郁，日常生活能力下降（不能做饭、购物、办理银行业务、穿衣和刮胡子困难）。MMSE 10～19分。

（4）AD晚期　重度功能障碍，即患者出现症状的第6～12年。患者几乎不能说出有意义的言语，远期记忆也丧失，不能书写，不能穿衣或刮胡子，二便失禁，有异常行为。疾病终末期，患者对外界无反应，为类"植物人"状态，因肺部感染等并发症死亡。MMSE ＜10分。

除了认知功能异常，AD中期患者也常有精神行为症状，20%的AD患者会有错觉、幻觉；40%的AD患者有抑郁；80%的AD患者会出现兴奋或攻击性行为。

2.疾病发展与并发症　AD是由基因、生活方式和环境因素共同作用的结果，部分是由特定的基因变化引起的，确切病因尚未阐明。AD病程约为5～10年，少数患者可生存20年，常见并发症为肺部和泌尿系统感染、营养不良、压疮等，上述并发症也常是其死亡原因。

3.诊断

（1）认知心理评估　AD的诊断目前主要是基于临床的认知心理评估。可以先通过3个名词的回忆、简易认知评估量表（Mini-Cog）、画钟测试、MMSE、蒙特利尔认知功能评估量表（MoCA）等进行筛查，有异常者由专科医生做进一步的评定。

（2）血液化验　包括血常规、肝肾功能、甲状腺功能、血清叶酸和维生素B，必要时检测梅毒和HIV，有助于鉴别诊断。在症状不典型或不能排除其他颅内疾病所致的AD时，可行头颅MRI或PET检查。

（二）疾病治疗与健康管理

AD发病机制复杂，病变过程有多种因素参与，胆碱能神经元退行性病变是造成该类患者认知障碍的重要因素之一，临床上用改善认识功能的药物来治疗AD。

1.治疗药物

（1）改善认知功能的药物

1）胆碱酯酶抑制剂　通过抑制乙酰胆碱酯酶，增加中枢神经系统的乙酰胆碱递质浓度和活性，多用于治疗轻至中度AD患者，常用药物有多奈哌齐、石杉碱甲、加兰他敏、利斯的明、他克林等。

胆碱酯酶抑制剂对患者认知功能、情绪、行为症状和日常生活功能有适度改善，但无证据表明超过1年以上的长期治疗能够使患者有明显临床获益。

早期治疗不能改变AD进程，也未被证实可以延缓轻度认知功能损坏患者转化为AD，但能使其更长时间地维持日常功能在较高的水平，可缓解非认知功能症状，延迟入住医疗护理机构的时间。长期服药需要评估对体重和胃肠道带来的影响。

常见的不良反应为腹泻、肌肉痉挛、乏力、恶心、呕吐和失眠。

2）N–甲基–D–天冬氨酸（NMDA）受体阻滞剂　当兴奋性递质谷氨酸与NMDA受体结合后，可激活细胞膜电压依赖性钙通道，引起细胞内钙超负荷而致神经元选择性损伤。当谷氨酸以病理量释放时，NMDA受体拮抗剂可降低谷氨酸的神经毒性作用；当谷氨酸释放过少时，则可改善记忆过程所需谷氨酸的传递。

NMDA受体拮抗剂治疗中、重度AD，可显著改善其动作能力、认知障碍和社会行为。美金刚是第一个用于治疗晚期AD的NMDA受体拮抗剂，与胆碱酯酶抑制剂合用效果更好。美金刚单药或与多奈哌齐合用对中至重度AD患者有一定疗效。服药2～4周后患者临床症状改善效果虽然不十分明显，但日常生活功能有适度好转；用药6个月内，患者行为能力下降速度有所延缓。

不良反应有轻微眩晕、不安、头重、口干等，饮酒可能加重。

其他改善认知功能的药物如表2–4–3所示。

表2–4–3　其他治疗AD药物一览表

制剂名称	规格	适应证	用法用量	不良反应
奥拉西坦	0.4g	用于轻中度血管性AD、老年性AD以及脑外伤等引起的记忆与智能障碍、大脑功能不全	口服，每次0.8g，每日2次；重症每日2～8g	少见，偶见皮肤瘙痒、恶心、精神兴奋、头晕，头痛、睡眠紊乱，但症状较轻，停药后可自行恢复
脑蛋白水解物	2ml	用于原发性AD（如绝经与阿尔茨海默病综合征）、血管性AD（如多发梗死性AD）和混合性AD等	成人常10～30ml稀释于5%葡萄糖或生理盐水250ml中缓慢滴注，60～120分钟滴完，每日1次，每个疗程注射10～20次，依病情而定	偶有过敏反应发生，表现为发热、寒战、转氨酶升高及过敏性皮疹等

（2）控制精神症状的药物

1）抗抑郁药物　伴有情感淡漠、情绪低落、说话减少等抑郁症状的患者，可在医生指导下给予氟西汀、西酞普兰、舍曲林等抗抑郁药物。

2）抗精神病药　伴有行为紊乱、幻觉与妄想等症状的患者，可使用抗精神病药，如利培酮和奥氮平，建议小剂量给药，并及时停药以防发生毒副反应。

3）抗焦虑药　伴有焦虑、失眠症状的患者，可使用短效苯二氮䓬类药物，如阿普唑仑、奥沙西泮、劳拉西泮等，建议小剂量给药且不宜长期服用。

2.健康教育

（1）目前AD尚无有效的治疗方法，改善认知功能的药物仅能改善症状、维持功能，并不能改变疾病进程和结局。疾病终末期患者功能完全丧失，如已经呈现类"植物人"状态，则可考虑停用改善认知功能的药物。

（2）对AD患者的照顾和调整患者的日常生活方式非常重要。

（3）监测药物不良反应，应用胆碱酯酶抑制剂时要监测胃是否出血。

（4）若漏服1次改善认知功能的药物，请尽快补服；但若接近下次服药时间，则无需补服。美金刚避免与金刚烷胺、氯胺酮和右美沙芬同时使用。

（5）药物相互作用

1）胆碱酯酶抑制剂　60%多奈哌齐通过肝药酶CYP2D6、CYP3A4代谢清除，17%以原型从尿中排出。

2）美金刚　50%以原型经尿排出，部分通过肾小管分泌。尿液碱化剂（碳酸酐酶抑制剂、碳酸氢钠）可降低美金刚的清除率而使药物血浆浓度升高，当尿液pH=8时，美金刚的清除率下降约80%；氯化铵可酸化尿液而增加美金刚的排出。

（6）合理饮食，规律进行体力和脑力锻炼，良好睡眠，控制血压，防治糖尿病、脑血管疾病、心房颤动等对预防轻度认知功能损害有一定的帮助。

延迟神经退行性病变的地中海和得舒饮食方案建议多食用绿叶蔬菜、坚果、豆类、全谷类、鱼类和禽类食品，用橄榄油烹饪食物，并限制食用红肉、黄油、奶酪、油炸食物、快餐等食品。

三、技能训练

情景1：患者，男性，55岁，右利手，中专文化，起病隐匿，进展缓慢；2年前无明显诱因出现记忆力下降，表现为近事遗忘，丢三落四，阅读、书写能力不受影响。有命名障碍，社交能力下降，易激惹、情绪改变，理财困难。大小便好，睡眠差，伴有入睡困难。查体：神清语利，对近事记忆力下降，定向力、理解力可。其余神经检查呈阴性。门诊查MMSE 26分。自述无药物过敏史、无用药史、无家族史。

情景2：患者，男性，50岁，大学文化，干部，右利手，起病隐匿，进展缓慢。患者4年前无明显诱因出现记忆下降，以近期记忆为主，表现为说话重复，丢三落四，当时不影响日常生活，无明显情绪改变，无精神行为异常。4个月前患者自觉症状明显加重，理解困难（失语），学习能力下降，在熟悉的环境中迷路，计算力下降，妄想、幻觉，易激惹、有攻击性、烦躁不安、焦虑、抑郁，日常生活能力下降（不能做饭、购物、办理银行业务、穿衣和刮胡子困难）。神经系统查体：记忆、执行、语言能力下降，余未见阳性体征。当地医院就诊，查MMSE 18分。自述无药物过敏史、无用药史、无家族史。

任务要求：

1.请与患者进行有效沟通，结合疾病症状为患者提供就医及用药建议，并根据设计情景调配药物，提供用药指导。

2.请根据患者的情况，为患者提供健康指导。

即学即练

任务2-5　过敏性鼻炎患者用药指导与患者教育

🏛 **任务情境** ··○

假如你是某医院药学部一名药学服务工作人员。

某日，你接待一名患者，男性，37岁，每到春暖花开的季节就打喷嚏、流清水样鼻涕，严重影响工作。到医院进行检查后，医生诊断为季节性过敏性鼻炎，确定过敏原为花粉和柳絮，开具药物为氯雷他定片和盐酸羟甲唑啉鼻喷雾剂。

经问询，患者工作繁忙，作息时间不规律，喜食辛辣食物与肉类食物，日常无体育锻炼，每天自驾车上下班。自述其母亲患有过敏性鼻炎20年。本人无其他疾病史，无过敏史。

任务要求：

1.请根据任务情境，为患者调配药物，并提供用药指导。

2.请根据患者的情况，为患者建立慢病管理档案，并提供健康指导。

情景仿真

一、任务实施

（一）工作准备

1.物品/信息准备，见表2-5-1。

2.环境和人员准备，见任务2-1中表2-1-2。

3.过敏性鼻炎患者用药教育记录表（表2-5-2）。

表2-5-1　物品/信息准备情况一览表

序号	物品/信息名称	单位	数量	备注
1	氯雷他定片	盒	1	真实药盒并含有药品说明书，说明书内容完整，药盒无破损
2	盐酸羟甲唑啉鼻喷雾剂	盒	1	真实药盒并含有药品说明书，说明书内容完整，药盒无破损

表2-5-2　过敏性鼻炎患者用药教育记录表

过敏性鼻炎患者用药教育记录表					
姓名		性别	□男　　□女	年龄	
身高		体重		BMI	
主要诊断					
辅助检查	过敏原：_____				
临床表现	□鼻塞　　　　□流涕　　　　□鼻痒　　　　□打喷嚏 □其他_____				

续表

过敏性鼻炎患者用药教育记录表		
过敏史		□无　　□青霉素　　□磺胺　　□其他＿＿＿＿＿＿＿＿＿＿＿＿＿＿＿＿＿
既往史	疾病	□无　　□高血压　　□冠心病　　□糖尿病　　□脑卒中　　□肝炎 □慢性阻塞性肺疾病　　□严重精神障碍　　□其他＿＿＿＿＿＿＿＿＿
	手术	□无　　□有＿＿＿＿＿＿＿＿＿＿＿＿＿＿＿＿＿＿＿＿＿＿＿＿＿
	外伤	□无　　□有＿＿＿＿＿＿＿＿＿＿＿＿＿＿＿＿＿＿＿＿＿＿＿＿＿
家族史		□无　　　　　□父亲　　　　□母亲　　　　□兄弟姐妹 □高血压　　□冠心病　　□糖尿病　　□脑卒中　　□肝炎 □慢性阻塞性肺疾病　　□严重精神障碍　　□其他＿＿＿＿＿＿＿＿＿
职业		□国家机关、党群组织、企业、事业单位负责人 □专业技术人员 □商业、服务业人员 □农、林、牧、渔、水利业生产人员 □生产、运输设备操作人员及有关人员 □不便分类的其他从业人员 □其他＿＿＿＿＿＿＿＿＿＿＿＿＿＿＿＿ □无职业
生活方式		饮食情况：□高油饮食　　　　□高盐饮食（每天超过6g） 　　　　　　□肉类摄入量多　　□水果蔬菜摄入量多 　　　　　　□家庭就餐较多　　□食堂或外卖较多
		运动情况：□每天固定时间运动，每次运动30分钟以上 □每周至少3天固定时间运动，每次运动30分钟以上 □无固定时间运动
		精神压力：□较大　　□一般　　□较轻
		其他不良嗜好：＿＿＿＿＿＿＿＿＿＿＿＿＿＿＿＿＿＿＿＿＿＿＿＿＿

主要治疗药物使用情况				
药品名称	用法用量		开始用药时间	备注

用药教育主要内容		
患者咨询及解答		
参考资料	□药品说明书　□疾病指南　　□药学工具书 □医脉通　　□用药助手　□电子期刊研究文献　□其他：	
是否需要回访或跟进	□是，联系方式：　　　　　　　　□否	
患者满意度	□非常满意　　　□满意　　　□一般　　　□不满意	
患者健康教育方式	□面对面　　　□电话　　　□邮件　　　□网络	
患者健康教育时长		患者健康教育药师

（二）操作过程

过敏性鼻炎患者用药服务操作过程同任务2-1中操作过程。

（三）学习评价

评价表见任务2-1中慢病患者服务评价表。

二、相关知识

（一）疾病概述

过敏性鼻炎即变应性鼻炎，是指特应性个体接触变应原后，免疫球蛋白E（IgE）介导的介质（主要是组胺）释放，多种免疫活性细胞和细胞因子等参与的鼻黏膜非感染性炎性疾病。过敏性鼻炎可分为常年性过敏性鼻炎和季节性过敏性鼻炎。常年性过敏性鼻炎一年四季都有可能发作，一般在冬季、春季容易发病，常同全身其他变应性疾病并存。季节性过敏性鼻炎呈季节性发作，多在春季、秋季固定季节发病，发作间歇期完全正常。

1.临床表现　过敏性鼻炎的主要症状有鼻塞、流涕、鼻痒、打喷嚏等。

（1）鼻塞为间歇性或持续性，单侧或双侧，轻重程度不一，常伴有暂时性或持久性嗅觉障碍。

（2）流涕为大量清水样鼻涕，在急性发作期尤其明显，若继发感染可变成黏脓样分泌物。

（3）鼻痒多为阵发性鼻内痒，甚至眼部、软腭、耳、咽喉有痒感。

（4）喷嚏多为连续打喷嚏，一般清晨和夜间加重，并有流水样或稀薄黏液样涕。

2.疾病发展与并发症　过敏性鼻炎很难彻底治愈，容易反复发作，发展比较严重时，可出现重度鼻塞以至于影响呼吸，或诱发支气管哮喘，或出现过敏性休克等严重过敏性反应。过敏性鼻炎可能引发分泌性中耳炎、睡眠呼吸紊乱综合征、慢性鼻窦炎等并发症。

3.诊断　过敏性鼻炎的诊断主要依靠临床表现、相关检查和过敏原的确定。临床出现鼻塞、清水样涕、鼻痒、打喷嚏等症状2项或以上，每天持续1小时，同时伴有眼痒、结膜充血等眼部症状。相关检查主要是局部鼻腔状况检查，常见鼻腔黏膜苍白水肿，鼻腔中有大量水样分泌物。过敏原检测主要包括皮肤试验、血清学检查。

（二）疾病治疗与健康管理

过敏性鼻炎的治疗药物主要有抗组胺药、缓解鼻塞症状药、白三烯受体拮抗剂、糖皮质激素等。还可采用脱敏治疗，小量、多次逐步增加过敏原注射剂量，直至患者体内产生抗体。

1.治疗药物

（1）抗组胺药　首选第二代抗组胺药，如氯雷他定、西替利嗪等，该类药物为组胺H_1受体拮抗剂，可拮抗组胺引起的毛细血管扩张、毛细血管通透性增加、平滑肌收缩、呼吸道分泌增加等，从而缓解过敏性鼻炎的相关症状，如流涕、鼻痒、打喷嚏等。

组胺H_1受体拮抗剂常见的不良反应为中枢抑制引起的镇静、嗜睡、疲倦、乏力等，因此车、船、飞机的驾驶人员及精密仪器操作者在工作前应禁服抗组胺药。氯雷他定、西替利嗪、特非那定、地氯雷他定、左旋西替利嗪等第二代、第三代抗组胺药具有H_1受体选择性高、无镇静作用、抗胆碱作用与抗组胺作用相分离的特点，不良反应较少，偶有嗜睡、口干、乏力、头痛、恶心等。

（2）缓解鼻塞症状药 常用药物有盐酸羟甲唑啉喷雾剂，该药物可激动血管 α_1 受体而引起血管收缩，从而减轻炎症所致的充血和水肿，缓解过敏性鼻炎症状。

盐酸羟甲唑啉喷雾剂用药过频易致反跳性鼻充血，久用可致药物性鼻炎，因此需严格按推荐用量使用，且连续使用不得超过7天。用药后可产生轻微烧灼感、针刺感、鼻黏膜干燥以及头痛、头晕、心率加快等不良反应。

其他常用药物如表2-5-3所示。

表2-5-3　其他常用治疗过敏性鼻炎药物一览表

制剂名称	规格	适应证	用法用量	不良反应
孟鲁司特纳片	10mg	适用于15岁及以上成人哮喘的预防和长期治疗	每日一次，每次一片，哮喘患者应在睡前服用；过敏性鼻炎患者可根据自身的情况在需要时间服药；同时患有哮喘和季节性过敏性鼻炎的患者应每晚用药一次	常见不良反应有颜面潮红、高血糖、高尿酸、上消化道不适等
布地奈德鼻喷雾剂	64微克/喷	治疗季节性和常年性过敏性鼻炎，预防鼻息肉切除后鼻息肉的再生，对症治疗鼻息肉	成人和6岁及以上儿童：推荐起始剂量为一日256μg，此剂量可于早晨一次喷入或早晚分两次喷入；在获得预期的临床效果后，减少用量至控制症状所需的最小剂量	常见不良反应有局部刺激、轻微的血性分泌物、鼻出血等

2.健康教育

（1）避免接触过敏原 过敏性鼻炎患者应尽量避免接触已知的过敏原，如花粉、柳絮、动物皮毛等。保持室内环境清洁、干爽，及时清扫室内灰尘，定期清洗日常衣物，经常通风，减少尘螨。对花粉过敏者，在花开时节出门应佩戴密闭性好的口罩。

（2）加强体育锻炼 每天坚持有氧运动半小时以上，可增强身体抵抗力，如慢跑、健步走、瑜伽、游泳、骑车等。

（3）合理饮食 避免食用可能引起过敏的食物与药物，如海鲜、牛奶、花生、某些抗生素等。宜清淡饮食，忌辛辣油腻食物。

（4）戒烟酒。

三、技能训练

情景1：患者，男性，20岁，学生，每年春季有鼻塞、不停打喷嚏、流清水样鼻涕等症状。患者每天吸烟2～3支，平日几乎无运动，喜食肉类，不喜欢食蔬菜水果。自述无药物过敏史、无用药史。

情景2：患者，女性，48岁，公交车司机，每日清晨起床时有流清水样鼻涕、打喷嚏、鼻痒等症状，冬季和春季较严重。患者无吸烟史，平日偶尔有散步等运动，饮食较清淡。自述无药物过敏史、无用药史。

任务要求：

1.请与患者进行有效沟通，结合疾病症状为患者提供就医及用药建议，并根据设计情景调配药物，提供用药指导。

2.请根据患者的情况，为患者提供健康指导。

即学即练

任务2-6　支气管哮喘患者用药指导与患者教育

🏛 **任务情境**

假如你是某医院药学部一名药学服务工作人员。

某日，你接待一名患者，男性，61岁，患支气管哮喘多年，最近由于突然降温，出现咳嗽加重、有痰不易咳出、喘息、胸闷等症状。到医院进行检查后，医生诊断为支气管哮喘合并感染，确定过敏原为海鲜、粉尘、螨虫，开具药物为头孢呋辛酯片和布地奈德福莫特罗粉吸入剂。

经问询，患者已退休，每日作息规律，饮食较清淡，喜食水果蔬菜，不喜运动。吸烟30余年，现每日2～3支，无其他疾病史，无过敏史。

任务要求：

1.请根据任务情境，为患者调配药物，并提供用药指导。

2.请根据患者的情况，为患者建立慢病管理档案，并提供健康指导。

情景仿真

一、任务实施

（一）工作准备

1.物品/信息准备，见表2-6-1。

2.环境和人员准备，见任务2-1中表2-1-2。

3.支气管哮喘患者用药教育记录表（表2-6-2）。

表2-6-1　物品/信息准备情况一览表

序号	物品/信息名称	单位	数量	备注
1	头孢呋辛酯片	盒	1	真实药盒并含有药品说明书，说明书内容完整，药盒无破损
2	布地奈德福莫特罗粉吸入剂	盒	1	真实药盒并含有药品说明书，说明书内容完整，药盒无破损

表2-6-2　支气管哮喘患者用药教育记录表

支气管哮喘患者用药教育记录表					
姓名		性别	□男　　□女	年龄	
身高		体重		BMI	
主要诊断					
辅助检查	过敏原：_____				

续表

支气管哮喘患者用药教育记录表		
临床表现		☐喘息　　☐胸闷　　☐呼吸困难　　☐咳嗽 ☐其他＿＿＿＿＿＿＿＿＿＿
过敏史		☐无　　☐青霉素　　☐磺胺　　☐其他＿＿＿＿＿＿＿＿＿＿
既往史	疾病	☐无　　☐高血压　　☐冠心病　　☐糖尿病　　☐脑卒中　　☐肝炎 ☐慢性阻塞性肺疾病　☐严重精神障碍　☐其他＿＿＿＿＿＿＿＿＿
	手术	☐无　　☐有＿＿＿＿＿＿＿＿＿＿
	外伤	☐无　　☐有＿＿＿＿＿＿＿＿＿＿
家族史		☐无　　　☐父亲　　☐母亲　　☐兄弟姐妹 ☐高血压　　☐冠心病　　☐糖尿病　　☐脑卒中　　☐肝炎 ☐慢性阻塞性肺疾病　☐严重精神障碍　☐其他＿＿＿＿＿＿＿
职业		☐国家机关、党群组织、企业、事业单位负责人 ☐专业技术人员 ☐商业、服务业人员 ☐农、林、牧、渔、水利业生产人员 ☐生产、运输设备操作人员及有关人员 ☐不便分类的其他从业人员 ☐其他＿＿＿＿＿＿＿＿＿＿＿ ☐无职业
生活方式		饮食情况：☐高油饮食　　　☐高盐饮食（每天超过6g） 　　　　　☐肉类摄入量多　☐水果蔬菜摄入量多 　　　　　☐家庭就餐较多　☐食堂或外卖较多
		运动情况：☐每天固定时间运动，每次运动30分钟以上 ☐每周至少3天固定时间运动，每次运动30分钟以上 ☐无固定时间运动
		精神压力：☐较大　　☐一般　　☐较轻
		其他不良嗜好：＿＿＿＿＿＿＿＿＿＿＿＿
主要治疗药物使用情况		
药品名称	用法用量	开始用药时间	备注
用药教育主要内容		
患者咨询及解答		
参考资料		☐药品说明书 ☐疾病指南　☐药学工具书 ☐医脉通　　☐用药助手　☐电子期刊研究文献　☐其他：

续表

主要治疗药物使用情况			
药品名称	用法用量	开始用药时间	备注
是否需要回访或跟进	□是，联系方式：　　　　　　□否		
患者满意度	□非常满意　　□满意　　□一般　　□不满意		
患者健康教育方式	□面对面　　□电话　　□邮件　　□网络		
患者健康教育时长	患者健康教育药师		

（二）操作过程

支气管哮喘患者用药服务操作过程同任务2-1中操作过程。

（三）学习评价

评价表见任务2-1中慢病患者服务评价表。

二、相关知识

（一）疾病概述

支气管哮喘简称哮喘，是由多种细胞（如嗜酸性粒细胞、T淋巴细胞、肥大细胞、中性粒细胞、平滑肌细胞和气道上皮细胞等）和细胞组分参与的气道慢性炎症性疾病。

1.临床表现　支气管哮喘临床表现为反复发作性的喘息、胸闷、呼吸困难及咳嗽等，夜间及凌晨发作或加重，有些患者尤其是青少年的哮喘症状可能在运动时出现。

2.疾病发展与并发症　哮喘急性发作时其程度轻重不一，病情可在数小时或数天内加重，偶尔可在数分钟内危及生命，因此应对病情做出正确的评估并及时治疗。长期反复发作的支气管哮喘可能导致患者出现肺气肿、肺部感染、肺心病、气胸、呼吸衰竭等并发症。

3.诊断　支气管哮喘可通过症状、体征、实验室检查等多方面综合诊断。在接触过敏原（如冷空气、花粉、油漆、粉尘等）、吸烟、运动、情绪激动时可能出现反复发作性喘息、胸闷、咳嗽等症状。哮喘发作时典型的体征是双肺有广泛的、以呼气相为主的哮鸣音。对于无明显喘息、哮鸣音、仅表现为顽固咳嗽的不典型哮喘患者，需借助实验室检查，如肺功能检查、呼出气NO浓度测定、过敏原检查等进行诊断。

（二）疾病治疗与健康管理

支气管哮喘的治疗药物主要有糖皮质激素、支气管扩张药、白三烯调节药、过敏介质阻滞药、抗IgE类药等。

1.治疗药物

（1）糖皮质激素　是目前控制哮喘最有效的药物，根据给药途径的不同，可分为吸入、口服、静脉用药，其中吸入类糖皮质激素具有局部抗炎作用强、全身不良反应少等优点，已成为目前哮喘长期治疗的首选。常用药物有倍氯米松、布地奈德、氟替卡松等。吸入糖皮质激素无效或者需要短期加强治疗的患者，可口服糖皮质激素，如泼尼松、泼尼松龙等。重度或严重哮喘发作患者应及早静脉给予糖皮质激素，如甲泼尼龙、氢化可的松等。

糖皮质激素是一类具有抗炎作用的类固醇激素，常用于治疗哮喘等一系列过敏性和炎症性疾病。该类药物的药理作用有以下几个方面：一是糖皮质激素具有强大的抗炎作用，能预防和抑制气道炎症反应，减轻气道黏膜的肿胀和炎症细胞的浸润；二是糖皮质激素具有免疫抑制作用，能够阻断炎症反应过程中的免疫细胞活化和介质释放，抑制过度的免疫反应，减轻免疫反应对气道的损伤；三是糖皮质激素还能减轻气道平滑肌的收缩并减少黏液分泌，从而扩张气道、减轻黏液堵塞气道的情况。

长期应用糖皮质激素出现的不良反应有医源性肾上腺皮质功能亢进症（表现为满月脸、水牛背、多毛、痤疮、向心性肥胖等）和突然停药出现的撤药反应（表现为四肢酸痛、心悸、乏力、原有疾病加重等）。为了避免出现撤药反应，使用糖皮质激素应逐渐减量停药，或停药前加用促肾上腺皮质激素，或采用隔日疗法。

（2）支气管扩张药　主要用于哮喘急性发作期，可迅速解除支气管痉挛从而缓解哮喘症状，为急救药物。此类药物包括 β_2 受体激动药、磷酸二酯酶抑制药（茶碱类）、抗胆碱药。其中 β_2 受体激动药又分为短效 β_2 受体激动药和长效 β_2 受体激动药。短效 β_2 受体激动药的药效维持4～6小时，常用药物有沙丁胺醇、特布他林等。短效 β_2 受体激动药是控制急性发作哮喘的首选药物，根据给药途径的不同，可分为吸入、口服、静脉用药。长效 β_2 受体激动药的药效维持10～12小时，常用药物有沙美特罗、福莫特罗等。β_2 受体激动药与糖皮质激素联合应用是目前最常用的哮喘控制方案。

β_2 受体激动药是肾上腺素能激动剂，可选择性激动支气管平滑肌细胞膜上 β_2 受体，激活腺苷酸环化酶，增加环磷酸腺苷（cAMP）的合成，提高细胞内cAMP的浓度而解除支气管平滑肌痉挛，从而舒张支气管、缓解哮喘症状。此外，β_2 受体激动药还可抑制肥大细胞与中性粒细胞释放炎性介质、降低血管通透性、增加气道上皮纤毛运动、促进气道黏液腺分泌、减轻气道黏膜下水肿，这些效应均有利于缓解或消除哮喘症状。

β_2 受体激动药常见的不良反应有震颤、头痛、强直性痉挛、心动过速和心悸等，停药或坚持用药一段时间后不良反应可消失。

其他常用药物如表2-6-3所示。

表2-6-3　其他常用治疗支气管哮喘药物一览表

制剂名称	规格	适应证	用法用量	不良反应
氨茶碱片	0.1g	适用于支气管哮喘、喘息型支气管炎、阻塞性肺气肿等；也可用于心源性肺水肿引起的哮喘	成人常用量口服：一次0.1～0.2g，一日3次；极量：一次0.5g，一日2次	常见不良反应有恶心、呕吐、易激动、失眠、心率过速等
异丙托溴铵气雾剂	20微克/撤	适用于预防和治疗与慢性阻塞性气道疾病相关的呼吸困难、慢性阻塞性支气管炎伴或不伴有肺气肿、轻到中度支气管哮喘	每日剂量1～2撤，每日3～4次	常见不良反应有头痛、头晕、咳嗽、口干、胃肠蠕动紊乱等
扎鲁司特片	20mg	适用于哮喘的预防和长期治疗	成人和12岁及以上儿童起始剂量应是20mg，每日2次，一般维持剂量为20mg，每日2次，剂量逐步增加至一次最大量40mg，每日2次	常见不良反应有头痛、胃肠道反应、皮疹等

续表

制剂名称	规格	适应证	用法用量	不良反应
色苷酸钠气雾剂	3.5毫克/揿	用于预防哮喘及过敏性鼻炎	用于预防过敏性支气管哮喘：干粉（胶囊）喷雾吸入，一次1粒，一日4次；用于过敏性鼻炎：干粉（胶囊）鼻吸入，每侧半粒，一日4～6次	常见不良反应有咽部刺激感、呛咳、恶心、胸闷、皮疹、排尿困难等

2.健康教育

（1）正确认识疾病　哮喘是一种反复发作、很难彻底治愈的疾病，应向患者及家属介绍支气管哮喘的发病机制等相关知识，以消除患者对哮喘的恐惧心理。解释哮喘的激发因素，结合患者个体情况，找出哮喘诱因及避免诱因的方法，如减少吸入过敏原、避免剧烈运动、避免情绪激动等。介绍哮喘发作的先兆表现，指导患者在哮喘发作时进行简单紧急自我处理。

（2）定期监测　指导患者及家属在家中自行监测病情变化，可做哮喘日记，记录哮喘在白天和夜间发作的次数、症状变化情况等，还可使用峰流速仪测定患者肺功能。

（3）加强体育锻炼　每天坚持锻炼身体，增强体质、提高身体免疫力，如慢跑、散步、瑜伽、游泳等。

（4）合理饮食　避免食用可能过敏的食物与药物，如海鲜、某些药物等。宜清淡饮食，忌辛辣刺激食物，戒烟酒。

三、技能训练

情景1：患者，女性，25岁，为某公司业务员，在进入粉尘较大的生产厂房后呼吸困难、胸闷、气短，休息后未缓解，前往医院就诊，检查发现双肺闻及哮鸣音。该患者对花粉、海鲜过敏，平时饮食喜食肉类、较少食用蔬菜水果，平日几乎无运动。自述无药物过敏史。

情景2：患者，男性，36岁，为某公司文职人员，有支气管哮喘病史15年，近日由于降温出现咳嗽、气短、呼吸困难等症状，就诊后发现双肺普遍哮鸣音。患者有哮喘家族史。该患者平日外出就餐较多，习惯每日饭后散步30分钟。自述无药物过敏史。

任务要求：

1.请与患者进行有效沟通，结合疾病症状为患者提供就医及用药建议，并根据设计情景调配药物，提供用药指导。

2.请根据患者的情况，为患者提供健康指导。

即学即练

任务2-7　慢性阻塞性肺疾病患者用药指导与患者教育

🏛 **任务情境** ···○

假如你是某医院药学部一名药学服务工作人员。

某日，你接待一名患者，男性，70岁，3天前天气变冷感冒后出现咳嗽、咳黄浓痰、气喘等症状，活动后加重，感觉气管异物不适，遂来院就诊。检查：心率78次/分，体温38.2℃，呼吸26次/分，血压118/80mmHg，桶状胸，右肺呼吸音减弱，可闻及湿啰音。肺功能检查结果显示：1秒用力呼气容积占预计值百分比（FEV_1）75%，使用支气管舒张药后，1秒用力呼气容积占用力肺活量百分比（FEV_1/FVC）65%。X线检查肺纹理略有增粗。血常规检查见中性粒细胞数明显增多。诊断为慢性阻塞性肺疾病（慢阻肺）伴肺部感染，医生开具药品为沙丁胺醇气雾剂和阿莫西林克拉维酸钾片。

经询问：近十年来曾经多次出现类似情况，每逢季节变化天气转冷感冒时容易复发，曾多次到医院就诊。患者已退休多年，生活作息规律，家庭就餐为主，较少运动。既往有长期吸烟史、慢性支气管炎病史，无其他疾病史以及药物过敏史。

任务要求：

1.请根据任务情境，为患者调配药物，并提供用药指导；

2.请根据患者的情况，为患者建立慢病管理档案，并提供健康指导。

一、任务实施

（一）工作准备

1.物品/信息准备，见表2-7-1。

2.环境和人员准备，见任务2-1中表2-1-2。

3.慢阻肺患者用药教育记录表（表2-7-2）。

表2-7-1 物品/信息准备情况一览表

序号	物品/信息名称	单位	数量	备注
1	沙丁胺醇气雾剂	盒	1	真实药盒并含有药品说明书，说明书内容完整，药盒无破损
2	阿莫西林克拉维酸钾片	盒	1	真实药盒并含有药品说明书，说明书内容完整，药盒无破损

表2-7-2 慢阻肺患者用药教育记录表

慢阻肺患者用药教育记录表					
姓名		性别	□男　□女	年龄	
身高		体重		BMI	
主要诊断					
辅助检查	FEV_1%预计值：_____　　FEV_1 / FVC：_____ 血常规检测结果：_____				
临床表现	□咳嗽　　　□咳痰　　　□气短或呼吸困难　　□喘息 □胸闷　　　□其他_____				
过敏史	□无　　□青霉素　　□磺胺　　□其他_____				
既往史	疾病	□无　　□高血压　　□冠心病　　□糖尿病　　□脑卒中　　□肝炎 □慢性阻塞性肺疾病　□严重精神障碍　□其他_____			
	手术	□无　　□有_____			
	外伤	□无　　□有_____			

续表

	慢阻肺患者用药教育记录表			
家族史	□无　　　　□父亲　　　　□母亲　　　　□兄弟姐妹			
	□高血压　　□冠心病　　□糖尿病　　□脑卒中　　□肝炎 □慢性阻塞性肺疾病　　□严重精神障碍　　□其他＿＿＿＿＿＿＿＿＿＿			
职业	□国家机关、党群组织、企业、事业单位负责人 □专业技术人员 □商业、服务业人员 □农、林、牧、渔、水利业生产人员 □生产、运输设备操作人员及有关人员 □不便分类的其他从业人员 □其他＿＿＿＿＿＿＿＿ □无职业			
生活方式	饮食情况：□高油饮食　　　　　　□高盐饮食（每天超过6g） 　　　　　　□肉类摄入量多　　　□水果蔬菜摄入量多 　　　　　　□家庭就餐较多　　　□食堂或外卖较多			
	运动情况：□每天固定时间运动，每次运动30分钟以上 □每周至少3天固定时间运动，每次运动30分钟以上 □无固定时间运动			
	精神压力：□较大　　　□一般　　　□较轻			
	其他不良嗜好：＿＿＿＿＿＿＿＿＿＿＿＿＿＿＿＿＿＿＿＿＿＿			

主要治疗药物使用情况				
药品名称	用法用量		开始用药时间	备注
用药教育主要内容				
患者咨询及解答				
参考资料	□药品说明书　□疾病指南　　□药学工具书 □医脉通　　　□用药助手　□电子期刊研究文献　　□其他：			
是否需要回访或跟进	□是，联系方式：　　　　　　　　　　□否			
患者满意度	□非常满意　　　　□满意　　　　□一般　　　　□不满意			
患者健康教育方式	□面对面　　　　□电话　　　　□邮件　　　　□网络			
患者健康教育时长		患者健康教育药师		

（二）操作过程

慢阻肺患者用药服务操作过程同任务2-1中操作过程。

（三）学习评价

评价表见任务2-1中慢病患者服务评价表。

二、相关知识

（一）疾病概述

慢性阻塞性肺疾病（简称慢阻肺，COPD）是一组气流受限为特征的肺部疾病，气流受限不完全可逆，呈进行性发展，是可以预防和治疗的疾病。主要累及肺部，但也可以引起肺外各器官的损害。COPD是慢性支气管炎、慢性阻塞性肺气肿等呼吸系统疾病后期常见的并发症，属呼吸系统患病率和致死率较高的疾病之一。

1.病因与发病机制　确切病因不明。但认为与肺部对香烟、烟雾等有害气体或有害颗粒引发的异常炎症反应有关。这些反应存在个体易感因素和环境因素的互相作用。其中，吸烟为重要的发病因素，烟草中所含的焦油、尼古丁等化学物质可损伤气道，降低肺功能。

2.临床表现　患者临床常见症状为反复咳嗽、咳痰，随着疾病进展出现气促或呼吸困难，合并感染时可咳黄浓痰、痰量增多等。典型体征主要是桶状胸、语音震颤减弱、叩诊过清音、呼吸音减弱等，可通过肺功能检查、肺部X线检查等确诊。慢阻肺病程可分为急性加重期和稳定期，急性加重期是慢阻肺患者死亡的主要阶段。

3.疾病发展与并发症　慢阻肺患者早期往往有慢性支气管炎、肺气肿等基础疾病。伴随病情进展，可导致呼吸衰竭、慢性肺源性心脏病等并发症。伴发呼吸衰竭时，其症状明显加重，发生低氧血症和（或）高碳酸血症，可出现缺氧和二氧化碳潴留的临床表现；累及心脏时，可导致肺动脉高压，右心室肥厚扩大，最终导致右心功能不全。

4.诊断与严重程度分级　慢阻肺的诊断主要依据吸烟等高危因素史、临床症状、体征及肺功能检查等综合分析确定。不完全气流受限是COPD诊断的必要条件。吸入支气管扩张药后$FEV_1/FVC < 70\%$及$FEV_1 < 80\%$预计值。根据FEV_1/FVC、FEV_1预计值和症状可对COPD的严重程度做出分级，见表2-7-3。

表2-7-3　慢阻肺的严重程度分级

分级	分级标准	分级	分级标准
Ⅰ级：轻度	$FEV_1/FVC < 70\%$ $FEV_1 \geqslant 80\%$预计值 有或无慢性咳嗽、咳痰症状	Ⅲ级：重度	$FEV_1/FVC < 70\%$ $30\% \leqslant FEV_1 < 50\%$预计值 有或无慢性咳嗽、咳痰症状
Ⅱ级：中度	$FEV_1/FVC < 70\%$ $50\% \leqslant FEV_1 < 80\%$预计值 有或无慢性咳嗽、咳痰症状	Ⅳ级：极重度	$FEV_1/FVC < 70\%$ $FEV_1 < 30\%$预计值 或$FEV_1 < 50\%$预计值，伴有慢性呼吸衰竭

（二）疾病治疗与健康管理

慢阻肺的治疗原则是延缓疾病进展，控制症状，减少急性发作的频次和程度，提高运动耐量，改善患者的健康状况。主要采用药物对症支持治疗、戒烟、康复治疗、呼吸支持治疗以及使用流感疫苗和肺炎链球菌疫苗以减少肺部感染等综合治疗方法。其中治疗的药物主要包括支气管舒张剂、糖皮质激素类药物、祛痰剂以及抗菌药等。

慢阻肺稳定期治疗的目标主要是减轻症状和降低未来风险。急性加重期治疗目标主要是减轻急性加重的病情，预防未来急性加重的发生。优先吸入短效支气管扩张剂如特布他林或联合短效抗胆碱药；痰液黏稠不易排出者可使用祛痰剂，如乙酰半胱氨酸、溴己新、羧甲司坦等；呼吸困难严重者可以配合氧疗，改善症状。

1.治疗药物

（1）支气管舒张剂　　临床常用药物包括β受体激动药、抗胆碱能药等。患者在急性发作期会因气道阻塞出现哮喘、呼吸困难等症状，优先吸入短效β_2受体激动药或联合吸入短效的抗胆碱能药，是慢阻肺急性加重期患者优先选择的支气管扩张方案。通过扩张支气管，改善气流受限，减轻COPD症状。在具备给氧设施情况下，吸入雾化液最好在6~8L/min氧流量的条件下给予。

β_2受体激动药通过激动支气管平滑肌上的β受体，发挥扩张气道、解除气道痉挛作用，是COPD急性发作常用控制药物，主要包括短效β_2受体激动药（SABA），如沙丁胺醇、特布他林等；长效β_2受体激动药（LABA），如沙美特罗、福莫特罗、维兰特罗等。急性发作期可选择雾化吸入给药，缓解期可使用长效制剂气雾吸入。β_2受体激动剂长期或大剂量使用会引起头痛、头晕、骨骼肌震颤、低钾血症、心律失常等，增加肌糖原致代谢紊乱如血乳酸、丙酮酸升高，产生酮体等。

抗胆碱能药通过选择性阻断支气管平滑肌M受体，降低迷走神经兴奋性，松弛气道平滑肌，是COPD常用的药物，主要包括短效抗胆碱能药（SAMA）如异丙托溴铵和长效抗胆碱能药（LAMA）如噻托溴铵，起效较沙丁胺醇慢。此类药物可导致口干、便秘等症状，妊娠早期、患有青光眼、前列腺肥大的患者应慎用此类药物。

（2）抗菌药　　慢阻肺病情急性加重主要是细菌感染引起的。有肺部感染指征时，如呼吸困难、咳黄脓痰、痰量多等，应依据常见病原菌及药敏情况针对性选用抗菌药物。

对具备抗菌药物应用指征的患者，及时使用抗菌药可缩短恢复时间、减少治疗失败风险、降低复发风险。临床常用抗菌药包括β-内酰胺类抗菌药、大环内酯类抗菌药、喹诺酮类抗菌药等。

β-内酰胺类抗菌药通过抑制细菌细胞壁黏肽合成，导致菌体细胞壁结构缺损，发挥杀菌作用，是临床最常用的一类抗菌药，常用药物包括阿莫西林/克拉维酸钾、哌拉西林/他唑巴坦、头孢哌酮/舒巴坦、头孢呋辛、头孢噻肟等；大环内酯类抗菌药通过抑制菌体蛋白质合成发挥抗菌作用，抗菌谱广，对革兰阳性菌、革兰阴性菌、军团菌、支原体等有较强抗菌效果，临床常用药物包括阿奇霉素、克拉霉素等；喹诺酮类抗菌药通过抑制细菌DNA回旋酶，影响细菌DNA合成，发挥抗菌作用，药物抗菌谱广，口服易吸收，体内分布广泛，常用药物包括左氧氟沙星、莫西沙星等。抗菌药的使用应严格把握使用指征，不宜长期使用。长期使用广谱抗菌药物容易引起继发性真菌感染，应密切注意真菌感染的临床征象，采取有效的防治真菌感染措施。

其他常用治疗慢阻肺药物如表2-7-4所示。

表2-7-4　其他常用治疗慢阻肺药物一览表

制剂名称	规格	主要特点	用法用量	不良反应
茶碱缓释片	0.4g	用于缓解喘息型支气管炎、阻塞性肺气肿等引起的喘息症状	口服给药，一次0.1~0.2g，2次/天	口服可出现胃肠道反应如恶心、呕吐、腹痛等，中枢兴奋症状如失眠、震颤、激动等；安全范围窄，静脉注射过快可导致急性中毒，引起心律失常、血压下降及多尿等，须稀释后缓慢静注；血药浓度的个体差异大，从小剂量开始给药

续表

制剂名称	规格	主要特点	用法用量	不良反应
布地奈德福莫特罗吸入粉雾剂	160μg/45μg；320μg/90μg	复合制剂，用于慢阻肺规范使用支气管扩张剂治疗仍有急性加重的对症治疗	160μg/4.5μg，一次2吸，2次/天 320μg/9.0μg，一次1吸，2次/天	糖皮质激素吸入给药可引起声音嘶哑、咽部不适和念珠菌感染，用药后及时漱口；长期使用可以引起胃溃疡、骨质疏松症、高血压、糖尿病、青光眼、皮肤变薄、肌无力等
沙美特罗替卡松粉吸入剂	50μg/100μg；50μg/250μg	复合制剂，用于慢阻肺的对症治疗	一次1吸，2次/天	β₂受体激动剂可引起头痛、头晕、骨骼肌震颤、低血钾、心律失常等；增加肌糖原致代谢紊乱如血乳酸、丙酮酸升高，产生酮体等
吸入用乙酰半胱氨酸溶液	30ml：0.3g	用于治疗浓稠黏液分泌物过多的呼吸道疾病，包括急性支气管炎、慢性支气管炎、肺气肿、黏稠物阻塞症以及支气管扩张症	喷雾给药一次1~3ml，2~3次/天	雾化吸入可引起支气管哮喘、恶心、呕吐、胃炎等不良反应
羧甲司坦片	0.25g	用于慢性支气管炎、支气管哮喘等疾病引起的痰液黏稠、咳痰困难患者	口服给药，一次0.5g，3次/天	可见恶心、胃部不适、腹泻、轻度头痛以及皮疹等不良反应

2.健康教育

（1）吸烟的患者应积极戒烟　从事接触职业粉尘或化学物质工作的人群，应做好劳动保护。在北方室外空气污染严重时尽量避免外出，出门应佩戴口罩。

（2）家属应避免在家里燃烧生物燃料　如烧柴做饭、在室内用炉火取暖等，也应避免在室内吸烟。若患者所处地区存在空气污染，在条件允许的情况下，应在室内安装空气净化器。

（3）作息和饮食　规律作息，不熬夜，保证充足睡眠；营养不良的患者应补充营养，饮食均衡，多食用蔬菜和水果，适量食用高蛋白食物；肥胖患者要减肥，瘦弱患者要加强营养。营养支持可明显提高存在营养不良情况的慢阻肺病患者的呼吸肌功能。

（4）适当锻炼　患者可根据自身情况选择适合的锻炼方式，如散步、慢跑、游泳、爬楼梯、打太极拳等，也可通过做呼吸瑜伽、呼吸操、深慢腹式阻力呼吸功能锻炼、唱歌、吹口哨、吹笛子等锻炼呼吸功能。

三、技能训练

情景1：患者，男性，71岁，10年前无明显诱因出现咳嗽、咳白色泡沫样痰、气喘症状，应用布地奈德福莫特罗吸入粉雾剂和噻托溴铵维持治疗。一周前天气变冷感冒后上述症状加重，伴有明显胸闷、气促，活动后加剧，感觉气管异物不适。查体：体温37.8℃，脉搏78次/分，呼吸20次/分，血压106/70mmHg，桶状胸，右肺呼吸音减弱，可闻及湿啰音。吸烟40余年，20支/天；肺部CT检查见右肺片状浸润阴影，细菌涂片检查见革兰阳性球菌。诊断为慢性阻塞性肺疾病伴肺部感染。

情景2：患者，男性，69岁，退休工人。自述2天前因感冒出现咳嗽、咳少量痰、气喘、进行性呼吸困难、低热症状。查体：心率71次/分，体温38.2℃。经询问：患者近

5年来曾经多次出现类似情况，每逢季节变化、天气转冷、感冒后容易复发，曾多次到医院就诊，肺功能检查提示患者存在持续气流受限、肺活量减少情况，血常规检查示中性粒细胞数明显增多。每天抽烟20支左右，不饮酒，不爱运动，无其他疾病史，无过敏史。

任务要求：

1.请与患者进行有效沟通，结合疾病症状为患者提供就医及用药建议，并根据设计情景调配药物，提供用药指导。

2.请根据患者的情况，为患者提供健康指导。

即学即练

任务2-8　消化性溃疡患者用药指导与患者教育

🏛 任务情境

假如你是某医院药学部一名药学服务工作人员。

某日，你接待一名患者，47岁。他主诉近期上腹部经常出现疼痛感，在饭后和夜间更为明显，伴有嗳气、反酸以及偶尔的恶心感。医院检查结果为十二指肠溃疡，幽门螺杆菌阳性。医生开具的药物为奥美拉唑肠溶片、枸橼酸铋钾胶囊、阿莫西林胶囊、克拉霉素片。

经询问，患者是一名企业经理，工作压力较大，饮食不规律，经常吃外卖或快餐，偏好辛辣和油腻食物。每日吸烟约15支，偶尔饮酒，几乎不进行体育锻炼。自述无药物过敏史和长期用药史。父母健在，无特殊疾病。

任务要求：

1.请根据任务情境，为患者调配药物，并提供用药指导。

2.请根据患者的情况，为患者建立慢病管理档案，并提供健康指导。

情景仿真

一、任务实施

（一）工作准备

1.物品/信息准备，见表2-8-1。

2.环境和人员准备，见任务2-1中表2-1-2。

3.消化性溃疡患者用药教育记录表（表2-8-2）。

表2-8-1　物品/信息准备情况一览表

序号	物品/信息名称	单位	数量	备注
1	奥美拉唑肠溶片	盒	1	真实药盒并含有药品说明书，说明书内容完整，药盒无破损
2	阿莫西林胶囊	盒	1	真实药盒并含有药品说明书，说明书内容完整，药盒无破损
3	克拉霉素片	盒	1	真实药盒并含有药品说明书，说明书内容完整，药盒无破损
4	枸橼酸铋钾胶囊	盒	1	真实药盒并含有药品说明书，说明书内容完整，药盒无破损

表2-8-2　消化性溃疡患者用药教育记录表

消化性溃疡患者用药教育记录表						
姓名			性别	☐男　☐女	年龄	
身高			体重		BMI	
主要诊断						
辅助检查	幽门螺杆菌：＿＿＿＿＿＿＿＿＿　　胃镜：＿＿＿＿＿＿＿＿＿					
临床表现	☐头晕、头痛　　☐空腹腹痛　　☐饭后腹痛　　☐恶心、呕吐 ☐反酸、嗳气　　☐腹胀　　☐其他＿＿＿＿＿＿＿＿＿＿＿＿＿					
过敏史	☐无　　☐青霉素　　☐磺胺　　☐其他＿＿＿＿＿＿＿＿＿＿＿＿＿					
既往史	疾病	☐无　　☐高血压　　☐冠心病　　☐糖尿病　　☐脑卒中　　☐肝炎 ☐慢性阻塞性肺疾病　　☐严重精神障碍　　☐其他＿＿＿＿＿＿＿＿				
	手术	☐无　　☐有＿＿＿＿＿＿＿＿＿＿＿＿＿＿＿＿＿＿＿＿＿＿＿＿				
	外伤	☐无　　☐有＿＿＿＿＿＿＿＿＿＿＿＿＿＿＿＿＿＿＿＿＿＿＿＿				
家族史	☐无　　　☐父亲　　☐母亲　　☐兄弟姐妹 ☐高血压　　☐冠心病　　☐糖尿病　　☐脑卒中　　☐肝炎 ☐慢性阻塞性肺疾病　　☐严重精神障碍　　☐其他＿＿＿＿＿＿＿＿					
职业	☐国家机关、党群组织、企业、事业单位负责人 ☐专业技术人员 ☐商业、服务业人员 ☐农、林、牧、渔、水利业生产人员 ☐生产、运输设备操作人员及有关人员 ☐不便分类的其他从业人员 ☐其他＿＿＿＿＿＿＿＿＿＿＿ ☐无职业					
生活方式	饮食情况：☐高油饮食　　　　☐高盐饮食（每天超过6g） 　　　　　☐肉类摄入量多　　☐水果蔬菜摄入量多 　　　　　☐家庭就餐较多　　☐食堂或外卖较多 运动情况：☐每天固定时间运动，每次运动30分钟以上 ☐每周至少3天固定时间运动，每次运动30分钟以上 ☐无固定时间运动 精神压力：☐较大　　☐一般　　☐较轻 其他不良嗜好：＿＿＿＿＿＿＿＿＿＿＿＿＿＿＿＿＿＿＿＿＿＿＿					
主要治疗药物使用情况						
药品名称	用法用量			开始用药时间		备注

续表

主要治疗药物使用情况			
药品名称	用法用量	开始用药时间	备注
用药教育主要内容			
患者咨询及解答			
参考资料	□药品说明书　□疾病指南　　□药学工具书 □医脉通　　　□用药助手　□电子期刊研究文献　□其他：		
是否需要回访或跟进	□是，联系方式：　　　　　　　□否		
患者满意度	□非常满意　　　　□满意　　　　□一般　　　　□不满意		
患者健康教育方式	□面对面　　　　□电话　　　　□邮件　　　　□网络		
患者健康教育时长		患者健康教育药师	

（二）操作过程

消化性溃疡患者用药服务操作过程同任务2-1中操作过程。

（三）学习评价

评价表见任务2-1中慢病患者服务评价表。

二、相关知识

（一）疾病概述

消化性溃疡是指胃肠道黏膜被胃酸或胃蛋白酶等消化液腐蚀而造成的溃疡，主要发生在胃和十二指肠，也可出现于食管下段、小肠、胃肠吻合术后吻合口以及异位的胃黏膜，如位于肠道的Meckel憩室。

1.临床表现　消化性溃疡的典型症状为上腹部疼痛，性质可为钝痛、灼痛、胀痛或剧痛，也可表现为饥饿样不适感。疼痛具有节律性和周期性，胃溃疡患者常在餐后出现疼痛，十二指肠溃疡患者则常在空腹时或夜间感到疼痛，进食后可缓解。部分患者可无症状，或以出血、穿孔等并发症作为首发症状。

2.疾病发展与并发症　消化性溃疡的发展过程中，患者若未得到及时治疗，可能会导致一系列并发症，如出血、穿孔、幽门梗阻和癌变。出血是消化性溃疡最常见的并发症，表现为呕血或黑便；穿孔则可能导致急性腹膜炎，表现为突发的剧烈腹痛；幽门梗阻会使得胃内容物无法顺利通过，导致呕吐；长期未治的溃疡还有癌变的风险。

3.诊断　消化性溃疡的诊断主要依赖于内镜检查，可以直接观察溃疡的形态、大小和位置，并可以进行活检以排除癌变。X线钡餐检查也是一种常用的诊断方法，可以发现龛影等间接征象。对于疑似消化性溃疡的患者，还应进行幽门螺杆菌检测，该菌是消化性溃疡的重要病因之一。

（二）疾病治疗与健康管理

消化性溃疡的治疗与健康管理是一个长期且综合性的过程，不仅旨在缓解症状、促进溃疡愈合，还要防止复发，并最大限度地减少并发症的发生。

1. 治疗药物

（1）抗酸药　本类药物均为弱碱性化合物，口服后在胃内直接中和胃酸，降低胃酸酸度和胃蛋白酶的活性，缓解它们对胃、十二指肠黏膜及溃疡面的刺激和侵蚀，达到缓解疼痛、治愈溃疡的目的。有些药还能形成胶状保护膜，覆盖于溃疡面和胃黏膜，兼具保护胃黏膜作用。常用抗酸药如表2-8-3所示。

表2-8-3　常用抗酸药一览表

药物	作用特点	不良反应
氢氧化铝	抗酸作用较强、缓慢、持久；口服在胃中形成氧化铝凝胶，保护溃疡面	长期服用可影响肠道对磷酸盐的吸收，形成的氧化铝有收敛作用，可致便秘
碳酸钙	抗酸作用强、快、持久	中和胃酸时产生CO_2，可致嗳气
碳酸氢钠	抗酸作用强、起效快但短暂；口服易吸收，可碱化血液和尿液	中和胃酸时产生CO_2，可致嗳气、腹胀甚至溃疡穿孔，可致碱血症
氢氧化镁	抗酸作用强、起效快、持久	镁离子有导泻作用，可致腹泻
铝碳酸镁	本药具有中和胃酸、保护胃黏膜和吸附结合胃蛋白酶的作用	偶有口渴、食欲缺乏和腹泻症状

（2）胃酸分泌抑制药　胃酸是由胃壁细胞合成分泌的，并受迷走神经释放的乙酰胆碱、体液中的活性物质组胺以及内分泌细胞释放的胃泌素的调节和控制。在胃壁细胞的基底膜上存在上述调控物质相应的M、H_2及胃泌素受体，胃酸分泌抑制药可阻断上述受体而发挥作用。常用药物有H_2受体阻滞剂和胃壁细胞H^+-K^+-ATP酶抑制药（质子泵抑制药）。

1）H_2受体阻滞剂　本类药物能显著抑制组胺引起的胃酸分泌，对基础胃酸分泌的抑制作用最强，也能抑制胃泌素、咖啡因、进食等刺激引起的胃酸分泌。因此本类药物对于基础胃酸分泌及夜间胃酸分泌都有良好的抑制作用。此类药物中抑制胃酸分泌的强度由强到弱依次为法莫替丁、雷尼替丁、尼扎替丁、罗沙替丁、西咪替丁。

本类药物临床主要用于胃和十二指肠溃疡的治疗，能减轻溃疡引起的疼痛，促进胃和十二指肠溃疡的愈合。不良反应偶有头痛、头晕、便秘、腹泻、腹胀、皮疹、瘙痒，少数人可出现血细胞减少等。其中西咪替丁具有抗雄激素的作用，男性长期应用可引起乳房发育及性功能障碍。西咪替丁为肝药酶抑制剂，可使苯妥英钠、苯巴比妥、华法林、普萘洛尔等药物的代谢减慢；而雷尼替丁对肝药酶影响较小。肝肾功能不全、孕妇及哺乳期妇女忌用，儿童慎用。

2）质子泵抑制药　H^+-K^+-ATP酶位于胃壁细胞膜上，其作用是催化ATP的分解，提供能量，帮助H^+、K^+通过细胞膜主动转运，将H^+（质子）泵出胃壁细胞进入胃腔形成胃酸，胃壁细胞H^+-K^+-ATP酶抑制药能与H^+-K^+-ATP酶结合并使其失活，减少胃酸分泌。其抑制胃酸分泌的作用强大且持久，此外对幽门螺杆菌也有抑制作用。常用药物有奥美拉唑、雷贝拉唑、兰索拉唑、泮多拉唑等。

本类药物用于各类胃及十二指肠溃疡。不良反应发生率较低，主要有恶心、呕吐、腹胀、腹痛、腹泻、口干、便秘、头痛、失眠等。用药期间应注意患者的消化道及神经系统的反应，长期用药可加重原有的焦虑、抑郁症状，长期用药者需定期检查胃黏膜有无肿瘤样增生。

（3）胃黏膜保护药　胃黏膜保护药主要通过增强胃黏膜屏障功能、促进胃黏膜修复或改善胃黏膜血流等机制，来预防和治疗消化性溃疡。本类药物能有效减轻胃酸、胃蛋白酶等消化液对胃黏膜的腐蚀作用，促进溃疡愈合。常用药物有硫糖铝、枸橼酸铋钾等。

1）硫糖铝　本品能与胃黏膜的蛋白质结合形成保护膜，覆盖溃疡面，阻止胃酸、胃蛋白酶等消化液对胃黏膜的侵蚀，促进溃疡愈合。同时，硫糖铝还能吸附胃蛋白酶，抑制其活性，有利于溃疡面的修复。

2）枸橼酸铋钾　本品在胃酸条件下能与溃疡面的蛋白质结合，形成一层保护膜，覆盖溃疡面，阻止胃酸、胃蛋白酶等消化液对胃黏膜的进一步侵蚀，并促进胃黏膜上皮细胞的再生和修复。此外，还能杀灭幽门螺杆菌，促进溃疡的愈合。

（4）抗幽门螺杆菌药

幽门螺杆菌为革兰阴性杆菌，存在于胃上皮和腺体内的黏液层，可分泌尿素酶，同时释放白三烯和多种细胞毒素，破坏胃黏膜。常用的抗幽门螺杆菌的抗菌药有阿莫西林、甲硝唑、庆大霉素、克拉霉素等。单用某一种抗菌药疗效较弱，容易产生耐药性，一般需2种或3种药合用，以提高根除率并减少耐药性的产生。

目前常用三联疗法或四联疗法，即两种抗菌药＋铋剂或质子泵抑制剂，或两种抗菌药＋铋剂＋质子泵抑制剂。联合用药明显提高了幽门螺杆菌的清除率，抑制溃疡并降低溃疡复发率。

2.健康教育

（1）长期坚持避免摄入可能刺激胃黏膜的食物　辛辣、油腻、过酸、过甜的食物，以及咖啡、酒精等刺激性饮品容易刺激胃黏膜。多食用易消化、营养丰富的食物，如瘦肉、鱼、蔬菜、水果，以保护胃黏膜，促进溃疡愈合。同时，注意饮食卫生，定时定量进餐，避免暴饮暴食，以减轻胃黏膜负担。

（2）增加有规律的体力活动　每日进行30～60分钟的中等强度有氧运动，如快走、慢跑、游泳等，每周至少5天。适量运动能改善胃肠道血液循环，增强胃肠道蠕动功能，促进食物消化和吸收，同时缓解精神压力，有助于消化性溃疡的康复。

（3）控制其他危险因素　戒烟、限盐以降低胃黏膜受损的风险。同时，关注血压的变化，如有高血压病史，应积极控制血压，以减少对胃黏膜的血流影响。此外，还应避免使用可能加重溃疡症状的药物，如非甾体抗炎药等。

三、技能训练

情景1：患者，女性，38岁，近日参加单位体检，体检报告显示幽门螺杆菌阳性，遂前来咨询。经问询，患者为某公司中层管理人员，日常工作繁忙，饮食不规律，每天在公司食堂用餐，并有少量饮酒的习惯。自述平日无明显不适，偶有反酸、烧心的症状，但不严重。无药物过敏史、无长期用药史、近期无其他就医记录。

情景2：患者，男性，50岁，因长期上腹部不适、餐后疼痛加重而就诊。体检结果显示：身高170cm，体重78kg，体重指数（BMI）偏高；血压135/85mmHg；HP阳性。经问询，患者生活习惯不规律，饮食偏好辛辣、油腻食物，经常食用快餐和夜宵；同时，每天吸烟约15支，并有适量饮酒的习惯。自述无药物过敏史、无长期用药史、近期无其他就医记录。

即学即练

任务要求：

1.请与患者进行有效沟通，结合疾病症状为患者提供就医及用药建议，并根据设计情

景调配药物，提供用药指导。

2.请根据患者的情况，为患者提供健康指导。

任务2-9 糖尿病患者用药指导与患者教育

🏛 任务情境

假如你是某医院药学部一名药学服务工作人员。

某日，你接待一名男性患者，72岁，2型糖尿病史13年，一直服用格列本脲治疗，空腹血糖波动在7~8mmol/L。1个月前进行血液检测，结果显示：餐前血糖13mmol/L，餐后18mmol/L。医生调整用药为二甲双胍肠溶片和阿卡波糖片，口服降糖。

经询问，患者175cm，82kg，患有消化性溃疡，糖尿病饮食，每天晚饭后慢走50分钟左右。每周饮酒2~3次，每次量不大。自述兄弟姐妹5人，3人确诊为糖尿病，无过敏史。

任务要求：

1.根据医生为患者开具的药物，为患者调配药物，并提供用药指导。

2.根据患者的情况，为患者建立慢病管理档案。

3.根据患者的基本情况，为患者提供健康指导。

情景仿真

一、任务实施

（一）工作准备

1.物品/信息准备，见表2-9-1。

2.环境和人员准备，见任务2-1中表2-1-2。

3.糖尿病患者用药教育记录表（表2-9-2）。

表2-9-1 物品/信息准备情况一览表

序号	物品/信息名称	单位	数量	备注
1	二甲双胍肠溶片	盒	1	真实药盒并含有药品说明书，说明书内容完整，药盒无破损
2	阿卡波糖片	盒	1	真实药盒并含有药品说明书，说明书内容完整，药盒无破损

表2-9-2 糖尿病患者用药教育记录表

糖尿病患者用药教育记录表						
姓名		性别	□男　□女		年龄	
身高		体重			BMI	
主要诊断						
辅助检查	餐前血糖：＿＿＿＿＿＿＿		餐后血糖：＿＿＿＿＿＿＿			
临床表现	□多饮　　　　□多食　　　　□多尿　　　　□体重减轻 □下肢水肿　　□心慌气短　　□其他＿＿＿＿＿＿＿＿＿＿					
过敏史	□无　　□青霉素　　□磺胺　　□其他＿＿＿＿＿＿＿＿＿＿					

糖尿病患者用药教育记录表		

<table>
<tr><td rowspan="3">既往史</td><td>疾病</td><td>□无　　□高血压　　□冠心病　　□糖尿病　　□脑卒中　　□肝炎
□慢性阻塞性肺疾病　□严重精神障碍　□其他_____</td></tr>
<tr><td>手术</td><td>□无　　□有_____</td></tr>
<tr><td>外伤</td><td>□无　　□有_____</td></tr>
<tr><td rowspan="2">家族史</td><td colspan="2">□无　　　　□父亲　　　□母亲　　　□兄弟姐妹</td></tr>
<tr><td colspan="2">□高血压　　□冠心病　　□糖尿病　　□脑卒中　　□肝炎
□慢性阻塞性肺疾病　　□严重精神障碍　　□其他_____</td></tr>
<tr><td>职业</td><td colspan="2">□国家机关、党群组织、企业、事业单位负责人
□专业技术人员
□商业、服务业人员
□农、林、牧、渔、水利业生产人员
□生产、运输设备操作人员及有关人员
□不便分类的其他从业人员
□其他_____
□无职业</td></tr>
<tr><td>生活方式</td><td colspan="2">饮食情况：□高糖饮食　　　　　　□高盐饮食（每天超过6g）
　　　　　　□肉类摄入量多　　　　□水果蔬菜摄入量多
　　　　　　□家庭就餐较多　　　　□食堂或外卖较多
运动情况：□每天固定时间运动，每次运动30分钟以上
□每周至少3天固定时间运动，每次运动30分钟以上
□无固定时间运动
精神压力：□较大　　　□一般　　　□较轻
其他不良嗜好：_____</td></tr>
</table>

主要治疗药物使用情况			
药品名称	用法用量	开始用药时间	备注

<table>
<tr><td>用药教育主要内容</td><td colspan="3"></td></tr>
<tr><td>患者咨询及解答</td><td colspan="3"></td></tr>
<tr><td>参考资料</td><td colspan="3">□药品说明书　□疾病指南　□药学工具书　　　□UpToDate
□医脉通　　　□用药助手　□电子期刊研究文献　□其他：</td></tr>
<tr><td>是否需要回访或跟进</td><td colspan="3">□是，联系方式：　　　　　　　　□否</td></tr>
<tr><td>患者满意度</td><td colspan="3">□非常满意　　　　□满意　　　　□一般　　　　□不满意</td></tr>
<tr><td>患者健康教育方式</td><td colspan="3">□面对面　　　　□电话　　　　□邮件　　　　□网络</td></tr>
<tr><td>患者健康教育时长</td><td></td><td>患者健康教育药师</td><td></td></tr>
</table>

（二）操作过程

糖尿病患者用药服务操作过程同任务2-1中操作过程。

（三）学习评价

评价表见任务2-1中慢病患者服务评价表。

二、相关知识

（一）疾病概述

糖尿病是由胰岛素分泌和（或）作用缺陷引起的一组以慢性血糖水平增高为特征的内分泌代谢性疾病。WHO糖尿病病因学分型体系（1999年）将糖尿病分为4大类：1型糖尿病、2型糖尿病、妊娠糖尿病和特殊型糖尿病。

1.临床表现　糖尿病患者主要表现为代谢紊乱，血糖升高后因渗透性利尿引起多尿，继而口渴多饮；外周组织对葡萄糖利用障碍导致脂肪分解增多，蛋白质代谢负平衡，渐见乏力、消瘦，儿童生长发育受阻；患者易饥、多食。故糖尿病的临床表现常被描述为"三多一少"，即多尿、多饮、多食和体重减轻。

2.疾病发展与并发症　长期血糖升高会使体内营养物质代谢紊乱并引起多系统损害，导致眼、肾、神经、心脏、血管等器官组织慢性进行性病变、功能减退及衰竭。病情严重或应激时可发生急性严重代谢紊乱，如糖尿病酮症酸中毒（DKA）、高血糖高渗综合征等。

3.诊断　糖尿病的诊断主要依赖于血糖检查，通过抽取患者的静脉血测定其血糖水平，主要参考指标为空腹血糖、随机血糖及口服葡萄糖耐量试验（OGTT）血糖水平，具体如表2-9-3所示。

表2-9-3　糖尿病诊断标准

诊断标准 ［糖尿病症状（典型症状三多一少）加以下其中一项］	静脉血糖水平（mmol/L）
随机血糖（指不考虑上次用餐时间，一天中任意时间血糖）	≥11.1
空腹血糖（空腹状态指至少8小时没有进食）	≥7.0
葡萄糖耐量试验2小时后血糖	≥11.1

（二）疾病治疗与健康管理

糖尿病的治疗在于纠正代谢紊乱，消除症状，防止或延缓并发症的产生，降低病死率，提高生活质量。国际糖尿病联盟提出了糖尿病综合治疗的5个方面，我国专家学者称之为"五驾马车"治疗方案，即医学营养治疗、运动疗法、血糖监测、药物治疗和糖尿病教育。

目前，临床上可供选择的降糖药物有许多种类，口服降血糖药与胰岛素相比应用方便，但作用慢而弱，常用于轻、中型糖尿病的治疗。按其作用机制不同可分为胰岛素分泌促进剂（磺酰脲类、非磺酰脲类）、双胍类药物、噻唑烷二酮类药物和葡萄糖苷酶抑制剂。对于血糖控制不佳者，常选择两种及以上降糖药联合应用，以达到较好的疗效。

1.治疗药物

（1）双胍类　本类药物通过抑制肝葡萄糖输出以及改变外周组织对胰岛素的敏感性，增加对葡萄糖的摄取和利用，多途径降低血糖，为2型糖尿病一线用药首选的、全程使用的降血糖药。目前应用最为广泛的是二甲双胍。

初始治疗时，最常见的不良反应包括恶心、呕吐、腹泻、腹痛和食欲不振，多数患者可自行缓解。长期服用二甲双胍可引起乳酸性酸中毒，虽极少发生，但须注意并严格按照推荐用法使用。

（2）α–葡萄糖苷酶抑制剂　本类药物通过抑制小肠壁细胞刷状缘的α–葡萄糖苷酶的活性，从而延缓肠道内多糖、寡糖或双糖的降解，使来自碳水化合物的葡萄糖的降解和吸收入血速度变缓，降低餐后血糖。常用药物有阿卡波糖和伏格列波糖。

本类药物的不良反应多见胃肠反应，如腹胀、排气增多或腹泻。单用不引起低血糖，但与磺脲类药物或者胰岛素合用，仍可发生低血糖，且一旦发生，应直接给予葡萄糖（口服或静脉注射），进食双糖或淀粉类食物无效。

其他常用口服降糖药如表2-9-4所示。

表2-9-4　其他常用口服降糖药一览表

制剂名称	规格	适应证	用法用量	不良反应
格列本脲	2.5mg	适用于单用饮食控制不满意的轻、中度2型糖尿病，病人胰岛B细胞有一定分泌胰岛素功能	口服。开始一次2.5mg，早餐前，或早餐及午餐前各一次；轻症者一次1.25mg，一日三次，三餐前服。一般用量每日5～10mg，最大用量每日不超过15mg	可有腹泻、恶心、呕吐、头痛、胃痛或不适
瑞格列奈	0.5mg；1mg；2mg	用于饮食控制、减轻体重及运动锻炼不能有效控制其高血糖的成人2型糖尿病	口服。餐前15分钟或随餐服用，一日三次，最大的推荐单次剂量为4mg，每日不超过16mg	常见低血糖
罗格列酮	4mg	单一服用本品，并辅以饮食控制和运动，可控制血糖的2型糖尿病	口服。每日4～8mg，每日一次，空腹或进餐时服用	可引起体液潴留，表现为水肿、体重增加

2.健康教育

（1）建议中老年人每1～2年筛查血糖，确诊为糖尿病的患者在治疗期间应严格监测血糖，避免低血糖发生。糖尿病患者外出时，可随身携带一张卡片，注明所患疾病、住址和联系人电话，以便在低血糖昏迷时进行紧急救治并能迅速联系家属。糖尿病患者还应随身携带糖果，以备不时之需。

（2）科学合理饮食，提倡食用杂粮、绿叶蔬菜、豆类及含糖量低的水果，忌食葡萄糖、蔗糖、蜜糖及其制品（各类糖果、甜点、冰淇淋、含糖饮料等），每日盐摄入量限制在10g以下，限制烟酒。

（3）适合的规律运动，一般来说，中等强度的运动较为合适，每次运动时间控制在10～30分钟，每周运动不少于3天，运动种类根据患者体质、年龄及运动习惯等，可选择散步、太极拳、爬楼梯、骑自行车、游泳等能够使全身肌肉得到锻炼的有氧运动。

三、技能训练

情景1：患者，女性，52岁。体检结果显示：身高158cm，体重48kg，血压138/86mmHg，餐后血糖15.3mmol/L。患者为农民，自述近日明显消瘦、口渴、小便增多。平日饮食量较大，尤喜面食与肉食。自述无药物过敏史、无用药史、无就医史，家族中有糖尿病史。

情景2：患者，男性，45岁，身高175cm，体重72kg，无吸烟史。高血压病史10年，每日服用硝苯地平缓释片。辅助检查：糖化血红蛋白6.9%，空腹血糖9.36mmol/L，餐后2小时血糖8.28 mmol/L。C肽（餐后30分钟）1.00ng/ml，C肽（餐后2小时）0.62ng/ml。患者父亲56岁时脑出血猝死。平日喜甜食，常久坐打牌，不喜运动。自述无药物过敏史、无用药史、无就医史。

任务要求：

1.请与患者进行有效沟通，结合疾病症状为患者提供就医及用药建议，并根据设计情景调配药物，提供用药指导。

2.请根据患者的情况，为患者提供健康指导。

即学即练

任务2-10 甲状腺功能亢进症患者用药指导与患者教育

🏛 任务情境 ···○

假如你是某医院药学部一名药学服务工作人员。

某日，你接待一名患者，女性，35岁，两年前出现不明原因的烦躁易怒，失眠多梦，伴有右侧拇指间断性震颤，近两个月失眠严重，并伴有畏热、多汗、腹泻、心悸等症状。就医后，经检查：双侧颈部弥漫性肿大，血液检查结果显示T3 2.8ng/ml、T4 15.3ug/dl、TSH 0.18μIU/ml，甲状腺彩超结果显示甲状腺两侧实质回声不均匀，且血流丰富呈"火海征"，医生诊断为原发性甲状腺功能亢进症。开具药物为甲巯咪唑片和盐酸普萘洛尔缓释片，均饭后口服。

经询问：患者身高166cm，48kg，从事销售工作，两年前因工作安排派遣外省市，继而因压力导致经常性熬夜，平日饮食以外卖为主，无吸烟与运动习惯。自述无其他慢性疾病，无家族史，无过敏史。

任务要求：

1.请根据任务情境，为患者调配药物，并提供用药指导。

2.请根据患者的情况，为患者建立慢病管理档案，并提供健康指导。

一、任务实施

（一）工作准备

1.物品/信息准备，见表2-10-1。

2.环境和人员准备，见任务2-1中表2-1-2。

3.甲状腺功能亢进患者用药教育记录表（表2–10–2）。

表2–10–1　物品/信息准备情况一览表

序号	物品/信息名称	单位	数量	备注
1	甲巯咪唑片	盒	1	真实药盒并含有药品说明书，说明书内容完整，药盒无破损
2	盐酸普萘洛尔缓释片	盒	1	真实药盒并含有药品说明书，说明书内容完整，药盒无破损

表2–10–2　甲状腺功能亢进患者用药教育记录表

甲状腺功能亢进患者用药教育记录表					
姓名			性别	□男　　□女	年龄	
身高			体重		BMI	
主要诊断						
辅助检查		T3:＿＿＿＿＿＿　　T4:＿＿＿＿＿＿　　TSH:＿＿＿＿＿＿				
临床表现		□畏热、多汗　　□腹泻　　□失眠　　□心悸 □乏力　　□食欲亢进　　□其他＿＿＿＿＿＿				
过敏史		□无　　□青霉素　　□磺胺　　□其他＿＿＿＿＿＿				
既往史	疾病	□无　　□高血压　　□冠心病　　□糖尿病　　□脑卒中　　□肝炎 □慢性阻塞性肺疾病　　□严重精神障碍　　□其他＿＿＿＿＿＿				
	手术	□无　　□有＿＿＿＿＿＿＿＿＿＿				
	外伤	□无　　□有＿＿＿＿＿＿＿＿＿＿				
家族史		□无　　　　□父亲　　　□母亲　　　□兄弟姐妹 □高血压　　□冠心病　　□糖尿病　　□脑卒中　　□肝炎 □慢性阻塞性肺疾病　　□严重精神障碍　　□其他＿＿＿＿＿＿				
职业		□国家机关、党群组织、企业、事业单位负责人 □专业技术人员 □商业、服务业人员 □农、林、牧、渔、水利业生产人员 □生产、运输设备操作人员及有关人员 □不便分类的其他从业人员 □其他＿＿＿＿＿＿ □无职业				
生活方式		饮食情况：□高油饮食　　　　□高盐饮食（每天超过6g） 　　　　　　□肉类摄入量多　　□水果蔬菜摄入量多 　　　　　　□家庭就餐较多　　□食堂或外卖较多				
		运动情况：□每天固定时间运动，每次运动30分钟以上 □每周至少3天固定时间运动，每次运动30分钟以上 □无固定时间运动				
		精神压力：□较大　　□一般　　□较轻				
		其他不良嗜好：＿＿＿＿＿＿＿＿＿＿＿＿＿＿＿＿				

续表

主要治疗药物使用情况			
药品名称	用法用量	开始用药时间	备注
用药教育主要内容			
患者咨询及解答			
参考资料	□药品说明书 □疾病指南 □药学工具书 □UpToDate □医脉通 □用药助手 □电子期刊研究文献 □其他：		
是否需要回访或跟进	□是，联系方式： □否		
患者满意度	□非常满意 □满意 □一般 □不满意		
患者健康教育方式	□面对面 □电话 □邮件 □网络		
患者健康教育时长		患者健康教育药师	

（二）操作过程

甲状腺功能亢进患者用药服务操作过程同任务2-1中操作过程。

（三）学习评价

评价表见任务2-1中慢病患者服务评价表。

二、相关知识

（一）疾病概述

甲状腺功能亢进症（简称甲亢）是一种复杂的内分泌疾病，其核心特征是甲状腺腺体功能亢进，导致过量分泌甲状腺激素（TH），进而引发一系列生理和代谢异常。甲亢的发病机制复杂多样，涉及遗传、环境、免疫调节失衡等多个方面。其中毒性弥漫性甲状腺肿（Graves病）最常见，占甲亢的80%～85%。甲状腺结节的自主性功能亢进、甲状腺肿瘤分泌过多甲状腺激素、长期大量摄入含碘食物或药物等均可能成为甲亢的诱因。

1.临床表现　甲亢的临床表现多样且显著，主要包括以下几方面。

（1）神经系统　易激动、烦躁不安、易怒、注意力不集中、失眠多梦等。

（2）循环系统　心动过速、心悸、心律失常、心脏扩大，甚至心力衰竭。

（3）代谢与消耗　体重减轻但食欲亢进、怕热多汗、大便次数增多。

（4）肌肉骨骼系统　周期性瘫痪、近端肌无力，严重时影响日常生活。

（5）眼部症状　突眼（Graves眼病），表现为眼球突出、畏光流泪、视力下降等。

（6）生殖系统　女性可能出现月经紊乱、妊娠剧吐等症状；男性可能出现阳痿、乳房发育等。

2. 疾病发展与并发症　甲亢若未得到及时有效的治疗，病情可能逐渐加重，导致一系列严重的并发症，包括但不限于以下几种。

（1）心脏并发症　如心房颤动、心力衰竭，严重时威胁患者生命。

（2）骨骼系统并发症　骨质疏松、骨折风险增加。

（3）眼部并发症　Graves眼病发展可导致视力严重受损甚至失明。

（4）神经系统并发症　焦虑、抑郁、谵妄，甚至精神分裂样表现。

（5）肌肉并发症　长期肌无力可影响生活质量，严重时需辅助呼吸。

3. 诊断　甲亢的诊断依赖于综合评估。临床表现：详细询问病史并进行体格检查，注意上述典型症状。实验室检查：血清甲状腺激素测定是关键，包括促甲状腺激素（TSH）、总甲状腺素（TT4）、游离甲状腺素（FT4）、总三碘甲状腺原氨酸（TT3）、游离三碘甲状腺原氨酸（FT3）等；甲亢时，TSH通常降低，而TT4、FT4、TT3、FT3则升高。影像学检查：甲状腺超声有助于发现甲状腺结节或肿瘤；对于Graves眼病，眼部CT或MRI可提供额外信息。

（二）疾病治疗与健康管理

甲亢的治疗方式主要包括药物治疗、放射治疗和手术治疗。药物治疗通常采用抗甲状腺药物（ATD），主要抑制甲状腺激素的合成；碘-131（^{131}I）治疗通过破坏甲状腺细胞，使甲状腺激素水平下降；手术治疗通过手术切除甲状腺，从而降低甲状腺激素水平。患者的治疗选择因其病情、并发症、年龄、性别、妊娠状态及个人选择等因素差异而不同。

1. 治疗药物

（1）抗甲状腺药物（ATD）　本类药物通过抑制甲状腺激素的合成治疗甲亢，不能直接对抗甲状腺激素，因此待已生成的甲状腺激素耗竭后才能产生疗效，故作用较慢。

硫脲类为一线抗甲状腺药物，根据化学结构的不同分为硫氧嘧啶类和咪唑类，前者常用药物有甲硫氧嘧啶（MTU）和丙硫氧嘧啶（PTU），后者有甲巯咪唑（MM）和卡比马唑（CMZ）。目前临床上最常用的是MTU和MM。

本类药物适用于病情轻，甲状腺轻中度肿大的患者，或因妊娠、年老体弱、合并其他疾病不能耐受手术者。此外，还可用于手术和放射性碘治疗前的准备阶段，手术后复发但不宜接受放射性碘治疗者，或者中至重度活动性Graves眼病患者等。抗甲状腺药物治疗之前，建议化验血常规并检查肝功能，检测结果基本正常才可使用。使用此类药物时需注意过敏反应和毒性反应，如中性粒细胞减少、皮疹、中毒性肝病和血管炎等。

常用硫脲类药物如表2-10-3所示。

表2-10-3　常用硫脲类药物一览表

制剂名称	规格	适应证	用法用量	不良反应
甲硫氧嘧啶	0.1g	用于各种类型的甲状腺功能亢进症；手术前准备；作为^{131}I放疗的辅助治疗	用于治疗成人甲状腺功能亢进症，开始剂量一般为每天300mg，视病情轻重介于150~400mg，分次口服，一日最大量600mg，病情控制后逐渐减量，维持量每天50~150mg，视病情调整；小儿开始剂量每日4mg/kg，分次口服，维持量酌减	常见不良反应有头痛、眩晕，关节痛，唾液腺和淋巴结肿大以及胃肠道反应；也有皮疹、发热等过敏反应；最严重的不良反应为粒细胞缺乏症，故用药期间应定期检查血象，按医嘱调整用药或停用
丙硫氧嘧啶	50mg			

续表

制剂名称	规格	适应证	用法用量	不良反应
甲巯咪唑	5mg； 10mg	适用于各种类型的甲状腺功能亢进症；手术前准备；作为^{131}I放疗的辅助治疗	成人常用量：开始剂量一般为一日30mg，可按病情轻重调节为15~40mg，一日最大量60mg，分次口服；病情控制后，逐渐减量，每日维持量按病情需要介于5~15mg，疗程一般18~24个月。小儿常用量：开始时剂量为每天0.4mg/kg，分次口服；维持量约减半，按病情决定	较多见皮疹或皮肤瘙痒及白细胞减少；较少见严重的粒细胞缺乏症；可能出现再生障碍性贫血
卡比马唑	5mg			

（2）β受体阻滞剂　本类药物作为抗甲状腺药物初始治疗期间的辅助治疗药物，可以改善患者交感神经的兴奋症状，如心悸、心动过速、兴奋、烦躁等，对甲状腺激素水平影响很小，常用药物为普萘洛尔。哮喘、慢阻肺和充血性心力衰竭患者禁用，妊娠伴甲亢患者慎用。

2.健康教育

（1）控制碘的摄入　碘是合成甲状腺激素的主要原料，WHO推荐12岁以下儿童每日碘摄入量为50~120μg，12岁以上儿童为150μg，妊娠及哺乳期妇女为200μg，正常成人为50~1000μg。

（2）饮食注意　甲亢患者基础代谢率高，热量消耗大，应给予患者充足的糖类和脂肪以及充足的维生素，可多食新鲜水果、蔬菜、蛋类、瘦肉、动物肝脏等。甲亢患者常有腹泻现象，如过多供给富含纤维素的食物会加重腹泻。

（3）生活方式　按时作息、睡眠充足、劳逸结合。患者应戒烟，戒酒，禁饮浓茶、咖啡等兴奋性饮料。

三、技能训练

情景1：患者，女性，36岁。体检结果显示：身高162cm，体重56kg，T3 38pmol/L，T4＞100pmol/L，TSH＜0.005μIU/ml，心率95次/分。患者为某公司职员，近1个月出现心悸、畏热多汗、食欲亢进等症状。自述无药物过敏史、无用药史、无就医史。

情景2：患者，女性，28岁，身高155cm，体重52kg。自述心悸、1个月内消瘦。甲功五项：FT3 45.4pmol/L，FT4＞100pmol/L，TSH＜0.01μIU/ml，抗甲状腺球蛋白抗体156.80IU/ml，甲状腺球蛋白18.59ng/ml。血常规：正常。心电图：窦性心动过速。患者自述无药物过敏史、无用药史、无就医史。

任务要求：

1.请与患者进行有效沟通，结合疾病症状为患者提供就医及用药建议，并根据设计情景调配药物，提供用药指导。

2.请根据患者的情况，为患者提供健康指导。

即学即练

任务2-11　骨质疏松症患者用药指导与患者教育

🏛 任务情境

假如你是某医院药学部一名药学服务工作人员。

某日，你接待一名患者，女性，50岁。患者5年前开始出现全身疼痛，以腰部及四肢关节疼痛为主，伴全身乏力，当时未予以重视。4月前，患者自觉上述症状加重，多次应用感冒药物。1天前来医院就诊。

经询问，患者无烟酒及其他特殊药物使用史。16岁初潮，43岁绝经，平素月经稀少。由于患者绝经过早，怀疑其存在骨骼脱钙问题，建议其查骨密度，发现骨质疏松。行骨密度检查示骨质疏松（腰椎L1～L4 T值：-2.7）。医生诊断为骨质疏松，开具药物为阿仑膦酸钠和碳酸钙 D_3 片。

患者平素体力活动少，晒太阳少，饮食不佳，睡眠一般，便秘，小便正常，身高、体重较前无明显变化。

任务要求：

1.请根据任务情境，为患者调配药物，并提供用药指导。

2.请根据患者的情况，为患者建立慢病管理档案，并提供健康指导。

一、任务实施

（一）工作准备

1.物品/信息准备，见表2-11-1。

2.环境和人员准备，见任务2-1中表2-1-2。

3.骨质疏松患者用药教育记录表（表2-11-2）。

表2-11-1　物品/信息准备情况一览表

序号	物品/信息名称	单位	数量	备注
1	碳酸钙 D_3 片	盒	1	真实药盒并含有药品说明书，说明书内容完整，药盒无破损
2	阿仑膦酸钠片	盒	1	真实药盒并含有药品说明书，说明书内容完整，药盒无破损

表2-11-2　骨质疏松患者用药教育记录表

骨质疏松患者用药教育记录表					
姓名		性别	□男　　□女	年龄	
身高		体重		BMI	
主要诊断					
辅助检查	骨密度测定：_____		实验室检查：_____		影像学检查：_____
临床表现	□乏力　　　　　□骨痛　　　　　□脊柱变形　　　　　□骨折 □消化系统症状　　　□心肺症状　　　□其他_____				

续表

骨质疏松患者用药教育记录表		
过敏史		□无　　□青霉素　　□磺胺　　□其他_____
既往史	疾病	□无　　□高血压　　□冠心病　　□糖尿病　　□脑卒中　　□肝炎 □慢性阻塞性肺疾病　　□严重精神障碍　　□其他_____
	手术	□无　　□有_____
	外伤	□无　　□有_____
家族史		□无　　　　□父亲　　　□母亲　　　□兄弟姐妹 □高血压　　　□冠心病　　□糖尿病　　□脑卒中　　□肝炎 □慢性阻塞性肺疾病　　　□严重精神障碍　　□其他_____
职业		□国家机关、党群组织、企业、事业单位负责人 □专业技术人员 □商业、服务业人员 □农、林、牧、渔、水利业生产人员 □生产、运输设备操作人员及有关人员 □不便分类的其他从业人员 □其他_____ □无职业
生活方式		饮食情况：□高油饮食　　　　　□高盐饮食（每天超过6g） 　　　　　　□肉类摄入量多　　□水果蔬菜摄入量多 　　　　　　□家庭就餐较多　　□食堂或外卖较多
		运动情况：□每天固定时间运动，每次运动30分钟以上 □每周至少3天固定时间运动，每次运动30分钟以上 □无固定时间运动
		精神压力：□较大　　□一般　　□较轻
		其他不良嗜好：_____
主要治疗药物使用情况		

药品名称	用法用量	开始用药时间	备注

用药教育主要内容	
患者咨询及解答	
参考资料	□药品说明书　□疾病指南　　□药学工具书 □医脉通　　　□用药助手　　□电子期刊研究文献　　□其他：
是否需要回访或跟进	□是，联系方式：　　　　　　　　□否
患者满意度	□非常满意　　　　□满意　　　　□一般　　　　□不满意
患者健康教育方式	□面对面　　　　□电话　　　　□邮件　　　　□网络
患者健康教育时长	患者健康教育药师

（二）操作过程

骨质疏松患者用药服务操作过程同任务2-1中操作过程。

（三）学习评价

评价表见任务2-1中慢病患者服务评价表。

二、相关知识

（一）疾病概述

骨质疏松（OP）是一种代谢性骨病，主要是由于骨量丢失与降低、骨组织微结构破坏、骨脆性增加，导致患者容易骨折。

1.临床表现　轻者可无明显症状，随着病情的发展，患者感觉到乏力，腰背容易疼痛，甚至全身骨痛。跌倒、摔落时，更容易发生骨折。严重骨质疏松还可导致身体出现驼背等变形情况。

2.疾病发展与并发症　骨质疏松症初期可无明显症状，极易被忽视，所以被称为"寂静的疾病""安静的流行病"等。但随着病情发展，骨量的不断损失，骨微结构悄悄发生变化，从而出现骨痛、易骨折等问题。

骨质疏松严重时可导致胸椎变形，压迫心肺，出现循环、呼吸系统的功能异常，如驼背患者常常伴有心悸、胸闷气短、呼吸困难、肺活量下降等心肺症状。

骨骼畸形导致周围皮肤被迫褶皱，褶皱处多汗潮湿，极易滋生细菌，出现瘙痒甚至糜烂。长期卧床者还易产生褥疮。

3.诊断　临床诊断主要基于骨密度测定的诊断标准和脆性骨折的诊断标准。

（1）骨密度测定的诊断标准　对于不同人群判断标准分为两类。对于绝经后女性、50岁及以上男性，骨密度水平判定以T值表示。T值是一个相对值，正常参考值在−1和+1之间。当T值低于−2.5时可诊断为骨质疏松。具体诊断指标如表2-11-3所示。

$$T值 = \frac{实测值 - 同种族同性别正常青年人峰值骨密度}{同种族同性别正常青年人峰值骨密度的标准差}$$

表2-11-3　骨质疏松诊断指标

诊断	T值
正常	≥ −1.0
骨量减少	−2.5 < T < −1.0
骨质疏松症	≤ −2.5
严重骨质疏松症	≤ −2.5，同时伴有一个以上部位的骨折

对于儿童、绝经前女性和50岁以下男性，其骨密度水平的判断用Z值。将Z值≤ −2.0视为"低于同年龄段预期范围"或低骨量。

$$Z值 = \frac{骨密度测定值 - 同种族同性别同龄人骨密度均值}{同种族同性别同龄人骨密度标准差}$$

（2）脆性骨折的诊断标准　脆性骨折指轻微活动或日常生活受力即可发生的骨折。表现符合下列之一者，即可诊断为该病：①髋部或椎体脆性骨折；②DXA测量的中轴骨或桡骨远端1/3，T值≤ –2.5；③骨密度测量符合低骨量（–2.5＜T值＜ –1.0），且肱骨近端、骨盆或前臂远端发生过脆性骨折。

特发性青少年骨质疏松症的诊断，除了病史、症状、检查特征外，还应同时排除其他导致骨质疏松的疾病。

（二）疾病治疗与健康管理

骨质疏松症的治疗需要结合生活方式调整、骨健康补充剂添加、药物干预和康复治疗进行。

1. 治疗药物

（1）骨吸收抑制剂——双磷酸盐　本类药物与骨内羟基磷灰石有强亲和力，能进入骨基质羟基磷灰石晶体中，当破骨细胞溶解晶体时，药物被释放，能抑制破骨细胞活性，并通过成骨细胞间接发挥抑制骨吸收作用。目前已有十多种双磷酸盐类药物进入临床应用，代表药物有阿仑膦酸钠、依替膦酸二钠、利塞膦酸钠、伊班膦酸钠等。

双磷酸盐可作为原发性骨质疏松症的一线治疗药物，阿仑膦酸钠、利塞膦酸钠等均有提高绝经后女性的骨密度及预防椎骨骨折的效果。服用本品不良反应有腹痛、腹泻、恶心、便秘、消化不良等，使用过程中需要按规定方法服用，避免食道溃疡的出现。

（2）钙剂　钙制剂分为无机钙和有机钙两类。无机钙主要包括磷酸钙、氯化钙等化合物。这类钙制剂的化合结构相对简单，因此其含钙的比例通常较高。但由于无机钙的溶解性和生物利用度较低，导致其在人体内的吸收率并不高。

有机钙的结构通常较为复杂，含有相当大分子量的有机基团。这些有机基团的存在有助于钙离子在体内的溶解和转运，从而提高钙的吸收率。但是由于含有相当大分子量的有机基团，因此有机钙化合物中的钙含量不高。氨基酸螯合钙、L–天门冬酸钙、L–苏糖酸钙等属于螯合型（又称分子型）有机钙制剂，这类钙剂的吸收利用程度较前二类钙剂高，但价格相对高昂。

目前临床使用较多的药物为碳酸钙，因其在胃酸环境中极易溶解，且能以螯合的复合钙的形式被肠道吸收，所以其吸收率高于柠檬酸钙、磷酸三钙等无机盐制剂，略高出乳酸钙、葡萄糖酸钙等有机盐制剂，且碳酸钙的含钙百分比较大。

碳酸钙的不良反应可见嗳气、便秘、腹部不适，偶见高钙血症、肾功能不全。长期过量服用可引起反跳性胃酸分泌增多。平时应尽量通过正常膳食保证钙的摄入，用药过程中关注不良反应的发生，肝肾功能不全及心功能不全患者应定期检测相关功能。

（3）维生素D_3　维生素D_3可促进小肠结膜及肾小管对钙、磷的吸收，促进骨的代谢，维持血钙、血磷的平衡，促进骨的矿化，增加肌力和平衡力。

维生素D_3的不良反应有便秘、腹泻、持续性头痛、食欲减退、口内有金属味、恶心呕吐、口渴、疲乏、无力，严重还可有骨痛、惊厥、高血压、心律失常。当出现药物过量和上述不良反应时应立即停药。

其他抗骨质疏松药物如表2-11-4所示。

表2-11-4 其他常用治疗骨质疏松药物一览表

制剂名称	规格	适应证	用法用量	不良反应
鲑鱼降钙素喷鼻剂	每1ml含222.2μg（1mg=6000IU）鲑鱼降钙素	骨质疏松症、伴有骨质溶解和（或）骨质减少的骨痛Paget's病（变形性骨炎）、高血钙症和高钙危象	骨质疏松症每日20μg或隔日40μg；变形性骨病每日40μg；慢性高钙血症的长期治疗每日40～80μg	可以出现恶心、呕吐、头晕、轻度的面部潮红伴发热感
尼尔雌醇片	1mg	雌激素缺乏引起的绝经期或更年期综合征	在医生的指导下使用。口服，每次1～2mg，每月2次	可有恶心、呕吐、乳房胀痛、子宫内膜增生等；肝肾功能不全、妊娠期、乳腺或生殖系统肿瘤患者禁用

2.健康教育

（1）从青少年时期就加强运动、保证足够的钙摄入，同时积极防治各种疾病，尤其是慢性消耗性疾病与营养不良、吸收不良等，预防各种性腺功能障碍性疾病和生长发育性疾病，避免长期使用影响骨代谢的药物等，可以使人尽量获得理想的峰值骨量，减少今后发生骨质疏松的风险。

（2）成人期补充钙剂是预防骨质疏松的基本措施，不能单独作为骨质疏松治疗药物，仅作为基本的辅助药物。成年后的预防主要包括两个方面：一是尽量延缓骨量丢失的速率和程度，对绝经后妇女来说，公认的措施是及早补充雌激素或雌孕激素合剂，但需要根据患者的情况全面评估利弊；二是通过避免骨折的危险因素，降低骨折发生率。

（3）合理饮食对于维护骨骼健康至关重要。每日应确保摄入足够的钙，富含钙的食物包括奶制品、虾米、虾皮、鱼类、贝类、坚果、豆制品等；同时，应避免同食影响钙吸收的食物，如西兰花、芹菜以及菠菜等，并停止饮用咖啡、浓茶等饮品。

此外，适量补充维生素D也是关键，可以通过适量晒太阳或食用富含维生素D的食物，如鱼肝油、蛋黄等来实现。为了促进钙的吸收，还应控制盐分摄入，过多的盐摄入会影响钙的吸收，建议每人每日食盐量不超过6g。同时，减少脂肪摄入也很重要，高脂肪饮食可能影响钙的吸收和利用，建议减少食用油摄入，少吃或不吃肥肉和动物内脏。

三、技能训练

情景1：患者，女性，69岁，发现骨质疏松8年，胸、腰椎多发骨折7个月。最初查体发现中度骨质疏松，但未经系统治疗，仅间断服用钙剂。7年后8月拎重物后腰痛，腰椎MRI显示T12压缩性骨折，骨密度示腰椎T值最低-5.2，仅服用骨化三醇等药物进行保守治疗，并卧床3个月。锻炼后才勉强能进行活动。次年1月活动后腰痛，入院查腰椎MRI发现T12、L3、L5压缩性骨折。2月再次腰痛，腰椎X线示L2新鲜骨折，方入院治疗。患者平日食素为主，活动量少，晒太阳少，体重较前无明显变化，身高较前减少约5cm。高血压病史10年，未用药。月经史：15岁初潮，45岁绝经，其间月经正常。无烟酒及特殊药物使用史。家族无类似病史。

情景2：患者，女性，80岁，反复腰痛10年。10年前腰痛，进行性加重，未重视。7年前外院X线示腰椎骨质疏松、压缩性骨折，口服碳酸钙D₃+双磷酸盐治疗。2年前反复腰痛并症状加重，MRI示骨质疏松并胸、腰椎多发病理性骨折，维持口服碳酸钙D$_3$、骨化三醇，双磷酸盐治疗2次，腰痛症状较前减轻。患者平时饮食、体力活动正常，体重较前无明显增减，身高较前减少10cm。既往体健，无烟酒及特殊药物使用史。16岁初潮，49岁绝经，平素月经正常。姐姐有反复骨折史。

即学即练

任务要求：

1.请与患者进行有效沟通，结合疾病症状为患者提供就医及用药建议，并根据设计情景调配药物，提供用药指导。

2.请根据患者的情况，为患者提供健康指导。

任务2-12　痛风患者用药指导与患者教育

🏛 任务情境

假如你是某医院药学部一名药学服务工作人员。

某日，你接待一名患者，男性，45岁，五年前体检时血常规结果显示尿酸值460μmol/L，医生提醒其改变饮食方式，但其未在意，半年后时而出现双足踝关节剧烈疼痛，自行购买服用对乙酰氨基酚片和碳酸氢钠片缓解症状。近两年，其左手第二掌骨关节及双足踝关节处逐渐生出结块，最终导致其走路、工作均受到严重影响，遂到医院就医。经尿酸及CT检测，报告显示血尿酸680μmol/L，同时肾脏及血管中可见少量尿酸盐结晶。医生诊断其为痛风，开具药物为苯溴马隆片和碳酸氢钠片。

经问询，患者178cm，90kg，为外卖送餐员，由于工作忙碌，饮食长期不规律，晚十点后下班，经常以海鲜或者烧烤作为宵夜，平均每日2~3瓶啤酒，无吸烟史，平日无其他体育锻炼。患有高血压5年，服药后血压值130/85mmHg。无家族遗传史，无过敏史。

任务要求：

1.请根据任务情境，为患者调配药物，并提供用药指导。

2.请根据患者的情况，为患者建立慢病管理档案，并提供健康指导。

一、任务实施

（一）工作准备

1.物品/信息准备，见表2-12-1。

2.环境和人员准备，见任务2-1中表2-1-2。

3.痛风患者用药教育记录表（表2-12-2）。

表2-12-1　物品/信息准备情况一览表

序号	物品/信息名称	单位	数量	备注
1	苯溴马隆片	盒	1	真实药盒并含有药品说明书，说明书内容完整，药盒无破损
2	碳酸氢钠片	盒	1	真实药盒并含有药品说明书，说明书内容完整，药盒无破损

表2-12-2 痛风患者用药教育记录表

痛风患者用药教育记录表					
姓名		性别	□男　□女	年龄	
身高		体重		BMI	
主要诊断					
辅助检查	血尿酸：_____　　CT检查：_____				
临床表现	□关节疼痛　□多关节疼痛　□体温升高　□关节发热、红肿　□关节畸形 □关节畸形处溃破　　□尿频、血尿　　□其他_____				
过敏史	□无　　□青霉素　　□磺胺　　□其他_____				
既往史	疾病	□无　　□高血压　　□冠心病　　□糖尿病　　□脑卒中　　□肝炎 □慢性阻塞性肺疾病　□严重精神障碍　□其他_____			
	手术	□无　　□有_____			
	外伤	□无　　□有_____			
家族史	□无　　　　□父亲　　　□母亲　　　□兄弟姐妹 □高血压　　□冠心病　　□糖尿病　　□脑卒中　　□肝炎 □慢性阻塞性肺疾病　　□严重精神障碍　□其他_____				
职业	□国家机关、党群组织、企业、事业单位负责人 □专业技术人员 □商业、服务业人员 □农、林、牧、渔、水利业生产人员 □生产、运输设备操作人员及有关人员 □不便分类的其他从业人员 □其他_____ □无职业				
生活方式	饮食情况：□高油饮食　　　　　　□高盐饮食（每天超过6g） 　　　　　　□肉类摄入量多　　　□水果蔬菜摄入量多 　　　　　　□家庭就餐较多　　　□食堂或外卖较多 运动情况：□每天固定时间运动，每次运动30分钟以上 □每周至少3天固定时间运动，每次运动30分钟以上 □无固定时间运动 精神压力：□较大　　□一般　　□较轻 其他不良嗜好：_____				
主要治疗药物使用情况					
药品名称	用法用量			开始用药时间	备注

续表

主要治疗药物使用情况			
药品名称	用法用量	开始用药时间	备注
用药教育主要内容			
患者咨询及解答			
参考资料	□药品说明书 □疾病指南 □药学工具书 □医脉通 □用药助手 □电子期刊研究文献 □其他：		
是否需要回访或跟进	□是，联系方式： □否		
患者满意度	□非常满意 □满意 □一般 □不满意		
患者健康教育方式	□面对面 □电话 □邮件 □网络		
患者健康教育时长	患者健康教育药师		

（二）操作过程

痛风患者用药服务操作过程同任务2-1中操作过程。

（三）学习评价

评价表见任务2-1中慢病患者服务评价表。

二、相关知识

（一）疾病概述

痛风是一种单钠尿酸盐（MSU）沉积在关节所致的晶体相关性关节病，其与嘌呤代谢紊乱和（或）尿酸排泄减少导致的高尿酸血症直接相关，属代谢性风湿病的范畴。除关节损害，痛风患者还可伴发肾脏病变及代谢综合征，如高脂血症、高血压、糖尿病、冠心病等。

1.临床表现 痛风临床表现多样，最具特征性的是急性痛风性关节炎的发作。

（1）急性痛风性关节炎 患者常在午夜或清晨突然被关节剧痛惊醒，疼痛呈撕裂样、刀割样或咬噬样，难以忍受。受累关节及周围组织红、肿、热、痛和功能受限，最常见于单侧第1跖趾关节，其次为踝、膝、腕、指、肘等关节。发作常呈自限性，多于数天或2周内自行缓解。

（2）慢性痛风性关节炎 表现为关节持续肿胀、疼痛、畸形及功能障碍，可伴有痛风石形成。

（3）间歇期 痛风发作间歇期长短不一，可数月或数年，但多数患者会在一年内复发。

2.疾病发展与并发症 痛风若得不到有效控制，可逐渐发展为慢性痛风性关节炎，导致关节畸形、功能障碍，严重影响患者的生活质量。此外，痛风还可引起肾脏损害，包括尿酸性肾病和尿酸性尿路结石，进一步加重肾脏负担，甚至导致肾功能衰竭。长期高尿酸状态还可增加心血管疾病的风险，如高血压、冠心病等。

3.诊断 痛风的诊断主要基于临床表现、血尿酸水平及影像学检查。临床表现是诊断的重要依据，而血尿酸水平升高则是诊断的必要条件。影像学检查如X线、超声和双源CT

等可辅助诊断，尤其是双源CT能特异性地显示尿酸盐结晶沉积，对痛风的诊断具有重要价值。

（二）疾病治疗与健康管理

痛风非药物治疗的总体原则是生活方式的管理，首先是控制饮食、减少饮酒、运动，肥胖者减轻体重等；其次是控制痛风相关伴发病及危险因素，如高脂血症、高血压、高血糖、肥胖和吸烟。需强调的是，饮食控制不能代替降尿酸药物治疗。

1.治疗药物

促进尿酸排泄药的代表药物为苯溴马隆。苯溴马隆能通过抑制肾近端小管尿酸盐转运蛋白1（URAT-1），抑制肾小管尿酸重吸收，以促进尿酸排泄。特别适用于肾尿酸排泄减少的高尿酸血症和痛风患者，不良反应有胃肠道症状、皮疹、肾绞痛、粒细胞减少等。泌尿系结石患者和肾功能不全的患者属于相对禁忌。对于GFR>30ml/min的肾功能不全患者，推荐成人起始剂量为25mg，一日1次，最大剂量75~100mg/d，服用期间应多饮水以增加尿量。

慢性肾功能不全合并高尿酸血症和（或）痛风、接受促尿酸排泄药物治疗、伴有尿酸性肾结石的患者，必要时可碱化尿液。常用药物为碳酸氢钠，起始剂量0.5~1.0g，分3次口服，与其他药物相隔1~2小时服用，主要不良反应为胀气、胃肠道不适，长期服用需警惕钠负荷过重及高血压。切忌过度碱化，尿pH值过高会增加磷酸钙和碳酸钙等结石形成的风险。

其他常用痛风治疗药物如表2-12-3所示。

表2-12-3　其他常用痛风治疗药物一览表

制剂名称	规格	适应证	用法用量	不良反应
秋水仙碱	0.5mg；1mg	治疗痛风性关节炎的急性发作，预防复发性痛风性关节炎的急性发作	每1~2小时服用0.5~1mg，直至关节症状缓解，或出现腹泻或呕吐，治疗量一般为3~5mg，24小时内不宜超过6mg	不宜长期应用，若长期应用可引起骨髓抑制、血尿、少尿、肾衰竭、胃肠反应等不良反应。胃肠道反应是严重中毒的前驱症状，一旦出现应立即停药。其他不良反应包括紫癜、血小板减少、腹泻、腹痛、末梢神经炎、肌肉抽搐等
别嘌醇	0.1g	原发性和继发性高尿酸血症，尤其是尿酸生成过多而引起的高尿酸血症；反复发作或慢性痛风患者；痛风石；尿酸性肾结石和（或）尿酸性肾病；肾功能不全的高尿酸血症患者	初始剂量一次50mg，一日1~2次，每周可递增50~100mg，至一日200~300mg，分2~3次服。每2周测血和尿中尿酸水平，如已达正常水平，则不再增量，如仍高可再递增，但一日最大量不得大于600mg	皮疹、胃肠道反应、白细胞减少、血小板减少、贫血、骨髓抑制，均应考虑停药；其他不良反应有脱发、发热、淋巴结肿大、肝毒性、间质性肾炎及过敏性血管炎等
非布司他	40mg	为黄嘌呤氧化酶（XO）抑制剂，适用于具有痛风症状的高尿酸血症患者的长期治疗	起始剂量为20mg，每日一次，患者可在服用20mg非布司他4周后在医生指导下根据血尿酸值逐渐增量，每次增量20mg，最大日剂量为80mg	常见不良反应有虚弱、胸痛或不适、水肿、疲劳、情绪异常、步态障碍、流行性感冒症状、痞气、疼痛、口渴

2.健康教育

（1）控制饮食　饮食方面需限制高嘌呤的动物性食品，如动物内脏、贝壳和沙丁鱼等，减少中等量嘌呤食品的摄入。除了酒类，含有高果糖浆的饮料亦会导致血尿酸升高，应限制饮用。无论疾病活动与否，不推荐痛风患者补充维生素C制剂。还应大量喝水，每日应该喝水2000～3000ml，促进尿酸排出。同时减少盐的摄入，每天应该限制在2～5g。

（2）增加有规律的体力活动　可进行适当的有氧运动，宜选择游泳、太极拳等。避免进行剧烈的运动，以免关节过劳。

（3）维持理想体重指数　体重指数应在25kg/m^{2}以下，超重或肥胖者减重的初步目标为体重指数下降10%。

（4）控制其他危险因素　控制痛风相关伴发病及危险因素，如高脂血症、高血压、高血糖和吸烟等。

三、技能训练

情景1：患者，男性，36岁，身高165cm，体重82kg。1年前体检血尿酸值偏高，无症状，吃过苯溴马隆。昨天喝酒后突然出现第一跖趾关节疼痛肿胀，跛行。自述无过敏史、家族史，前来咨询购药。

情景2：患者，男性，61岁，身高177cm，体重90kg。自述一周前食用肉类食品后出现外踝关节红肿、疼痛不适，关节局部皮温升高，活动受限，于行走时疼痛加剧，休息时症状有所减轻。主诉左踝关节及第一跖骨疼痛两年余。既往左侧第一跖骨关节及外踝反复发作性疼痛，一年4～5次。自述无过敏史、家族史。实验室检查：血尿酸586μmol/L。

任务要求：

1.请与患者进行有效沟通，结合疾病症状为患者提供就医及用药建议，并根据设计情景调配药物，提供用药指导。

2.请根据患者的情况，为患者提供健康指导。

即学即练

任务2-13　类风湿关节炎患者用药指导与患者教育

任务情境

假如你是某医院药学部一名药学服务工作人员。

某日，你接待一名患者，女性，48岁。4年前无明显诱因出现多关节肿痛，伴双手晨僵，持续约1小时，未诊治。1周前开始出现双手、双腕关节肿痛加重，故到医院进行进一步检查。查体：双手近端指间关节肿大，双手指轻度尺侧偏斜畸形，双腕活动受限。实验室检查：血清类风湿因子（RF）（+），抗环瓜氨酸肽（CCP）抗体（+）。双手X线：近端指间关节间隙变窄。医生诊断为类风湿关节炎，开具药物为塞来昔布胶囊和甲氨蝶呤片。

经问询，患者身高163cm，体重62kg。小学教师，饮食清淡，无烟酒嗜好，平素伏案工作，较少运动。无外伤史、手术史、家族史及过敏史。

任务要求：

1.请根据任务情境，为患者调配药物，并提供用药指导。

2.请根据患者的情况，为患者建立慢病管理档案，并提供健康指导。

一、任务实施

（一）工作准备

1.物品/信息准备，见表2-13-1。

2.环境和人员准备，见任务2-1中表2-1-2。

3.类风湿关节炎患者用药教育记录表（表2-13-2）。

表2-13-1　物品/信息准备情况一览表

序号	物品/信息名称	单位	数量	备注
1	塞来昔布胶囊	盒	1	真实药盒并含有药品说明书，说明书内容完整，药盒无破损
2	甲氨蝶呤片	盒	1	真实药盒并含有药品说明书，说明书内容完整，药盒无破损

表2-13-2　类风湿关节炎患者用药教育记录表

类风湿关节炎患者用药教育记录表					
姓名		性别	□男　□女	年龄	
身高		体重		BMI	
主要诊断					
辅助检查	CRP：_____　　ESR：_____　　RF：_____　　抗CCP抗体：_____ X线：_____　超声：_____ 其他：_____				
临床表现	□晨僵　　　　　□关节痛与压痛　　　□关节肿胀　　　□关节畸形 □关节功能障碍　□颈椎关节受累症状　□肩、髋关节受累症状 □颞颌关节受累症状　　　　　　　　　□其他_____				
过敏史	□无　　□青霉素　　□磺胺　　　□其他_____				
既往史	疾病	□无　　□高血压　　□冠心病　　□糖尿病　　□脑卒中　□肝炎 □慢性阻塞性肺疾病　□严重精神障碍　□其他_____			
	手术	□无　　□有_____			
	外伤	□无　　□有_____			
家族史	□无　　　　　□父亲　　　□母亲　　　□兄弟姐妹				
	□高血压　　□冠心病　　□糖尿病　　□脑卒中　□肝炎 □慢性阻塞性肺疾病　　□严重精神障碍　□其他_____				
职业	□国家机关、党群组织、企业、事业单位负责人 □专业技术人员 □商业、服务业人员 □农、林、牧、渔、水利业生产人员 □生产、运输设备操作人员及有关人员 □不便分类的其他从业人员 □其他_____ □无职业				

续表

类风湿关节炎患者用药教育记录表			
生活方式	饮食情况：□高油饮食　　　□高盐饮食（每天超过6g） 　　　　　□肉类摄入量多　　□水果蔬菜摄入量多 　　　　　□家庭就餐较多　　□食堂或外卖较多		
	运动情况：□每天固定时间运动，每次运动30分钟以上 □每周至少3天固定时间运动，每次运动30分钟以上 □无固定时间运动		
	精神压力：□较大　　　□一般　　　□较轻		
	其他不良嗜好：_____		
主要治疗药物使用情况			
药品名称	用法用量	开始用药时间	备注
用药教育主要内容			
患者咨询及解答			
参考资料	□药品说明书　□疾病指南　□药学工具书 □医脉通　　　□用药助手　□电子期刊研究文献　□其他：		
是否需要回访或跟进	□是，联系方式：　　　　　　　□否		
患者满意度	□非常满意　　　□满意　　　□一般　　　□不满意		
患者健康教育方式	□面对面　　　□电话　　　□邮件　　　□网络		
患者健康教育时长		患者健康教育药师	

（二）操作过程

类风湿关节炎患者用药服务操作过程同任务2-1中操作过程。

（三）学习评价

评价表见任务2-1中慢病患者服务评价表。

二、相关知识

（一）疾病概述

类风湿关节炎（RA）是一种以侵蚀性、对称性多关节炎为主要临床表现的慢性、全身性自身免疫性疾病。确切发病机制不明。RA呈全球性分布，是造成人类丧失劳动力和残疾的主要原因之一。

1.临床表现　RA起病方式不同，大多数呈慢性、隐匿性，症状在数周至数月逐渐明显。病变关节部位可有晨僵表现，晨起明显，活动后减轻，持续时间往往超过1小时。多关节炎最常累及腕、掌指、近端指间关节，其次是足趾、膝、踝等关节，表现为对称性关节肿痛，晚期可致关节畸形，影响躯体功能。患者RF及抗CCP抗体、抗核周因子（APF）

抗体、抗角蛋白抗体（AKA）等多种抗体阳性，病情活动期C反应蛋白（CRP）和红细胞沉降率（ESR）常升高。手、腕关节以及其他受累关节的X线片显示关节骨质侵蚀或骨质疏松，关节超声能够反应滑膜增生情况，常提示滑膜炎。

2.疾病发展　RA基本病理改变为关节滑膜的慢性炎症、血管翳形成，并逐渐出现关节软骨和骨破坏，最终导致关节畸形和功能丧失。因此，早期诊断、早期治疗至关重要。

3.诊断　RA的诊断主要依靠临床表现、实验室检查及影像学检查。根据2024年《中国类风湿关节炎诊断与治疗指南》建议，可参照1987年美国风湿病学会（ACR）发布的RA分类标准（表2-13-3）与2010年ACR和欧洲抗风湿病联盟（EULAR）发布的RA分类标准（表2-13-4）进行诊断。ACR分类标准中，晨僵、多关节炎、手关节炎、对称性多关节炎的病程必须持续超过6周；符合7项中至少4项，并排除其他关节炎，可诊断RA。ACR/EULAR分类标准中，总得分在6分以上可诊断RA。

表2-13-3　1987年ACR分类标准

序号	项目	定义
1	晨僵	持续至少1小时
2	多关节炎	14个关节区中至少累及3个关节区（双侧近端指间关节、掌指关节、腕、肘、膝、踝及跖趾关节）
3	手关节炎	关节肿胀累及近端指间关节、掌指关节、髋关节中至少1个关节
4	对称性多关节炎	两侧关节同时受累
5	类风湿结节	皮下结节常见于易摩擦部位（如前臂伸侧、跟腱、枕骨等）
6	类风湿因子阳性	血清类风湿因子水平升高
7	放射学改变	手腕关节X线片显示骨侵蚀改变

表2-13-4　2010年ACR/EULAR分类标准

项目	评分
受累关节	
1个大关节	0
2～10个大关节	1
1～3个小关节（伴或不伴有大关节受累）	2
4～10个小关节（伴或不伴有大关节受累）	3
>10个关节（至少一个小关节）	5
自身抗体	
RF和抗CCP抗体均阴性	0
RF或抗CCP抗体低滴度阳性（>正常参考值上限）	2
RF或抗CCP抗体高滴度阳性（>正常参考值上限3倍）	3
滑膜炎持续时间	
<6周	0
≥6周	1

续表

项目	评分
急性期反应物	
CRP和ESR均正常	0
CRP或ESR升高	1

注：大关节指肩、肘、髋、膝、踝关节；小关节包括腕、掌指、近端指间、第2~5跖趾关节，不包括远端指间、第一腕掌、第一跖趾关节。

（二）疾病治疗与健康管理

目前尚不能根治。治疗目标除了控制症状之外，更为关键的是要应用改善病情的药物以延缓病情发展，避免致残。常用药物包括非甾体抗炎药（NSAIDs）、改善病情的抗风湿药（DMARDs）、生物制剂、糖皮质激素和植物药制剂5大类。

1.治疗药物

（1）NSAIDs 具有镇痛抗炎作用，是缓解关节炎症状的常用药，但不能改变病程和预防关节破坏，应与DMARDs联合应用。常用药物有非选择性NSAIDs，如布洛芬、吲哚美辛、双氯芬酸、萘普生等，以及选择性环氧化酶-2（COX-2）抑制剂，如洛索洛芬、美洛昔康、尼美舒利、塞来昔布等。

NSAIDs通过抑制环氧化酶-1（COX-1）和COX-2活性，减少前列腺素合成而具有抗炎、止痛作用。常见的不良反应包括胃肠道、肾脏、血液系统反应，并可能增加心血管不良事件发生的风险，少数患者出现过敏反应（皮疹、哮喘）、肝功能损害以及耳鸣、听力下降、无菌性脑膜炎等。选择性COX-2抑制剂与非选择性的传统NSAIDs相比，能明显减少严重胃肠道不良反应的发生。患者应谨慎选择药物，且药物剂量应个体化；只有在一种NSAIDs足量使用1~2周后，确证无效才可更改为另一种；避免同时使用≥2种NSAIDs，因其疗效不叠加，而不良反应增多；老年人宜选用半衰期短的NSAIDs；对有消化性溃疡病史的老年人，宜服用选择性COX-2抑制剂。

（2）DMARDs 常用药物有甲氨蝶呤、来氟米特、柳氮磺吡啶、羟氯喹和氯喹、硫唑嘌呤、环孢素、环磷酰胺。

RA一经确诊，应尽早使用DMARDs治疗，视病情可单用，也可用两种及以上DMARDs联合治疗。该类药物起效较慢，明显改善症状需1~6个月，有改善和延缓病情进展的疗效，同时又有抗炎作用。各个DMARDs作用机制及不良反应不同，在应用时需谨慎监测。甲氨蝶呤是首选用药，也是联合治疗的基本药物，常见不良反应有恶心、口炎、腹泻、脱发、皮疹，少数出现骨髓抑制、听力损害和肺间质病变，也可引起流产、畸胎或影响生育力。服药期间应适当补充叶酸，用药前3个月每4~6周查血常规、肝肾功能，如稳定后可改为每3个月监测一次。存在甲氨蝶呤禁忌时，可选用其他DMARDs，如来氟米特或柳氮磺吡啶等。

其他常用抗RA药物如表2-13-5所示。

表2-13-5　其他常用抗RA药物一览表

制剂名称	规格	适应证	用法用量	不良反应
阿达木单抗	0.8ml：40mg	用于治疗类风湿关节炎、强直性脊柱炎、银屑病、葡萄膜炎	40mg皮下注射，每2周给药1次	常见不良反应是注射部位反应或输液反应、头痛和骨骼肌肉疼痛；增加感染和患肿瘤的风险；偶有药物诱导的狼疮样症状及脱髓鞘病变等
泼尼松	5mg	用于过敏性与自身免疫性炎症性疾病	口服，每日10mg	较大剂量易引发糖尿病，出现消化道溃疡和类库欣综合征症状，并发感染
雷公藤多苷	10mg	用于风湿热瘀、毒邪阻滞所致的类风湿关节炎、肾病综合征、贝赫切特综合征、麻风、自身免疫性肝炎等	口服，每日30~60mg，分3次饭后服	主要不良反应是性腺抑制，导致男性不育和女性闭经；还可引起纳差、恶心、呕吐、腹痛、腹泻等；可有骨髓抑制作用，并导致可逆性肝酶升高和血肌酐清除率下降；其他不良反应包括皮疹、色素沉着、口腔溃疡、指甲变软、脱发等

2.健康教育

（1）疾病知识指导　帮助患者了解疾病的性质、病程和治疗方案。养成良好的生活方式和习惯，避免感染、寒冷、潮湿、过劳等诱因，注意保暖。定期随诊，评估病情，调整治疗方案。

（2）用药指导　告知患者用药方法和注意事项。患者应遵医嘱用药，切勿自行停药、换药、增减药量；严密观察疗效及不良反应，定期监测血常规及肝、肾功能等。

（3）功能锻炼　指导患者在疾病缓解期每天有计划地进行锻炼，活动强度以患者能承受为限，保护关节功能，防止关节失用，延缓关节功能损害的进程。

三、技能训练

情景1：患者，女性，39岁。1年半前出现右腕、双手近端指间关节、掌指关节及双足跖趾关节肿痛，自行口服止痛药（具体不详）后稍好转。2个月前出现双腕、左肘、左膝关节肿胀，活动受限，晨僵超1小时，一直未缓解，因此到医院就诊。查体：身高158cm，体重57kg。双腕、左肘关节压痛，双腕屈曲、背伸受限，左肘完全伸直及内旋受限。左膝关节浮髌试验（＋）。实验室检查：CRP↑，ESR↑，RF（－），抗CCP抗体（－）。关节超声：双腕滑膜炎伴骨侵蚀；左肘滑膜炎；左膝关节见中度关节腔积液、滑膜增生。发病以来，患者因关节肿痛，几乎无运动。无烟酒史，10余年前有阑尾切除术史，无特殊家族史。

情景2：患者，男性，46岁。5年前出现双膝关节对称性肿胀伴疼痛，诊断为类风湿关节炎，予"甲氨蝶呤10mg qw+来氟米特20mg qd"口服治疗，症状好转后自行停药。1个月前出现发热，体温最高达38℃，发热无明显规律，伴全身多发关节疼痛和肿胀（双侧指间、腕、肘、肩、髋关节）。实验室检查：CRP↑，ESR↑，RF（＋），抗CCP抗体（＋）。患者身高170cm，原体重70kg，发病以来精神一般，食欲一般，近1个月内体重已降至65kg。无烟酒史、手术史，其姐姐有类风湿关节炎。

任务要求：

1.请与患者进行有效沟通，结合疾病症状为患者提供就医及用药建议，并根据设计情景调配药物，提供用药指导。

2.请根据患者的情况，为患者提供健康指导。

即学即练